CARMEN ROHRBACH

INSELN AUS FEUER
UND MEER

CARMEN ROHRBACH

INSELN AUS FEUER UND MEER

Galapagos – Archipel der
zahmen Tiere

Mehr über unsere Autoren und Bücher:
www.malik.de

Bibliografische Information der Deutschen Bibliothek
Die Deutsche Nationalbibliothek verzeichnet diese Publikation in der
Deutschen Nationalbibliografie; detaillierte bibliografische Daten
sind im Internet über http://dnb.d-nb.de abrufbar.

NATIONAL GEOGRAPHIC ADVENTURE PRESS
Reisen · Menschen · Abenteuer
Die Taschenbuch-Reihe von
Malik und National Geographic

Originalausgabe
7. Auflage August 2009
© Piper Verlag GmbH, München 1989
Fotos: Carmen Rohrbach
Lektorat: Susanne Härtel, München
Umschlaggestaltung: Dorkenwald Grafik-Design, München
Papier: Naturoffset ECF
Druck und Bindung: CPI – Clausen & Bosse, Leck
Printed in Germany   ISBN 978-3-492-40027-5

Das Papier wurde aus chlorfrei gebleichtem Zellstoff hergestellt.

Inhalt

GALAPAGOS-INSELN

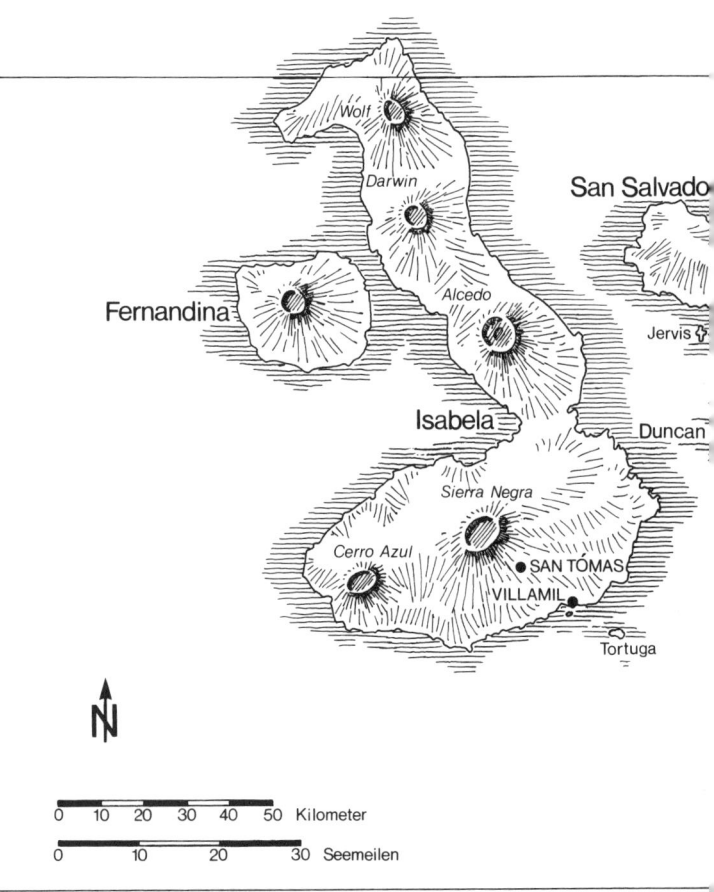

Pinta

Wolf

Darwin

San Salvado

Fernandina

Alcedo

Jervis

Isabela

Duncan

Sierra Negra

Cerro Azul

● SAN TOMAS

VILLAMIL

Tortuga

N

| 0 | 10 | 20 | 30 | 40 | 50 | Kilometer |

| 0 | | 10 | | 20 | | 30 | Seemeilen |

Marchena

Tower

Äquator

Galapagos-Inseln

ECUADOR

SÜD-

AMERIKA

Äquator

Pazifischer

Ozean

Bartolomé

Seymour

Daphne

Baltra

Plaza

Santa Cruz

PUNTA NUÑEZ

Caamaño

PUERTO
AYORA
(Darwin-Station)

Santa Fe

San Cristóbal

Floreana

Española

Ankunft

Mit hellen Augen blickt er mich an. Sein faltiger Kehlsack zittert leise. Ein Brauner Pelikan – er ist das erste zahme Galapagos-Tier, das mir begegnet. Mit meterweiten Schwingen kam er angesegelt und ließ sich dicht neben mir auf einem Lavablock nieder.

Neugierig schaue ich mich nach weiteren Tieren um. Auf einer ins Meer ragenden Klippe sitzen drei Blaufußtölpel. Ich erkenne sie an ihren Füßen. Kein anderes Lebewesen hat so unglaublich blaue Füße wie diese Tölpel. Schwarze Fregattvögel mit weitgegabelten Schwanzfedern gaukeln am tiefblauen Himmel. Galapagos! „Ich bin auf Galapagos", sage ich laut. „Ich bin tatsächlich angekommen!"

War es wirklich erst vor vier Tagen gewesen, daß mich an einem spätwinterlichen Märztag mit trübgrauem Himmel und schmutzigen Schneeresten Freunde zum Flughafen begleitet hatten? Ihre Aufregung und die vielen guten Ratschläge ließen mich unsicher werden. Mir war, als hätte ich etwas Entscheidendes, Wichtiges vergessen, das noch ganz zuletzt die Abreise verhindern würde. Doch in demselben Augenblick, in dem ich durch die Sperre trat, fiel jeder Zweifel, jede Unsicherheit von mir ab. Ich flog meinem Traumziel Galapagos entgegen!

Das Flugzeug, das ich in Guayaquil bestiegen hatte, landete auf Baltra, einer der Galapagos-Inseln. Zusammen mit einem Teil der Touristen stieg ich in den bereitstehenden Geländewagen, der uns zur Meerenge brachte.

Am gegenüberliegenden Ufer kann ich Santa Cruz, die größte Insel des Archipels, erkennen. Die anderen steigen in die Fähre. Ich bleibe zurück, denn ich will auf mein Gepäck warten, das in einem zweiten Geländewagen folgen wird.

Die Fähre nach Santa Cruz legt ab, wird langsam kleiner. Endlich allein! Ruhe. Stille. Tief atme ich die salzige Meeresluft ein. Neben mir noch immer der Pelikan. Den mächtigen Schnabel tief auf den Hals gesenkt, hockt er dösend in der Sonne. Die drei Blaufußtölpel sind weggeflogen. Die Fregattvögel segeln jetzt weit oben am Himmel.

Ein Jahr werde ich auf Galapagos bleiben und das Verhalten der Meerechsen untersuchen, einer Tierart, die es nur auf Galapagos gibt. Finanziert wird dieser Forschungsauftrag von der Deutschen Forschungsgemeinschaft, und beauftragt wurde ich vom Max-Planck-Institut für Verhaltensforschung. Denn über die Lebensgewohnheiten dieser seltsamen Tiere, der einzigen Echsen der Welt, die sich an ein Leben am Meer angepaßt haben, wissen die Wissenschaftler noch sehr wenig. Doch die Inseln sind für mich mehr als ein Ort zur Forschungsarbeit. Ich habe das Gefühl, in *meinem* Galapagos angekommen zu sein.

Wann es angefangen hat mit Galapagos, weiß ich gar nicht mehr genau. Ich ging noch nicht in die Schule, da spielte ich in dem verwilderten Garten hinter unserem Haus schon Abenteuer und träumte von Reisen in ferne Länder. Daß ich von diesen „fernen Ländern" wußte, noch bevor ich lesen konnte, verdanke ich den Erzählungen unseres Nachbarn. Der zeigte mir Bilder von fremdländischen Menschen, exotischen Tieren und Pflanzen. Später holte ich mir Nahrung für meine Phantasie aus vielen Büchern.

Und dann sah ich einen Film mit riesigen schwarzen Reptilien, hohen weißgischtigen Brandungswellen, einer bizarren Lavaküste und rotglühenden Vulkanen – Galapagos! Ich war elf Jahre alt und voll der Überzeugung, daß man nur für mich diesen Film in unsere Kleinstadt gesandt hatte. Ich empfand ihn als Aufforderung, diese geheimnisvollen Inseln kennenzulernen. In dem Film waren auch Wissenschaftler bei ihrer Forschungsarbeit dargestellt. Also war das der Weg, den ich gehen mußte – ich würde Wissenschaftlerin werden, Biologin. Irgendwann würde man mich auserwählen und nach Galapagos schicken.

So einfach, wie ich es mir als Kind vorgestellt hatte, war es dann nicht. Denn ich wurde in der DDR geboren, und ein DDR-Institut hätte mich nie nach Galapagos entsenden können. Mein Wunsch wäre für immer ein Traum geblieben.

Ich lehne mich fest an den Lavablock hinter meinem Rücken, streiche mit den Händen über das rauhe Gestein. Ich bin müde, erschöpft von der langen Anreise. Ausgerechnet bei der russischen Fluglinie Aeroflot, mit Zwischenlandung in Cuba, hatte mein Institut einen Flug für mich gebucht. Als ich in Frankfurt in die Maschine stieg, schlug mir süßlicher Fuselgeruch betäubend entgegen, vermischt mit beißendem Machorka-Qualm. Die Passagiere waren hauptsächlich Männer, die von Moskau nach Lima flogen, um dort im Hafen zu arbeiten, wie ich von meinem Platznachbarn, einem apfelbäckigen Russenburschen, erfuhr.

In Lima – ich nahm verschwommen eine in Staub gehüllte Stadt wahr, sah kahle Lehmhügel, an die sich graue Lehmhäuser schmiegten – war ich in eine südamerikanische Fluglinie eingestiegen, die Richtung Quito flog, der Hauptstadt Ecuadors. Ich saß neben einem jungen Ecuadorianer und hoffte, erstmals mein eingepauktes Spanisch üben zu können. Aber außer *bonita muchacha* war nichts aus ihm herauszulocken.

In Quito suchte ich Juan Black auf, den Beauftragten des Galapagos-Nationalparks, um das Visum für den einjährigen Aufenthalt zu beantragen. Irgendwie schaffte ich es, mein Anliegen verständlich vorzubringen. Señor Black nahm ein Formular aus seiner Schublade, forderte mit inquisitorischer Stimme meinen Paß, raufte sich heftig die Haare und fragte entrüstet, wer mich da falsch informiert habe, denn die Formalitäten für die Aufenthaltsgenehmigung hätte ich auch von Galapagos aus regeln können. Doch da ich nun schon mal da sei, wolle er sich meiner annehmen – und er rief sogleich bei der TAME-Fluggesellschaft an. Da sich niemand meldete, knallte er den Hörer so auf die Gabel, daß er wieder heruntersprang, stürzte wutentbrannt aus dem Zimmer, kam im Eiltempo wieder, schrie mir entgegen:

„*Mañana!* Morgen, können Sie fliegen! Ein Platz ist noch frei!"

Über zwei Stunden dauerte der Flug vom Kontinent bis nach Galapagos. Ich preßte mein Gesicht an das dicke Fensterglas. Nichts als Meer! Über dieser blauen Weite schwebten Wolken, hingetupft wie weiße Zuckerhäubchen. Wann werden sie endlich auftauchen, und wie werden sie aussehen – meine Inseln? Ich sah ein Schiff, klein wie ein Spielzeug, aber gestochen scharf, und auch die Bugwellen, die es vor sich herschob. Und dann, plötzlich eine Insel, ein Fleckchen Land mitten im Meer! Öde schaute sie aus, graubraun zerfurcht, mit konzentrischen Vulkanen wie mit Pokkennarben übersät. Sollte das schon die erste Galapagos-Insel sein? Plötzlich verspürte ich Angst, jetzt schon gleich zu landen. Gern hätte ich den Augenblick der Landung hinausgezögert, wäre in die Unendlichkeit geflogen, immer weiter. Bis jetzt hatte ich mir Galapagos immer neu, immer anders gestalten können, alle meine Wünsche und Sehnsüchte in dieses Wort hineinfließen lassen. Mir war klar, sobald ich meinen Fuß auf dieses Inselland setze und meine Augen öffne, wird sich der Traum in Realität verwandeln und der unbegrenzten Möglichkeiten meiner Phantasie beraubt sein. Eine neue Insel tauchte unten auf. Deutlich sah ich eine schwarze Steilküste, an die weiße Brandungswogen schlugen. Dann ging alles sehr schnell. Eine kurze Betonpiste. Die Flugzeugmotoren heulten auf. Ein kurzes Vibrieren. Die Maschine rollte langsam aus.

Auf die Öde der Insel Baltra war ich aus Büchern vorbereitet. Hier befand sich während des Zweiten Weltkrieges ein amerikanischer Militärflughafen. Galapagos war damals ein strategisch günstiger Stützpunkt im Pazifik. Bei Kriegsende wurde er gesprengt. Es blieb jedoch genug übrig, daß er wieder hergerichtet werden konnte. Heute dient er als Landepiste für die Flugzeuge vom südamerikanischen Festland.

Das Pflanzen- und Tierleben auf Baltra wurde von der damaligen Besatzung des Militärflughafens fast völlig zerstört. Die spärliche Busch- und Strauchvegetation verbrannte unter den Kochkesseln der Soldatenküche, den Rest fraßen die verwilderten

Das erste Tier, das ich auf Galapagos sehe – der Braune Pelikan

Ziegenherden. Die Soldaten vertrieben sich die Langeweile, indem sie den zahlreichen Landleguanen nachstellten. Heute gibt es auf ganz Baltra keinen einzigen Leguan mehr. Eine leere, tote Insel war entstanden, ein warnendes Beispiel dafür, wie das sensible ökologische Gleichgewicht, das sich während Jahrtausenden auf den abgelegenen Inseln herausgebildet hatte, in wenigen Jahren menschlicher Einflußnahme für immer vernichtet werden kann.

Baltra wirkte auf mich wie die verlassene Kulisse aus einem abgedrehten Film. Einige verstaubte mannshohe Opuntienkakteen standen zwischen rostroten Lavablöcken. Knallige Hitze strahlte herab, wurde vom Beton der Flugpiste und des kahlen Officegebäudes reflektiert. Staub umhüllte mich, legte sich pappig auf die verschwitzte Haut.

Das deprimierende Bild der zerstörten Landschaft mit der Betonpiste hat sich mir tief eingeprägt. Doch jetzt, allein am Meer sitzend, ist wieder Freude und Neugier wach geworden. Ich bin bereit und begierig, mehr von den Inseln zu sehen.

Der zweite Touristenschub rollt an, und auch mein Gepäck ist dabei. Die Fähre legt ab, und wir schwimmen auf das Ufer von Santa Cruz zu. Auch hier steht ein Fahrzeug bereit, um uns zu der an der Südseite gelegenen Ortschaft Puerto Ayora zu bringen. Die Straße ist eine mit rotem Lavakies befestigte Fahrpiste. Beiderseits nur vertrocknetes stachelgespicktes Gestrüpp, in das man kaum einen Schritt hineingehen könnte. Nach einer Fahrzeit von knapp einer Stunde kommen wir in der Ortschaft an. Sie ist größer und dichter besiedelt, als ich angenommen hatte. Viele kleine Geschäfte gibt es da, Restaurants, Wohnhäuser, ein Kino, Hotels, Straßen- und Souvenirläden, eine Tanzgaststätte – *Terraza* genannt – und sogar elektrisches Licht.

In der Ortschaft halte ich mich nicht auf, sondern mache mich gleich auf den Weg zur Charles-Darwin-Station. Zu Fuß ist sie etwa zwanzig Minuten entfernt. Sie ist eine Stiftung der UNESCO. Hier finden Wissenschaftler aus aller Welt die notwendige Unterstützung, um die Pflanzen- und Tierwelt von Galapagos zu untersuchen. Die Station wurde 1959 gegründet. Ihre wissen-

14

schaftlichen Projekte müssen vom Nationalpark, der unter ecuadorianischer Verwaltung steht, genehmigt werden. Bei oft gleicher Zielsetzung, nämlich die ursprüngliche Lebenswelt von Galapagos zu erhalten, ergibt sich eine vielfältige Zusammenarbeit zwischen Park und Station. So war eine ihrer ersten Unternehmungen die Rettung der Elefantenschildkröten. Ihr Überleben war durch verwilderte Schweine und eingeschleppte Wanderratten bedroht worden, weil diese die Gelege vernichteten und die Jungtiere töteten. Deshalb zieht man jetzt die jungen Schildkröten künstlich auf, bis sie in einem Alter von etwa vier Jahren auf ihrer jeweiligen Heimatinsel freigelassen werden.

In der Station soll ich zunächst Unterkunft erhalten und von dort die Fahrt zu meiner Insel vorbereiten. Ich hoffe, auch Wissenschaftler anzutreffen, die schon seit längerem auf Galapagos sind und mir Ratschläge und Tips geben können.

Der hitzeflimmernde Weg zur Station ist gesäumt von mannshohen Baumkakteen. Er erscheint mir wie das Innere eines ausgeglühten Hochofens. Roter Lavastaub legt sich wie Puder auf die Haut.

Die Station ist eine Anlage aus einzelnen, weißgestrichenen Baracken. Manche sind hinter hohen Baumkakteen und Buschwerk halb verborgen und durch schmale Wege miteinander verbunden. Ich irre zwischen den Gebäuden umher, alles ist menschenleer. Da gibt es eine lange, schmale Verwaltungsbaracke, eine zweite mit aneinandergereihten Schlafräumen, genannt *Dormitorio*, eine Bibliothek, ein Laboratorium und ein Versammlungsgebäude. Schließlich treffe ich in der Werkstatt doch noch jemanden, einen Ecuadorianer, der mir den Weg zu dem an der Küste gelegenen Wohnhaus des Direktors weist. Der jedoch kann keine Zeit erübrigen, um mich einzuweisen, denn er muß packen. Am nächsten Tag schon fliegt er weg. Zusammen mit seiner Familie verläßt er Galapagos wieder. Einen Nachfolger aber gibt es nicht. Und es sollte wegen organisatorischer Schwierigkeiten noch fast ein Jahr vergehen, bis einer eingesetzt wurde.

Gegen Abend treffe ich dann zwei nordamerikanische Wissenschaftler, von denen ich einige Auskünfte erhalte: In der Station arbeiten meist ecuadorianische Angestellte und nur sehr wenige ausländische Wissenschaftler, die einen mehrjährigen Vertrag haben. Da heute Freitag sei, könne ich erst Montag damit rechnen, jemanden anzutreffen. Die wichtigste Person überhaupt sei Don Ramos. An ihn müsse man sich wenden, wenn es darum gehe, Verpflegung und Wasser für den Aufenthalt im Untersuchungsgebiet oder Transportmöglichkeiten zu organisieren. Er mache auch das Unmögliche immer noch möglich. Wichtig sei auch Pepe Villa, doch Vorsicht, mit dem sei oft nicht gut Kirschen essen, werde ich gewarnt.

Ich ziehe in einen der leerstehenden Schlafräume ein: zwei Bettpritschen an den Wänden, ein schmaler Gang dazwischen, unter dem Fenster Tisch und Stuhl, in der Ecke ein Spind. Selbst jetzt in der Nacht ist es noch immer feuchtheiß, das Thermometer zeigt fast 30 Grad. Trotz feinmaschiger Gaze vor Fenster und Tür umsurren mich die Moskitos.

Erste Eindrücke

Meine Insel, auf der ich ein Jahr lang leben will, heißt Caamaño. Ich habe mich schon in Deutschland für sie entschieden, da es auf ihr besonders viele Meerechsen gibt. Mit nur knapp einem Quadratkilometer ist sie leicht zu überblicken und deshalb als Beobachtungsgebiet gut geeignet. Mich stört nur, daß sie so nahe bei Santa Cruz liegt, sogar mit bloßem Auge kann ich sie sehen. Mein Wunsch wäre eine Insel, die einsam und allein daliegt, nur von Meer umgeben. Jedoch hat Caamaño für mich den großen Vorteil, daß sie von Touristen nicht betreten werden darf.

Die Befürchtung, ich könnte mich allein auf einer Insel langweilen, habe ich nicht. Da ist zunächst das Beobachtungsprogramm zu absolvieren, das heißt, die Verhaltensweisen der Meerechsen müssen protokolliert, die Tiere individuell markiert, Gewicht und

Größe gemessen und die Veränderungen monatlich festgestellt werden. In meiner Freizeit will ich viel fotografieren und filmen. Ich habe neben zwei Fotoapparaten eine 16-mm-Filmkamera dabei, sogar mit Unterwassergehäuse. Außerdem befinden sich in meinem Gepäck mehrere Skizzen- und Zeichenblöcke und viel Papier zum Schreiben.

Wegen des Wochenendes kann ich nichts für meinen Aufenthalt auf Caamaño organisieren. Deshalb beschließe ich, Santa Cruz zu erkunden. Mit Wasser und etwas Essen ausgerüstet, springe ich seit Sonnenaufgang von Lavablock zu Lavablock die Südküste entlang, Richtung Osten.

Santa Cruz ist die zweitgrößte Insel des Archipels, dessen Landmasse insgesamt 7812 Quadratkilometer beträgt, das ist etwa ein Zehntel von Bayern. Die Umrundung von Santa Cruz würde sicher mehrere Wochen dauern, doch das ist sowieso nicht möglich, denn an der Küste gibt es nirgendwo Süßwasser. Der Küstensaum besteht aus schwarzem und schiefergrauem Lavagestein von Faustgröße bis zu Meterblöcken. Von den Flutwellen sind sie rundgeschliffen und liegen locker übereinander. So lebensfeindlich diese nackte, kahle Küste aus erkalteter Lava auch erscheint, so beherbergt sie doch eine unglaublich große Anzahl von Tieren: Seelöwen, Seebären, Echsen, feuerrote Klippenkrabben und die verschiedensten Seevögel leben hautnah zusammen. Sie alle holen sich ihre Nahrung aus dem Meer. Nur weil das Meer um Galapagos besonders fischreich ist, können hier so viele Tiere existieren.

Ich setze mich in die kühle Nische zwischen zwei großen Lavablöcken. Auch die Tiere haben vor der Mittagsglut Zuflucht gesucht. Schwarz und bewegungslos liegen die Meerechsen in der Sonne, einem Stück Lava ähnlicher als einem lebendigen Tier. Sie scheinen Lebewesen aus einer anderen Welt zu sein. Ihr Äußeres betont noch diesen Eindruck: die stumpfe, kurze Schnauze, auf dem Kopf eine zerklüftete Landschaft kegelförmiger Hörner, über Nacken und Rücken bis zum hochkantigen Ruderschwanz zieht

Die drachenähnlichen Meerechsen sind harmlos und friedfertig.

sich ein Dornenkamm. Mit adlerartigen Krallen verankern sie sich in der porösen Lava. Sie sind die einzigen Echsen der Welt, die sich ihre Algennahrung vom Meeresgrund holen; sie tauchen und schwimmen vorzüglich. Und sie gehören zu den wenigen Tieren, die Meerwasser trinken können, denn sie besitzen in der Nasenregion Drüsen, mit denen sie das überschüssige Salz wieder ausscheiden.

Woher kommen diese eigenartigen Tiere, die man nirgendwo sonst, nur hier auf Galapagos findet? Ihre Vorfahren lebten wahrscheinlich wie heute noch die Grünen Leguane in Urwaldgebieten Südamerikas, und man nimmt an, daß sie über das Meer trifteten. Noch heute werden bei schweren Regenfällen Uferränder losgerissen und von den Urwaldflüssen hinaus in den Pazifik geschwemmt. Als vor langer Zeit die Strömung Treibholz oder eine solche Pflanzeninsel über tausend Kilometer an die dunkle Küste von Galapagos getrieben hatte, befand sich manchmal darauf auch ein Leguan, der trotz Sonnenglut und Wassermangel am Leben geblieben war. Jedoch war er noch keinesfalls gerettet, denn das an den tropischen Urwald angepaßte Tier befand sich nun an einem Platz, wie man ihn sich lebensfeindlicher kaum vorstellen kann: erstarrte Lavaströme, die in der Glut der Äquatorsonne wie in einem Backofen erhitzt werden. Keine Vegetation, außer meterhohen Baumkakteen. Und nirgendwo Wasser! Wie viele der Gestrandeten mögen zugrunde gegangen sein . . . ? Niemals werden wir mit Sicherheit wissen, was sich in der Vergangenheit tatsächlich abgespielt hat. Doch das Puzzle, das die Wissenschaftler aus einzelnen Bruchstücken zusammensetzen, vermittelt eine Vorstellung, wie es gewesen sein könnte, auch wenn manche Fragen unbeantwortet bleiben.

Die urweltlichen Meerechsen, die mich umgeben, regen meine Phantasie an, das aus Büchern entlehnte Wissen in Bilder umzusetzen, in Bilder, die ich wie in einem Film in meiner Vorstellung ablaufen sehe: Vom Hunger gequält, ernährte sich eine der angetriebenen Echsen von den bei Ebbe freiliegenden Algen. Sie überlebte, wurde alt. Jedoch ihre Lebensfrist verrann, bevor ein Partner antriftete. Die Fähigkeit, sich von Algen zu ernähren, konnte sie nicht weitervererben. Eine Chance war vertan. Irgendwann jedoch haben die Urwaldleguane sich vermehrt und zu Meerechsen entwickelt. Die Natur hat Zeit. Sie „will" nicht gezielt etwas erreichen, sondern überläßt alles dem großen Spiel des Zufalls, eines Zufalls, der von Gesetzmäßigkeiten gelenkt und begrenzt wird.

Ein Ergebnis dieses Spiels der Evolution liegt dicht neben mir. Wenn ich mich mit der Hand ganz sacht nähere, kann ich mit den Fingern über die rauhe, trockene Schuppenhaut der Meerechse streicheln. Nach Jahrtausenden der Entwicklung ist aus dem südamerikanischen Leguan eine völlig neue Art entstanden, die es nur auf Galapagos gibt. Ich freue mich, daß es meine Aufgabe ist, mich mit diesen Tieren zu beschäftigen. Es ist nicht nur wissenschaftliches Interesse, sondern ich spüre Sympathie und Bewunderung für diese schwarzen, drachenähnlichen „Ungeheuer", die entgegen ihrer äußeren Erscheinung friedfertig und harmlos sind. Das Gefühl, das bei der ersten Begegnung mit ihnen entstand, sollte sich später noch verstärken: Die Meerechsen wurden für mich ein Symbol für Galapagos.

Auch ein anderes typisches Galapagos-Tier ist nicht zu übersehen. Es sind die Klippenkrabben. Feuerrot leuchten sie wie Warnsignale auf dem schwarzen Gestein. Eine besonders große zieht meine Aufmerksamkeit auf sich. Hochaufgerichtet auf langen Laufbeinen stolziert sie mit betonter Langsamkeit auf einen Lavablock zu, auf dem sich eine Unzahl kleinerer Krabben zusammendrängt. Die hellblau schillernden Stielaugen des großen Tieres vollführen kreisende Bewegungen. An den dicken kirschroten Scheren identifiziere ich es als Männchen. Als es den Block erreicht, richtet es sich noch höher stelzenhaft auf. Die anderen geben hastig den Weg frei. Nur ein Tier, ein etwas kleineres Weibchen, flüchtet nicht, sondern reckt sich ebenfalls empor. Aber es hütet sich, in den Fangbereich der großen Scheren zu kommen. Langsam rückwärtsgehend, weicht es dem verfolgenden Männchen aus. Es wirkt wie ein neckisches Fangspiel. Schließlich bleibt das Männchen stehen und vollführt kreisende Bewegungen mit den Scheren – Brautwerbung unter Klippenkrabben.

Die herandrängende Flut vertreibt mich aus der schattigen Steingrotte. Auch die Meerechsen, Krabben, Seelöwen und Seevögel haben auf den obersten, noch trockenen Steinen Zuflucht gefunden. Ich balanciere, von Stein zu Stein hüpfend, zwischen ihnen hindurch. Sie reagieren nicht mit Flucht auf meine Annäherung und Bewegung, denn es gibt für sie – fast – keine Feinde. Ungestört durch Raubtiere, gleicht das Leben auf Galapagos einem friedfertigen Paradies. An Land lebt kaum ein Tier auf Kosten eines anderen, deshalb hat sich im Laufe der Jahrtausende das Fluchtverhalten zurückgebildet.

Die Flut bedeckt nun die Lavaküste völlig. Aber ich bin begierig, noch mehr zu sehen, und zwänge mich zwischen Baumkakteen und Buschwerk hindurch. Hier komme ich nur langsam voran. Die scharfkantigen Steine sind manchmal hochaufgetürmt, dann wieder haben sie tiefe Einschnitte. Eine weite Bucht ist mit Mangroven bewachsen. Mühevoll gelingt es mir, in das elastische, wirre Geäst der Mangrovenbäume einzudringen. Wie ein grünes Gewölbe umschließen mich diese Pflanzen. Leise gluckert das Wasser zwischen den Wurzeln. Plötzlich sehe ich mich einem großen, schlanken Vogel mit riesenhaften Augen gegenüber. Es ist ein Nachtreiher, aber noch ein Jungtier, wie ich später anhand von Bestimmungsbüchern herausfinde. Bewegungslos starrt er mich an, kaum einen Meter von mir entfernt. Vorsichtig schleiche ich an ihm vorbei. Vor Aufregung habe ich ganz vergessen, daß die Galapagos-Tiere keine Furcht kennen.

Hinter dem Mangrovendickicht steigt die vorher flache Küste zu senkrechten, etwa zweihundert Meter hohen Klippen empor. Eindrucksvoll sieht es aus, wenn mit ohrenbetäubendem Gebrüll die Meereswellen an der schwarzen Wand zerschmettern und in weißschäumender Gischt zerstäuben. Millionen winziger Wassertröpfchen tanzen in der Luft. Tief atme ich sie ein und schmecke das Salz. Draußen im Meer wird schon die nächste Welle geboren. Sie krümmt ihren Rücken, bereit für den rasenden Ritt auf das Land zu. Ein nie endendes Schauspiel, solange Meer und Land existieren.

Ich möchte hierbleiben, auf Galapagos. Ein Jahr, wie lang ist das? Ich bin erst einen Tag da – dennoch, diese schwarze Küste, das gegen sie anrennende Meer, die nie zuvor gesehenen skurrilen Lebewesen, sie sind mir vertraut, als hätten sie schon immer zu meinem Leben gehört.

Das Hochland von Santa Cruz

Die Straße ins Hochland ist dieselbe, die ich bei meiner Ankunft vor zwei Tagen mit dem Auto entlanggefahren bin. Noch gibt es auf der Insel nur diese eine Straße, die von der Anlegestelle der Fähre bis zur Ortschaft Puerto Ayora führt. Schon beim ersten fahlen Schimmer am Horizont bin ich unterwegs. Am Äquator geht die Sonne schnell auf. In nur wenigen Minuten ist das Schauspiel beendet, und die Sonne brennt schon wieder erbarmungslos vom wolkenlosen Himmel.

Etwa zwölf Kilometer lang durchzieht die Straße die Trockenzone: Es ist eine zerrissene, ausgebrannte Lavawüste mit baumhohen Kakteen und blätterlosen Trockenbäumen. Wie abgestorben strecken diese Palo-Santo-Bäume ihre kahlen Zweige wirr und zerzaust nach allen Seiten. Und doch, bei ein wenig Feuchtigkeit treiben sie noch nach Jahren wieder aus. Dann durchstoßen grüne, kleine Blätter die verdorrte Rinde. Auch Tiere haben es vermocht, sich an diese extreme Trockenheit anzupassen. Bunten Pfeilen gleich beleben die Lavaechsen (Kielschwanzleguane) die Einöde. Es sind kleine, schlanke Tiere, etwa zwanzig Zentimeter lang, mit leuchtend roter, schwarzer und gelber Körperzeichnung.

Wo der Berghang sich steiler emporhebt, verschwindet die Sonne hinter einem Dunstschleier. Kein Lufthauch weht. Es ist schwül und drückend heiß. Die Vegetation verändert sich abrupt. Von hohen Bäumen hängen Flechten wie lange Bärte herab. Moose umhüllen die Zweige wie ein tropfnasser Schwamm. Während es in der Trockenzone zu wenig Wasser gibt, ist es hier im Überfluß vorhanden. Durch den Temperaturunterschied zwischen der sonnenaufgeheizten Landmasse und dem wegen der Humboldt-Strömung kalten Meerwasser bilden sich Nebelbänke, die sich als feiner, aber ausgiebiger Nieselregen an den Abhängen niederschlagen. Die Sonne, die darum kämpft, die grauen Schwaden zu durchdringen, verwandelt den Wald in ein dampfendes Treibhaus.

Es gibt zwei sehr kleine Ortschaften im Hochland: Bellavista und Santa Rosa. Hier wohnen ecuadorianische Siedler, die mühevoll ein Stück Land gerodet haben. Wenn der Boden erst einmal urbar gemacht worden ist, gedeiht so ziemlich alles: von Zitrusfrüchten, Kaffee und Ananas über Kartoffeln bis zu Bananen und Avocados. Sogar Stöcke, die als Zäune in den Boden gerammt wurden, treiben aus. Die Arbeit ist hart, immer wieder muß die nachwachsende Wildnis zurückgedrängt werden. Deshalb baut man fast nur zum Eigenbedarf an. Viele der Holz- und Bretterhütten stehen auf Pfählen, zum Schutz vor der Feuchtigkeit.

Ich sehe einige Frauen vor ihren Hütten sitzen. Sie rufen mich freundlich und neugierig heran, aber ich kann noch zu wenig Spanisch, um mich mit ihnen zu unterhalten. Zahlreiche kleine, nackte Kinder spielen auf der Straße, bespritzen sich mit dem Schlamm aus den Pfützen. Dazwischen grunzen und quieken vergnügt braune Ferkel. Ein kräftiger Hahn scheucht seine Hühnerschar und stolziert dann kampfesmutig vor einem schläfrig mit den Augen blinzelnden, dürren Hund hin und her. Rotblühender Hibiskus wuchert zwischen den Hütten. In diesem Klima, das so fruchtbar für Pflanzen ist, gedeihen auch die Krankheitskeime. Amöbenruhr und Hakenwürmer fordern vor allem unter den Kindern viele Opfer.

Ich habe einen weiten Weg vor mir, denn ich möchte bis auf den obersten Hügel des ehemaligen Kraters steigen, der schon lange erkaltet, abgerundet und bewachsen ist. Links von der Ortschaft Bellavista abzweigend, stapfe ich einen schlammigen Pfad entlang. Er ist gekennzeichnet von unzähligen Rinder- und Schweinespuren. Riesige Avocadobäume wölben ausladend ihre dunkelgrünen Kuppeln. Mitleidig denke ich an die Avocados, die ich in Deutschland aus Samen gezogen habe und die in Blumentöpfen ihr Leben fristen müssen. Manchmal verliert sich der Trampelpfad, und ich schlage mich weglos durchs Dickicht, bis ich wieder einen neuen finde.

Aufgeweckte Siedlerkinder begrüßen mich fröhlich.

Pampelmusenbäume mit ballgroßen Früchten leuchten mir entgegen. Sie sind so süß und saftig, wie ich noch nie zuvor eine Frucht geschmeckt habe. Dann wieder finde ich Maracujas, Ananas, Apfelsinen, Bananen. Wie im Schlaraffenland fühle ich mich, denn ich muß nur meine Hand nach den Köstlichkeiten ausstrecken. Ich nehme diese Früchte niemandem weg, es sind die Überbleibsel von gescheiterten Besiedlungsversuchen. In nur wenigen Jahren hat der Urwald alles wieder überwuchert. Die Parkverwaltung wacht darüber, daß kein neues Siedlungsgebiet gerodet wird, denn die von den Siedlern eingeführten Kulturpflanzen sind oft widerstandsfähiger und breiten sich schneller aus als die ursprüngliche Flora, die dadurch verdrängt wird.

Es ist still in diesem Bergwald, nur ab und zu das Fallen eines Tropfens. Es fehlt der akustische Eindruck eines Urwaldes, der

Die hochbeinigen Hausschweine sehen anders aus als bei uns.

erfüllt ist von Papageien- und Affengekreisch, Froschgesang und Insektensirren – der Urwald auf Galapagos ist stumm. Gerade deswegen wirkt er geheimnisvoll. Vorsichtig pirsche ich durch die dichte Vegetation. Obwohl ich genau weiß, welchen Tieren ich hier begegnen kann – sie sind an ein paar Fingern aufzuzählen –, habe ich das Gefühl, daß ich ein ganz ungewöhnliches, noch nie gesehenes Lebewesen entdecken werde. Ich kenne dieses Gefühl aus meiner Kindheit: Wir lebten in einer waldreichen Gegend. Nach der Schule lief ich in den Wald statt nach Hause. Ich fühlte mich in ihm geborgen, und es war mein Ehrgeiz, mit Hilfe von Bestimmungsbüchern die Pflanzen und Tiere, die ich fand, benennen zu können. Und dennoch, obwohl mir alles so vertraut war, verließ mich nie die Erwartung, einmal etwas Einmaliges, Phantastisches zu entdecken.

Da! Ein lautes Krachen und Brechen von Ästen. Ein brauner, zottiger Körper schiebt sich mit gewaltiger Kraft durch die dichten Zweige. Da steht er vor mir – ein dunkelbrauner, riesiger Stier mit glänzenden, weitausladenden Hörnern. Ich starre ihn nur an. Ich möchte davonrennen, aber ich weiß, daß ihn das zum Angriff reizen könnte, und ich hätte ohnehin keine Chance, ihm zu entkommen. Bewegungslos stehe ich da, beobachte ihn, um bei einem Angriff schnell reagieren zu können. Es ist ein schönes Tier, erinnert so gar nicht an unsere domestizierten, braven Kühe. Dieser Stier verkörpert geballte Kraft und Wildheit. Gleichmütig hebelt er einen morschen Baumstamm hinweg und zieht weiter durch den Urwald.

Später erfahre ich, daß Rinder und Pferde ohne Zaun und Abgrenzung auf großen freigerodeten Weidegebieten leben und mitunter in den Wald eindringen. Diese halbwilden und verwilderten Tiere – außer Rindern und Pferden gibt es noch Ziegen, Esel, Schweine, Hunde und Katzen – stellen ein großes Problem für die einheimische Tierwelt dar. Sie bringen das über Jahrtausende gewachsene Gleichgewicht durcheinander. Die bisher isolierte heimische Tierwelt ist diesen entwicklungsgeschichtlich jüngeren und leistungsfähigeren Tierarten im Konkurrenzkampf um Nahrung und Lebensraum nicht gewachsen. Wegen ihrer Furchtlosigkeit sind die Galapagos-Tiere zudem eine leichte Beute für verwilderte Hunde und Katzen. Die unbewohnten Inseln – auf ihnen hatten früher Seeräuber vor allem Ziegen freigelassen – konnten von den Parkangestellten fast alle mit großen Anstrengungen von den gefährlichen Mitbringseln der Menschen wieder befreit werden. Wo jedoch wie hier auf Santa Cruz Siedlungen existieren, findet sich immer neuer Nachschub.

Wieder durchdringen knackende Geräusche den stillen Urwald, diesmal schleichender, zielbewußter. Und dann Menschenstimmen. Zwei Männer mit Gewehren. Es sind Siedler. Lautmalerisch und mit pantomimischer Darstellung verdeutlichen sie, daß sie auf der Jagd nach verwilderten Schweinen sind. Es ist paradox, daß auf Galapagos die wilden Tiere zahm und geschützt, die Haustiere dagegen scheu und furchtsam sind und abgeschossen werden.

Ich trete aus dem Urwald heraus in hüfthohes Grasland, das durch Rodungsarbeit des Menschen entstanden ist, und folge einem bequemen, meterbreiten Weg. Wie mit einer Walze ist das Gras zu Boden gedrückt. Schrittchenweise pirsche ich mich vor. Dann sehe ich einen dunklen, glänzenden Hügel – es ist eine Elefantenschildkröte. Fotos und Filme hatten mir eine Vorstellung von diesen Tieren vermittelt, dennoch bin ich überrascht, daß sie wirklich so groß sind. Bei meinem vorsichtigen Näherkommen zieht die Schildkröte laut fauchend ihren Kopf in den Panzer zurück und schiebt ihre dicken, krallenbewehrten Vorderfüße

Die urweltlichen Elefantenschildkröten konnten nur überleben, weil es auf Galapagos keine Raubtiere gab.

schützend davor. Dieses große Exemplar ist nicht von Feinden bedroht, aber es hat wohl schlechte Erfahrungen mit Menschen gemacht und ist deshalb vorsichtig.

Die riesigen Reptilien sind die Namensgeber der Inseln. „Galapagos" bedeutet auf spanisch „Landschildkröte". Im Erdmittelalter, bis vor etwa sechzig Millionen Jahren, waren diese Riesenschildkröten weit über die Erde verbreitet, bevölkerten Europa, Asien, Amerika. Heute gibt es sie nur noch an zwei Stellen: auf Galapagos und auf Aldabra, das im Westindischen Ozean, in der Nähe von Madagaskar, liegt. Die Schildkröten haben sich also nicht wie die Meerechsen als eine neue Tierart auf Galapagos entwickelt, sondern hier ein Rückzugsgebiet gefunden. Denn dort, wo es Säugetiere gibt, konnten sie nicht überleben und starben aus.

Durch die Isolation auf den Inseln sind verschiedene Schildkrötenrassen entstanden, insgesamt fünfzehn konnten die Biologen feststellen. Vier davon sind allerdings inzwischen ausgerottet. Es war vor allem oder in erster Linie der Mensch, der die harmlosen Elefantenschildkröten vernichtete. Segelschiffe, meist Walfänger, ankerten vor der Küste. Die Seeleute sammelten die Riesenreptilien und brachten sie an Bord. Zu Hunderten wurden sie lebend monatelang im Schiffsraum gestapelt, als Proviant für die Besatzung. Später fing man sie, um aus ihnen Öl zu gewinnen. Solange es genügend gab, ein einträgliches Geschäft: Bis zu fünfzehn Liter feines Öl preßte man aus nur einem dieser Riesen. Doch nicht nur von den Menschen wurden die Schildkröten verfolgt, auch Ratten und Schweine fraßen die Eier und Jungtiere. So vielen Gefahren ausgeliefert, waren die Schildkröten zum Aussterben verurteilt. Gerade noch rechtzeitig wurden der Nationalpark und die Charles-Darwin-Station gegründet, die sich der Rettung dieser Tiere annahmen.

Ich komme an einen kleinen See, dessen Oberfläche völlig mit rötlichen Schwimmpflanzen bedeckt ist. Ein dunkles Gewölbe ragt aus dem Wasser. Es ist der mächtige Panzer einer badenden Schildkröte. Weit streckt sie den faltigen Hals vor, senkt den Kopf unter Wasser. Schlammbedeckt, eine Pflanze mit den kräftigen Hornkiefern zermahlend, taucht sie wieder auf.

In Ufernähe setze ich mich ins Gras. Ich brauche mich nicht selbst zu kneifen, um zu wissen, daß ich nicht träume. Und doch, wie kann ich glauben, daß das, was ich erlebe, Wirklichkeit ist? Jahrelang war Galapagos für mich ein unerreichbares Wunschziel. Ich träumte einen Traum. Jetzt kann ich die Traumbilder mit der Galapagos-Wirklichkeit vergleichen. Ich stelle fest, daß meine Phantasie eine realistische Vorstellung geschaffen hatte, deshalb kommt mir alles auf Galapagos bekannt und vertraut vor. Es gibt kein Tier auf dem Inselarchipel, dessen Anblick mir eine Überraschung bereiten würde. Ich kenne sie alle schon im voraus. Was mich überrascht, ist, daß ich sie tatsächlich sehe, daß sie wirklich existieren.

Wieder senkt die Schildkröte den Kopf unter Wasser, holt ein neues Pflanzenbündel herauf. Ich habe das Gefühl von Zeitlosigkeit. Niemand kann sagen, wie alt diese urweltlichen Tiere werden können. Als Höchstalter vermuten die Biologen etwa zweihundert Jahre. Vielleicht schlüpfte diese Schildkröte, die ich gerade beobachte, im 18. Jahrhundert aus dem Ei?

Die Sonne hat den Nebel besiegt. Ein großblättriger Baum schützt mich mit seinem Schatten. Lichtflecken malen Muster auf den Boden. Ich sitze noch immer am Ufer des Sees. Eine kleine Ente dümpelt im Wasser. Es ist eine Unterart der südamerikanischen Bahama-Ente. Ein zitronengelber Vogel hascht nach Art der Fliegenschnäpper seine Beute im Flug. Mit seinem leuchtendgelben Gefieder ist dieser Goldwaldvogel eines der wenigen farbenprächtigen Galapagos-Tiere, ansonsten herrschen meist braunschwarze Farbtöne vor. Der Goldwaldvogel und die Bahama-Ente unterscheiden sich kaum von ihren Verwandten in Südamerika, denn hier oben im Urwald fanden sie Bedingungen vor, die etwa die gleichen sind wie in ihrem ursprünglichen Lebensraum auf dem Festland. Änderungen zum Zwecke der Anpassung fanden deshalb nicht statt. Nur durch die lange Zeit der Isolation bildeten sich Unterarten und Rassen, die sich aber äußerlich kaum von den

Verwandten auf dem südamerikanischen Kontinent unterscheiden. Doch alle charakteristischen Galapagos-Tiere, bei denen die Evolution erstaunliche Anpassungen vollbracht hat, findet man in der Trockenzone an der Küste.

Ich verlasse den Schildkrötensee. Als ich weiter oberhalb über das Grasland gehe, sehe ich Kühe, die bis zum Bauch in einem Bach stehen. Erst als sich einer der drei großen Felsbrocken neben ihnen im Wasser bewegt, erkenne ich, daß es Schildkröten sind. Sie stillen zusammen mit den Kühen ihren Durst und suchen Kühlung im Bach.

Am Waldrand steht ein Datura- oder Stechapfelstrauch mit schneeweißen Blütenglocken, die schwer nach unten hängen. Sie verströmen einen süßen, betäubenden Duft. Die Pflanze, die in vielen südlichen Ländern wächst, wurde von Siedlern mitgebracht. Keine dieser schönen Blüten wird jemals eine Frucht bilden, da auf Galapagos die Bestäuber fehlen, die Nachtschmetterlinge mit besonders langen Rüsseln. Trotzdem können sich die Pflanzen vermehren, weil abgebrochene Zweige Wurzeln treiben.

Die Galapagos-Flora ist arm an Blütenpflanzen, denn deren Samen sind meist zu groß und schwer, als daß sie tausend Kilometer vom Festland durch die Luft transportiert werden könnten. Die winzigen Sporen von Farnen sind dazu viel besser geeignet. So sind die meisten Pflanzen, die bunte große Blüten haben, Mitbringsel der Siedler. Auch die südamerikanische Guave, ein kräftiger, kleiner Baum mit außen apfelgrünen bis hellgelben und innen orangeroten, säuerlich-süß schmeckenden Früchten, wurde eingeschleppt. Dieser Baum ist gefährlich für die Galapagos-Pflanzen. Er breitet sich äußerst schnell aus und verdrängt weniger widerstandsfähige Arten. So herrscht auch im Pflanzenreich ein Existenzkampf zwischen den Galapagos-Arten und den neueingeführten. Für unsere menschliche Sehweise ist er allerdings weniger sensationell als derjenige im Tierreich.

Nur die oberste Region des Berglandes ist noch frei von der fremden Konkurrenz. Nebelschwaden umwallen die Hügelflächen. Mannshohes Miconia-Buschwerk mit rötlichen Blättern

Die Ohreulen jagen auf den Inseln, wo es keine Bussarde gibt, auch am Tage.

erschwert mir das Vorwärtskommen. Baumfarne breiten ihre palmenartigen Wedel aus. Wassertümpel sind halb überwachsen mit Riedgras, Farnen und Bärlappgewächsen. Plötzlich fühle ich, wie mich jemand beobachtet. Erschrocken zucke ich zusammen und sehe zwei große, runde Augen. Sie gehören zu einer Eule. Sie starrt mich an, ich starre zurück. Zunächst wage ich nicht, mich zu bewegen, um sie nicht zu verscheuchen. Ich kann mich noch nicht so schnell daran gewöhnen, daß auf Galapagos die Tiere keine Angst kennen. Es ist eine Ohreule, auch sie eine galapagoseigene Art, die sich jedoch nur wenig von ihren Verwandten auf dem

Kontinent unterscheidet. Da sie außer dem Galapagos-Bussard keine Feinde hat, ist sie auf den Inseln, wo dieser Greifvogel fehlt, auch tagsüber aktiv und macht Jagd auf Kleintiere.

Ich habe eine besondere Zuneigung zu Eulen, darum ist es für mich ein großes Erlebnis, daß sie nicht wegfliegt, sondern furchtlos sitzen bleibt. Immer näher gehe ich an sie heran. Es bedeutet für mich viel, als ich mit den Fingerspitzen ihre Füße streichle. Ein wildes Tier, das nicht vom Menschen gezähmt, sondern furchtlos ist, weil es noch keine Gefahren kennengelernt hat! Ich erlebe einen uralten Wunschtraum der Menschheit, bin in dem Paradies, wo es keine Feindschaft, keine Verfolgung und keine Angst gibt. Das Erlebnis mit der Ohreule beeindruckt mich mehr als gestern die zahmen Meerechsen. Da die Meerechsen so fremdartig erscheinen, bin ich eher geneigt, alles Ungewöhnliche, auch die Zahmheit, als selbstverständlich hinzunehmen. Jedoch bei einem Tier, das aussieht wie unsere europäischen Eulen, erwarte ich einfach, daß es flüchtet.

In der Talsenke unter mir dehnt sich ein Wald aus. Schon von weitem wirkt er auf mich sehr eigenartig. Solche Bäume habe ich noch nie gesehen. Schlanke gerade Stämme, die sich zehn bis fünfzehn Meter über dem Erdboden zu einer Krone ausbreiten, noch am ehesten vergleichbar mit den afrikanischen Schirmakazien. Aber irgendwie sehen sie nicht wie richtige Bäume aus. Beim Näherkommen fällt mir wieder ein, was ich gelesen habe. Das sind sicher die berühmten Scalesia, die in Wirklichkeit keine Bäume, sondern Blumen sind, Korbblütler, also Verwandte von Gänseblümchen, Margeriten, Astern und Löwenzahn. Die Scalesia hat sich auf Galapagos, dort, wo es genügend Feuchtigkeit gibt und wenig Konkurrenz durch andere Pflanzenarten, zu Riesenwuchs entwickelt. Die Blätter und Blüten verraten ihre Abstammung. Wenn die Bäume blühen, sind sie mit kleinen Blüten bedeckt, die einen gelben Blütengrund und weiße Blütenblätter haben. Unter dem geschlossenen Gewölbe ihrer Kronen herrscht grüne Dämmerung. Dunkle Moosbärte hängen herab, Lianen haben ihre Schlingen gelegt, Farne und Bromelien wuchern üppig. In diesem geheimnisvollen Scalesiawald gibt es nur langsames Ineinander-Aufeinander-Wachsen, grünes Miteinanderverschmelzen. Ich empfinde mich als das einzige Lebewesen an diesem verwunschenen Ort. Nebel streift an den Bäumen vorbei. Mit bleichen Fingern verfängt er sich in den Moosvorhängen und dem Flechtenfiligran. Ich habe mich an einen der schlanken Stämme gelehnt, weiß nicht, wie ich mich aus dieser Stimmung befreien, wie ich wieder aus diesem Wald herauskommen soll. Es ist gefährlich und verführerisch, sich dieser vegetativen Welt hinzugeben.

Da erscheint ein blutroter Vogel, so unglaublich rot, daß er überhaupt nicht echt sein kann. So plötzlich, wie er da war, ist er wieder verschwunden. Ein Spuk? Ein Schabernack, den mir meine Sinne vorgaukeln, weil sie in der kurzen Zeit seit meiner Ankunft auf Galapagos durch all das Ungewöhnliche überfordert worden sind? Da ist er wieder! Er sitzt auf einem moosumwachsenen Zweig, schwingt sich in die Luft, erbeutet ein Insekt und kehrt im Bogen zu seiner Sitzwarte zurück. Natürlich ist es kein Märchenvogel. Nun fällt mir auch ein, daß ich ihn schon auf Fotos gesehen habe; es ist ein Rubintyrann. In Mittel- und Südamerika ist dieser lebhafte Insektenfänger weit verbreitet. Nur hier auf Galapagos, wo leuchtende, bunte Farben fehlen, wirkt er so ungewöhnlich. Später erfahre ich, daß er von den Siedlern *pájaro brujo*, also Zaubervogel, genannt wird.

Mit dem Rückweg muß ich mich beeilen, denn um sechs Uhr wird es in Minutenschnelle dunkel. In Bellavista werde ich von einem Lastwagen mitgenommen, der hinunter nach Puerto Ayora fährt. Die Ladefläche ist nicht für den Transport von Menschen ausgestattet, trotzdem klammern sich über ein Dutzend Leute oben fest und werden bei der holprigen Fahrt gegeneinandergeschleudert. Eine junge Frau hält einen nackten Säugling im Arm. Rote Staubfahnen ziehen hinter uns her.

Unerwartete Schwierigkeiten

Das Boot ist startklar, um nach Caamaño zu fahren. Ich bin schon
sehr ungeduldig. Seit vier Tagen bin ich da und habe meine Insel
noch nicht einmal sehen können. Es soll zuerst eine Inspektions-
reise werden. Ich will sehen, was mich dort erwartet, damit ich die
Ausrüstung für die Dauer eines Jahres zusammenstellen kann. Ich
möchte nicht wie die anderen Wissenschaftler häufig zur Darwin-
Station zurückkehren müssen. Denn ich will ausprobieren, wie
das ist, ein ganzes Jahr allein zu sein, ohne Kontakt zu anderen
Menschen.

Zuerst verstehe ich nicht, warum sich Don Ramos weigert
loszufahren. Zwar habe ich, seitdem ich wußte, daß ich auf
Galapagos arbeiten würde, in Deutschland einen Spanischkurs
besucht, aber das nützt mir jetzt wenig. Man spricht südamerika-
nisches Spanisch, und ich kapiere rein gar nichts. Don Ramos
bemüht sich sehr, und schließlich wird mir klar, daß ich wegen
einer Erlaubnis zur Parkverwaltung gehen muß. Jeder, der sich in
die Schutzzone begibt, braucht die Genehmigung des Nationalparks.

In der Parkverwaltung lächeln mir freundlich zwei Mädchen
hinter ihren Schreibmaschinen entgegen. Dann winkt mich Fausto in sein Zimmer. An einem breiten, schwarzen Schreibtisch
sitzt er mir in militärischer Haltung gegenüber. Ich habe vorher
die entsprechenden Begriffe aus dem Wörterbuch herausgesucht,
weil man mir gesagt hat, ohne Spanischkenntnisse verscherze
man sich alle Sympathien. Aber Fausto achtet gar nicht auf mein
Gestammel, sondern fragt mich auf englisch, was ich überhaupt
hier auf Galapagos wolle. Ich erzähle ihm von den Meerechsen
und dem Institut, das mich geschickt hat.

Lässig schüttelt er den Kopf: „Nein!" Es gebe keine Genehmigung für mein Projekt, also könne ich nicht arbeiten, und auf

Caamaño schon gleich gar nicht, weil diese Insel zur absoluten Schutzzone gehöre.

„Was? Wie? Das ist doch nicht möglich!" Vor Schreck mische ich spanische und englische Wortbrocken durcheinander. „Ich habe doch ein Forschungsprogramm geschrieben und im Detail aufgeführt, warum, wo und welche Arbeiten ich durchzuführen gedenke, und auch eine positive Antwort auf mein Schreiben bekommen."

„Ja, ja", Fausto nickt und zieht aus einer Schreibtischlade meine Projektbeschreibung hervor. Doch sie sei von der Zentrale des Nationalparks in Quito nicht genehmigt worden.

„Warum denn nicht?" will ich aufgeregt wissen.

Weil man es noch nicht hingeschickt habe, ist die gleichmütige Antwort. Fassungslos starre ich den Mann an. Erklärend fügt er hinzu, er habe keine entsprechenden Hinweise vom Direktor der Station erhalten und deshalb nicht gewußt, ob ich wirklich kommen würde. Außerdem sei er erst vor kurzem zum *Intendente*, also zum Leiter des Nationalparks, befördert worden.

In tröstendem Ton, vielleicht, weil ich gar zu niedergeschlagen wirke, sagt er: „Kein Problem! Das Projekt wird in jedem Fall genehmigt!" Es dauere höchstens drei Wochen, bis mein Antrag den administrativen Weg durchlaufen habe, und dann könne ich mit der Arbeit beginnen. Auf mein mit bezwingender Logik vorgebrachtes Argument, dann könne ich doch sofort anfangen, wenn es sowieso genehmigt werde, will er sich nicht einlassen. „Nein! Ordnung muß sein! Schön eins nach dem anderen!" Ich kann ihm nur das Zugeständnis abringen, den Informationstrip nach Caamaño durchführen zu dürfen.

Ich laufe zur Station zurück. Drei Wochen, das ist eine so lange Zeit! Inzwischen werden die jungen Meerechsen aus den Eiern schlüpfen. Ich hatte die Zeitplanung so berechnet, daß ich einen ganzen Fortpflanzungszyklus würde beobachten können: Im Mai kriechen die Jungen aus den Eiern, im Oktober werden die Männchen territorial, das heißt, sie besetzen und verteidigen ein Gebiet, im Dezember findet die Paarung statt, und Ende Februar graben die Weibchen einen Meter tiefe Gänge und legen wieder Eier. Drei Wochen, was soll ich nur so lange tun? Noch mal an der Küste entlanglaufen, wieder ins Hochland hinauf? Doch viel Neues würde ich nicht zu sehen bekommen. Statt dessen bin ich allzu begierig, auf meine Insel zu kommen, habe mich ganz auf diese Idee versteift. Ich stelle es mir sehr langweilig vor, mich noch drei Wochen in der Darwin-Station aufhalten zu müssen. Ebenso wie bei den Wissenschaftlern, die ich in Deutschland kennengelernt hatte, drehen sich auch hier ihre Interessen fast ausschließlich um die wissenschaftliche Arbeit. Sie sehen nur einen engbegrenzten Ausschnitt des Lebens.

Don Ramos merkt meinem Gesicht an, daß etwas Unangenehmes passiert sein muß. Väterlich klopft er mir auf den Rücken. Als ich ihm den Genehmigungsschein zur Fahrt nach Caamaño zeige, hellt sich sein Gesicht freudig auf. Wahrscheinlich kann er meine traurige Miene mit dieser positiven Nachricht gar nicht in Einklang bringen. Für heute sei es schon zu spät, sagt er bedauernd. Es ist Ebbe, und bei Niedrigwasser kommt man nicht über die riffartig vorgelagerten Felsen von Caamaño. „Mañana!" ruft er mir fröhlich zu. „Mañana!"

Am Abend findet im Versammlungsgebäude der Darwin-Station ein Fest statt. Plötzlich erscheinen viele Leute. Da sind zum Beispiel Trevor und Steve, die das Fortpflanzungsverhalten der Darwin-Finken auf der Insel Daphne untersuchen. Die beiden sind gerade aus Amerika eingetroffen. Sie kommen jedes Jahr für einige Monate zur Brutzeit der Vögel. Heidi und Howard Snell dagegen untersuchen die Landleguane auf Plaza und sind schnell mal mit ihrem Boot hergekommen. Derek, der sich den Seeschildkröten widmet, lebt schon seit sieben Jahren auf Galapagos und finanziert sich durch sparsamste Lebensweise und gelegentliche Stipendien. Lago, Manuel und Maria, Biologiestudenten aus Guayaquil, machen hier ein Praktikum. Ruth, eine Ärztin aus Neuseeland, blieb während einer Weltreise auf Galapagos hängen und ist inzwischen wegen ihrer Tüchtigkeit vielgefragte Assistentin. David, Warwick und Tom gehören zum kleinen Stab der für einige Jahre festangestellten Wissenschaftler der Station.

Zunächst ist es für mich interessant, so viele Menschen kennenzulernen und etwas über ihre Forschungsarbeit zu erfahren. Aber dann überfordert mich bald die ständige Konzentration, die ich aufbringen muß, um den Gesprächen zu folgen. Mein Englisch ist zwar gut genug, jeden wissenschaftlichen Text fast ohne Wörterbuch zu lesen und auch eine einfache Konversation zu führen, hier jedoch wird gewandt mit englischen und spanischen Wörtern jongliert. Ich fühle mich diesem Sprachwirrwarr hilflos ausgeliefert und verstumme.

David, ein Nordamerikaner, scheint meinen sprachisolierten Zustand zu bemerken, und beginnt ein Gespräch. Seinem genuschelten Slang meine ich zu entnehmen, daß ich einen Assistenten brauchen würde. Ich versichere ihm, daß ich die Arbeit allein schaffen kann, doch er läßt nicht locker. Ich wehre lässig seine vermeintliche Besorgnis ab. Was ich damals nicht ahnen konnte: Ihm waren vorübergehend die Befugnisse des Direktors übertragen worden, und er wollte mich von der neuen Bestimmung in Kenntnis setzen, daß kein Wissenschaftler mehr allein auf einer Insel sein dürfe.

Don Ramos und zwei seiner Söhne warten am nächsten Morgen auf mich. Endlich werde ich meine Insel sehen, die von Santa Cruz aus nur als schmaler Landstreifen am Horizont erkennbar ist! Der Motor springt an. Wir fahren hinaus. Tiefblau leuchtet das Meer zwischen den Felsklippen. Weit draußen stoppt Don Ramos plötzlich den Motor und deutet auf einen im Wasser treibenden dunklen Körper. Im ersten Moment sieht er aus wie ein toter Seelöwe. Dann entdecke ich zwei Köpfe: Seeschildkröten bei der Paarung. Langsam tuckern wir weiter. Noch einige Male zeigt mir Don Ramos Meerestiere: einen Rochen, der dicht unter der kristallklaren Oberfläche dahinsegelt, und mehrere Haie.

Ein weißer Brandungsgürtel liegt um Caamaño. Ich sehe einen hellen Sandstrand, eingerahmt von schwarzen Steinen. Darüber eine Hecke grüner Büsche. Seelöwen umspielen unser Boot. Don Ramos steuert auf eine schmale Lücke in der gefährlichen Brandung zu. Ein glatter Felsvorsprung fällt hier steil ins Meer ab. Ich soll, wenn die nächste Welle das Boot auf gleiche Höhe mit dem Felsen hebt, auf ihn hinüberspringen. Erwartungsvoll schauen mich die zwei Kinder an, als ich mich zum Sprung bereithalte. – Es klappt! Nur die Hände habe ich mir an den Seepocken etwas aufgerissen, die dort auf dem Stein wachsen. Don Ramos fährt das Boot inzwischen in ruhiges Wasser hinaus, ankert und wirft die Angel aus.

Allein kann ich meine Insel betreten. Ich habe das Gefühl, als würde ich ein neues Stück Erde entdecken, und wahrscheinlich sind wirklich bisher nur wenige Menschen auf dem winzigen Eiland gewesen. Seelöwen lagern auf den glattgeschliffenen Steinen. Sie heben nur kurz den Kopf und schniefen, als ich an ihnen vorbeigehe. Auf dem Strand liegen noch mehr von ihnen. Wie Urlauber aalen sie sich in der Sonne, bewerfen ihre Körper und den der nächstliegenden Nachbarn mit dem feinkörnigen Seesand. Manche Tiere sind so ineinander verschlungen, daß man kaum unterscheiden kann, wem Flosse und wem Kopf gehört.

Als ich den Sandstrand schon fast überquert habe, verfolgt mich ein junger Seelöwe. Eilig, seine Flossen in den Sand stemmend, hoppelt er mir nach. Ich bleibe stehen. Er auch. Ich gehe weiter. Er hinterher. Jetzt drehe ich mich um und hocke mich nieder. Vorsichtig, seinen Kopf mit gesträubten Barthaaren hin und her schwingend, nähert er sich. Aus seinem Verhalten ist klar, daß er nicht angreifen will. Er ist nur neugierig. Also halte ich ganz still, auch als seine Barthaare meine Hände und Zehen kitzeln. Es ist eine sanfte, ja zärtliche Berührung, ein gegenseitiges Erkennen. Wir sind zwei Wesen, die ein gänzlich verschiedenes Leben führen. Und doch, ich fühle deutlich, wir sind nah miteinander verwandt. Der Seelöwe hoppelt davon, hebt eine große Vogelfeder auf, trägt sie im Maul herbei und überreicht sie mir. Wir spielen gegenseitiges Federnüberreichen, und dann jagen und haschen wir uns übermütig, so daß der Sand hoch aufstiebt. Andere Seelöwen kommen neugierig näher, wollen mitspielen. Auch Weibchen mit ihren Jungen finden sich als Zuschauer des Spektakels ein –

Ein Seelöwenbulle nähert sich einem seiner vielen Weibchen.

endlich passiert mal etwas. Nur das große Seelöwenmännchen
bleibt unten an der Wasserkante und beäugt mißtrauisch, wer ihm
da wohl seinen Harem verführt.

Was ich mir erträumt habe, ist Wirklichkeit geworden. Mein
Traumparadies existiert wirklich! Neugierig auf weitere überra-
schende Erlebnisse, gehe ich ins Innere der Insel. Sie ist schulter-
hoch mit stacheligen, ineinanderverwachsenen Croton- und
Cryptocarpusbüschen bewachsen, doch die Seelöwen haben ein
gut begehbares Wegenetz durch das Dickicht gebahnt. In der
Mitte der schüsselartig eingesenkten Insel liegt ein kleiner,
grasgrüner See. Ich freue mich über den reizvollen Anblick, doch
als ich das Wasser probiere, ist es bittersalzig. Es ist, wahrscheinlich wegen der starken Verdunstung, noch viel salziger als
Meerwasser. Trotzdem gedeihen Algen darin. In konzentrischen
Kreisen angeordnet, bilden sie grünfarbene Muster. Am Seeufer

steht ein einzelner knorriger Baumkaktus mit drei dicken säulen-artigen Stämmen. An den breiten Blättern sitzen knallgelbe Blüten.

Wenige Schritte genügen, um die kleine Insel zu durchqueren. Ich besteige den Steinwall auf der gegenüberliegenden Seite. Im ersten Moment kann ich gar nicht fassen, was ich sehe: Die Küste ist übersät mit Meerechsen! Eine neben der anderen bedecken sie die Steine. Es sind so viele, daß man kaum einen Fuß zwischen sie setzen kann. Es müssen Tausende sein! Ich setze mich zwischen die Tiere. Ihre große Anzahl erschreckt mich. Wo mit der Arbeit beginnen?

Theoretisch ist alles klar: Zuerst muß ich die Küste in einzelne Abschnitte einteilen und dann die Tiere fangen – so viele wie nur irgend möglich –, sie markieren, messen und wiegen. Und diese Fang- und Meßaktion muß in monatlichen Abständen wiederholt werden. Bei den mit einer Nummer markierten Tieren stelle ich auf diese Weise die Gewichtszu- und -abnahmen und das Größen-

Überall sitzen die Meerechsen und warten auf die Ebbe.

wachstum während eines Jahres fest. Durch den Vergleich der Gewichtskurven vieler Tiere erfahre ich dann, mit wieviel Jahren die Meerechsen sich fortpflanzen können und wie alt sie werden. Bisher gibt es darüber nur Vermutungen. Es ist auch nicht bekannt, ob sie genug Nahrung finden und ob überhaupt genügend Jungtiere aufwachsen und wie viele Weibchen, Männchen und Jungtiere sich in einer Meerechsenkolonie befinden. Solche Kenntnisse sind wichtig, um geeignete Schutzprojekte zu entwikkeln. Diese Untersuchungen jedoch bedeuten, daß ich massiv das Leben dieser friedlichen Tiere stören muß. Bis jetzt kannten sie noch keine Furcht vor dem Menschen, durch mich und die Fangaktionen werden die Meerechsen sie kennenlernen. Viel lieber würde ich, ohne sie zu stören, ihr Verhalten beobachten und beschreiben. Doch ich habe den Auftrag, mit exakten Zahlen ihre Entwicklung zu belegen.

Plaza, die Insel der Landleguane

Wie gern würde ich gleich auf meiner Insel bleiben! Ich spüre einen heftigen Widerstand in mir, mich den Anordnungen des Parks zu fügen. Es fiel mir schon immer schwer, mich an Vorschriften zu halten. Lieber nehme ich Unannehmlichkeiten und Erschwernisse auf mich, wenn ich nur meinen eigenen Weg nach meinen Vorstellungen gehen kann. Diesmal jedoch muß ich vernünftig sein. Gegen die Gesetze des Parks zu verstoßen könnte bedeuten, daß ich Galapagos verlassen muß.

Am Spätnachmittag, zurück auf Santa Cruz, färbt sich der Himmel blauschwarz, und dann donnert ein gewaltiger Regenguß herunter. Die schweren Tropfen trommeln auf die ausgetrocknete Erde. Erleichtert begrüße ich den Regen. Seit meiner Ankunft herrschte jeden Tag diese gleißende Helligkeit vor, eine erbarmungslos brennende Sonne, ein unglaublich blauer Himmel. Ein traumhaftes Postkartenwetter, mag man denken, doch fühle ich mich, aus dem winterkalten Deutschland kommend, von diesem schattenlosen Licht überfordert.

Der Regen verdampft schnell. Statt Abkühlung hat er eine feuchtheiße Dschungelatmosphäre geschaffen. Den Tieren und Pflanzen scheint dies willkommen. Die Kakteenbäume sind plötzlich über und über mit gelben Blüten bedeckt und werden von Insekten umschwirrt. Ich sehe viele Darwin-Finken, die eifrig in der noch feuchten Erde nach Nahrung picken. In waghalsigen Kurven schießen Goldwaldsänger durch die Luft. Die frechen Spottdrosseln hüpfen in Scharen zwischen den Stationsgebäuden herum und sammeln die vom Regen herabgespülten Heuschrekken auf. Lavaechsen wagen sich vorsichtig aus ihren feuchtgewordenen Verstecken und lagern sich zum Sonnenbad mitten auf den schon wieder trockenen Weg. Es ist, als würde aus der Erde, vom Regen wie mit einem Zauberstab berührt, das Leben in vielfältiger Form hervorquellen.

Howard und Heidi Snell, die ich auf dem Fest kennengelernt habe und die mit Landleguanen arbeiten, haben mich eingeladen, sie auf Plaza zu besuchen. Sie wollen mir zeigen, wie sie die Leguane markieren, so daß trotz der häufigen Häutungen der Tiere die Markierungszeichen sichtbar bleiben.

Plaza liegt östlich von Santa Cruz, durch einen vierhundert Meter breiten Kanal getrennt. Von Puerto Ayora ist es allerdings etwa zwei Bootsstunden entfernt. Ich darf auf dem kleinen Motorschiff der Station mitfahren, das den Wissenschaftlern Verpflegung und Wasser bringt. Gemächlich tuckert es durch das leichtgewellte Wasser. Es ist ein einfaches Fischerboot, etwa zehn Meter lang, und wenn ich mich über die Bordkante lehne, kann ich mit der Hand ins Wasser greifen. Außer mir sind noch vier Ecuadorianer an Bord, mit denen ich mich bei langsamer Sprechweise schon ganz gut verständigen kann. Ich genieße diese Fahrt und finde es zum erstenmal nicht mehr ganz so schlimm, daß ich noch nicht auf Caamaño sein kann. So habe ich wenigstens den Vorteil, ein wenig mehr von Galapagos kennenzulernen.

Wir fahren in Sichtweite an der Küste von Santa Cruz entlang. Ein eindrucksvolles Bild, wie die schwarze, tiefgebuchtete Steilküste senkrecht ins Meer abfällt. Dort, wo Wasser und Fels aufeinandertreffen, leuchtet der weiße Gischtstreifen. Über den Felsen markiert hellgrüne Farbe den Kaktusgürtel, bevor sie langsam in das tiefe Dunkelgrün des Bergurwaldes übergeht. Die Gipfelregion, von Miconia-Büschen bewachsen, schimmert weinrot.

Wir erreichen die der Santa-Cruz-Küste vorgelagerten Plaza-Inseln. Sie bestehen aus zwei Teilen, die durch eine schmale Wasserstraße getrennt sind. Die Snells haben Süd-Plaza zu ihrem Stützpunkt erwählt. Ich staune, wie praktisch und gleichzeitig gemütlich sie sich eingerichtet haben. Ein Zelt steht zwischen den Kakteen. Daneben ist ein großes Sonnensegel an vier Holzpfählen aufgespannt, unter dem man im Schatten arbeiten kann. Aus Treibholz haben sie sich Tische, Regale und Hocker gebastelt. In einer ebenfalls mit einem Leintuch abgeschatteten Küche stehen sorgfältig und übersichtlich aufgereiht die Wasserkanister – lebensnotwendig auf der trinkwasserlosen Insel –, Vorratskisten, Kochgeschirr, Konserven und der Gaskocher. Als ich ihr Lager lobe, meint Heidi: „Wenn man mehrere Monate jährlich draußen arbeitet, muß man sich schon etwas Gemütlichkeit schaffen."

Später zeigt Howard mir bei einem Rundgang die Insel. Süd-Plaza ist bedeckt mit rotflammenden Sesuviumpflanzen und einzelnen Baumkakteen. In farbenprächtigem Kontrast leuchtet dazu das tiefblaue Meerwasser. Weit kann man die Inselfläche überblicken. Ein idyllischer Ort, ganz anders als mein Caamaño, das im Vergleich hierzu herb und karg wirkt.

Zuerst sehe ich sie nicht. Howard muß sie mir zeigen. Er deutet auf einen rotgelb blühenden Sesuviumbusch: „Da, dort sitzt eine!" Wie beim genauen Betrachten eines Vexierbildes erkenne ich plötzlich eine große Echse. Zitronengelb und orange gefärbt, die bekrallten Pfoten wie eine Sphinx vor die Schnauze gelegt, sitzt das Tier im Schatten der Pflanze. Nachdem sich meine Augen an das Suchbild gewöhnt haben, sehe ich unter fast jedem Strauch und Kaktus einen dieser bis zu zwei Meter langen Minidrachen.

Die Landleguane sind mit den Meerechsen eng verwandt, wie man durch Blut- und Enzymuntersuchungen feststellen konnte. Man nimmt deshalb an, daß sie vom gleichen Vorfahren abstammen. Während sich die Meerechsen an ein amphibisches Leben in der Gezeitenzone und an Algennahrung angepaßt haben, entwickelten die Landleguane die Fähigkeit, in der wüstentrockenen Kaktuszone zu überleben. Sie ernähren sich von den sukkulentenartigen Sesuviumpflanzen, die viel Feuchtigkeit enthalten, und von den ebenfalls saftigen Kakteen. Besonders gern mögen sie die gelbleuchtenden Blüten und die auch für unseren Geschmack köstlichen Kakteenfrüchte. Nur sind gerade diese Früchte mit unzähligen metallharten Stacheln bewehrt. Bei Berührung dringen sie wie Pfeile tief in die Haut ein. Nicht einmal mit einer Pinzette kann man sie herausziehen. Die Landleguane haben eine besondere Methode der Entstachelung entwickelt. Sie rollen mit ihren unverletzbaren Krallen die Früchte so lange über die Lava, bis auch der letzte Stachel abgebrochen ist.

Plötzlich hält mich Howard am Arm zurück und weist auf eine Echse, die sich hochbeinig emporstemmt. Ich sehe, daß auf ihrem Rücken mehrere Darwin-Finken sitzen, selbst an den Beinen hängen zwei und picken an der schuppigen Haut herum. Die Echse scheint sich davon nicht belästigt zu fühlen. Sie verharrt bewegungslos unter dem Ansturm der Vögel.

„Die Finken befreien sie von den lästigen Zecken, die sich an den Reptilien festsetzen", erklärt Howard.

Ein solches Zusammenwirken von zwei verschiedenen Tierarten bezeichnet man als Symbiose. Sie ist für beide Arten von Vorteil. Die Landleguane werden von den Plagegeistern erlöst, und die Finken finden eine wertvolle eiweißreiche Nahrung. Leguan und Fink sind gut aufeinander eingespielt. Sobald sich ein Fink dem Leguan nähert, nimmt dieser eine Putzposition ein: Er stemmt die vier Beine wie Säulen aufrecht empor und hebt auch noch den Schwanz an, damit die eifrigen Putzer an alle Körperstellen und -falten gut herankommen. Auch die Galapagos-Schildkröten genießen es, geputzt zu werden. Mit ähnlicher Haltung fordern sie die Finken auf: So weit wie möglich richten sie sich auf ihren Stützbeinen auf, so daß der Bauchpanzer mehrere Zentimeter über dem Erdboden schwebt, und strecken den faltigen Hals weit vor.

Putzsymbiosen gibt es zwischen vielen Tierarten. In Afrika werden Kaffernbüffel, Giraffen und Zebras von den Madenhakkern, einem etwa starengroßen Vogel, abgesucht. Sie hüpfen sogar im geöffneten Rachen der Krokodile herum. Haie und andere große Meerestiere werden von Putzerfischen gesäubert. Die Meerechsen lassen sich gleich von zwei verschiedenen Saubermachern von der Zeckenplage befreien: Neben den Finken krabbeln auch die roten Klippenkrabben auf den Echsen herum.

Howard hat eine Bambusstange mit einer daran befestigten Schlinge mitgenommen und führt mir vor, wie er damit die Leguane fängt. Wie eine Angel hält er den Stock und nähert die Schlinge vorsichtig dem Kopf eines Leguans. Das Tier kann die dünne Schnur nicht erkennen und läßt sie sich ahnungslos überstreifen. Sobald die Schlinge richtig sitzt, zieht Howard vorsichtig an.

Wie mit einem Lasso ist das Tier nun gefangen und kann sich nicht vom Fleck bewegen. Die Schnur gestrafft haltend, faßt der Wissenschaftler den Leguan mit festem Griff. Es ist ein noch junges Tier, nur etwa dreißig Zentimeter lang. Howard steckt es in einen Leinensack, um es später im Lager zu messen, zu wiegen und mir die Markierungsmethode zu zeigen.

Am Rand des Steilufers gehen wir zurück. An der senkrecht ins Meer fallenden Wand nisten Goldschwanzmöwen. Ihre Eier sind durch Tüpfelung gut getarnt. Sie liegen frei auf den Felsen, umgeben von kleinen Steinchen. Diese verhindern das Wegrollen der Eier und sind zugleich weniger auffällig als ein umfangreicher Nestbau.

Jungmöwen aller Altersstufen schmiegen sich in die Nischen der Felswand. Die Altvögel sind in ständiger Unruhe, flattern auf, fliegen ab und kommen wieder. Ihr Ruf ist sehr eigenartig, ein lautes Rasseln wie von einer Jahrmarktsrätsche, das mit einem klagenden Schrei endet. Es sind elegante, weiß und stahlgrau gefiederte Vögel mit einem dunkelgrauen Kopf. Sie haben auffallend große, dunkle Augen, die von einem leuchtendroten Ring umfaßt sind. Ganz ungewöhnlich für Möwen ist, daß sie nachtaktiv sind. In der Dunkelheit gehen sie auf Garnelenfang. So können sie tagsüber bei ihrem Brutplatz auf dem kahlen Felsen bleiben und die Jungen vor übermäßiger Sonnenstrahlung und den räuberischen Fregattvögeln schützen.

Howard zeigt mir einige in schattigen Felsnischen verborgene Tropikvögel. Später, als ich sie fliegen sehe, bin ich bezaubert von ihrer feenhaften Schönheit. Sie sind schneeweiß, nur der Schnabel leuchtet blutrot. Die zwei äußeren Schwanzfedern sind langgezogen und wippen beim Flug elegant wie eine Schleppe. Die Tropikvögel ähneln im Aussehen den Möwen, sind aber verwandt mit Pelikanen, Tölpeln, Fregattvögeln und Kormoranen.

Jeden Tag schreibe ich meine Beobachtungen auf.

Wieder im Lager angekommen, zeigt mir Howard, wie er die Echsen dauerhaft, wahrscheinlich lebenslang, in jedem Fall aber über mehrere Jahre hinweg markiert. Dünner Draht, so gebogen, daß sich die Zahlen von 0 bis 9 ergeben, wird in der Flamme eines Gasbrenners erhitzt. Dann drückt er die rotglühenden Nummern auf die Brustschilder der Echse. Dieses Brandmal wird später als helle, millimeterdünne Kontur sichtbar sein. Da das Zeichen so klein ist und sich außerdem an der Unterseite befindet, muß man die Echse jedesmal fangen, um sie zu identifizieren. Der Biologe malt ihr daher mit weißer Farbe große Nummern auf beide Körperseiten, so daß er sie auch von weitem erkennen kann. Mit der nächsten Häutung sind die Nummern verschwunden und müssen wieder neu gemalt werden.

Howard meint auf meinen Einwand: „Obwohl die Brandmarkierung brutal erscheint, schadet sie den Tieren nicht. Wir haben die Leguane nach dem Markieren untersucht und nie eine Entzündung festgestellt. Und wahrscheinlich ist es für die Leguane kaum schmerzhaft. Die schuppige Haut von Reptilien ist weniger empfindlich als die von Pferden, Rindern und anderen hochentwickelten Säugetieren, die man mit dem Brandeisen traktiert."

Trotzdem beschließe ich, bei meinen Versuchstieren eine andere Methode anzuwenden. Zusätzlich zu den aus größerer Entfernung erkennbaren weißen Nummern will ich verschiedenfarbene Perlen am Rücken der Meerechsen befestigen.

Die beiden Biologen sind mit mehrmonatigen Unterbrechungen schon das dritte Jahr auf Galapagos. Heidi, groß, blond und braungebrannt, macht einen selbstbewußten und zielstrebigen Eindruck auf mich. Ich kann mir vorstellen, daß sie sehr ehrgeizig und fleißig darum bemüht ist, Anerkennung mit ihrer wissenschaftlichen Arbeit zu erlangen. Howard wirkt verträumt, etwas verschlossen, fast so, als sei es ihm gleichgültig, ob er hier auf Plaza oder an einem beliebigen anderen Platz ist.

Heidi fordert mich immer wieder auf, Fragen zu stellen. Sie ist gern bereit, ihre Erfahrungen an mich weiterzugeben. Doch ich weiß gar nicht so recht, was ich fragen soll. Da ich bislang noch nicht mit der Arbeit beginnen konnte, bin ich auch nicht auf Probleme gestoßen. In meinem Gedächtnis krame ich angestrengt nach angelesenem Wissen über die Meerechsen und Landleguane, aber ich spüre deutlich, daß ich kein ebenbürtiger Diskussionspartner für Heidi bin. Statt nach einer wissenschaftlichen Debatte steht mir auch eher der Sinn nach einem Gespräch. Ich möchte mit ihr über Galapagos sprechen, erzählen, wie schwierig es für mich war, meinen Traum zu verwirklichen, und daß ich am liebsten sofort auf meine Insel möchte, um dort die Ruhe und die Zeit zu haben, mein Galapagos zu finden. Doch ihre geschäftige Nüchternheit hemmt mich, so persönliche Dinge zu berichten. Ich glaube auch, daß sie mich nicht verstehen könnte, weil für sie Galapagos wahrscheinlich nur eine schöne Umgebung ist, wo sie eine interessante wissenschaftliche Arbeit durchführt.

Als der Schiffsführer zur Abfahrt drängt, er will noch vor Beginn der Dunkelheit in Puerto Ayora sein, verabschiedet mich Heidi mit herzlichen Worten, doch ich spüre auch ihre Erleichterung, mich wieder los zu sein. Von Howard hatte ich mich zuvor schon verabschiedet, denn er wollte noch ein paar Leguane fangen.

Mit Karin hatte ich mich schnell angefreundet. Doch es hatte einige Zeit gedauert, bis ich erkannte, daß auch sie eine Deutsche ist. Denn als ich sie in der Stationsbibliothek traf, übersprudelte sie mich sogleich mit einem Schwall englischer Wörter. Sie hatte an der Küste der Insel Isabela Seeschildkrötengelege untersucht, die von einem parasitierenden Käfer befallen werden. In wenigen Tagen wird sie nach Deutschland zurückkehren. Doch zuvor plant sie einen Ausflug ins Hochland und lädt mich ein mitzukommen. Sie will Ruth, die Ärztin aus Neuseeland, besuchen, die ich bei dem Fest schon kennengelernt hatte, und Lago, den Biologiestudenten aus Ecuador. Beide sind damit beschäftigt, die Schleier- und die Ohreulen zu zählen.

Früh am Morgen fahren Karin und ich auf der Ladefläche eines Lasters wieder die rote Straße hinauf bis zur Siedlung Santa Rosa.

Wir laufen über Wiesen mit Weidevieh, durch Bananenhaine und Avocadowald. Mehr noch als bei meinem ersten Besuch empfinde ich den starken Gegensatz zwischen der kargen, sonnendurchglühten Küste und diesem immergrünen, fruchtbaren Hochland.

Das Zelt von Ruth und Lago befindet sich in der Nähe einer Bretterhütte, wo eine ecuadorianische Familie lebt. Wir begleiten Ruth und Lago bei der Suche nach Eulennestern. In einer Karte werden die Fundorte eingetragen, die Nestlinge beringt und gewogen. Die Biologen wollen überprüfen, ob genug Eulen

Diese junge Eule wird aus dem Nest geholt, damit sie beringt werden kann.

überleben. Die größte Gefahr droht wieder von den verwilderten Haustieren, die viele Eulengelege vernichten und die Jungtiere töten.

Am Abend kocht Lago für uns drei Frauen seine Spezialität: Klöße aus gekochten und geriebenen Kartoffeln mit Käsefüllung. Dann sitzen wir noch lange unter dem hellflimmernden, südlichen Sternenhimmel.

Noch in tiefer Nacht beginnen die Hähne mit ihrem Geschrei. Es ist nicht das typische Kikiriki, das die Hähne in deutschen Dörfern zuweilen noch erschallen lassen, sondern ein disharmonisches Gurgeln, Rasseln und schrilles Quietschen. Am Morgen leihen wir uns bei einem Bauern Pferde aus. Auf den Pfaden der Schildkröten reiten wir durch das hohe Grasland. Es ist übermannshohes, sogenanntes Elefantengras, ebenfalls von den Siedlern eingeführt.

Ruth zeigt uns eine Höhle, die wie eine Röhre geradlinig unter der Erde verläuft. Sie entstand, als der Vulkan von Santa Cruz noch eruptiv war. Rotglühende Lava floß einmal hier entlang wie in einen Kanal. Die äußere Wand war schon erkaltet und fest geworden und blieb als Röhre erhalten. Der Eingang in den Lavatunnel ist von einem wuchernden Pflanzenvorhang verdeckt. Ein idealer Ort, um sich Geschichten über Seeräuber und Schatzgräber auszudenken. Vorsichtig schieben wir das Pflanzengewirr auseinander und steigen in den kühlen Schacht hinunter. Er ist so hoch, daß wir aufrecht in ihm herumlaufen können.

Der Boden ist mit weicher Asche bedeckt. Knochen von Tieren, die hier sterben, werden von der trockenen Asche konserviert und können so als Fossilien über Jahrtausende erhalten bleiben. Sie sind wichtige Beweise dafür, daß Galapagos einst von Tieren des amerikanischen Kontinents besiedelt wurde. Die Tiere haben sich allmählich verändert und sind zu galapagoseigenen Arten geworden. Für die Evolution, also die Entstehung neuer, angepaßter Formen, bietet das Leben auf einer Insel besonders günstige Bedingungen. Die Lebewesen sind hier der Isolation ausgesetzt, sie können sich nicht mehr mit den Ausgangsformen vermischen, und durch die Auslese und die Anpassung an die Umwelt entstehen im Laufe von Jahrtausenden völlig neue Arten. Beim Galapagos-Archipel kommt noch hinzu, daß auch die einzelnen Inseln mehr oder minder voneinander isoliert sind und fast jede ihre ganz eigene Tier- und Pflanzenwelt besitzt. Für den Biologen ist deshalb Galapagos wie ein natürliches Laboratorium, in dem die Gesetzmäßigkeiten der Evolution studiert werden können. Es war auch gerade hier, wo Charles Darwin seine wichtigsten Beweise gegen das biblische Schöpfungsdogma fand. Obwohl Darwin 1835 nur fünf Wochen auf Galapagos war, sammelte er ungeheuer viel wissenschaftliches Beweismaterial.

Im Licht unserer Taschenlampe entdecken wir eine kleine Fledermaus, die sich mit ihren winzigen Füßchen an der Höhlendecke festkrallt. Fledermäuse sind auf Galapagos nur mit dieser einzigen Art vertreten.

Wir verlassen die Höhle und reiten weiter ins Hochland hinauf. Nebel zieht gespenstisch durch die flechtenbehangenen Bäume.

Gespenstisch sehen die flechtenbehangenen Bäume im Nebel aus.

Dann setzt feiner Nieselregen ein. Das Fell der Pferde glänzt naß und strömt starken Geruch aus. Der Nebelvorhang öffnet sich an einer Stelle, die Sonne strahlt gleißend hindurch, millionenfach spiegelt sie sich in den Tropfen auf Blättern und Gräsern. Es ist ein so helles Licht, daß die Augen schmerzen. Dampf steigt auf aus der feuchtigkeitssatten Erde. Abermals wird die Sonne vom Nebel verschlungen. Das überhelle Licht erlischt, als wären die Scheinwerfer einer Theaterbühne plötzlich abgeschaltet worden. Die nassen Gräser streifen beim Hindurchreiten an unseren Beinen entlang und machen uns naß bis zur Hüfte. Der Nebel wird immer stärker, scheint aus unsichtbaren Nebelmündern hervorzuquellen, wälzt sich dicht am Boden entlang, staut sich, richtet sich auf zu Säulen, kippt über, sich in tausend Arme teilend, die gespenstisch hin und her wogen, als würden sie uns wie eine Beute langsam einschließen wollen und hinabziehen in ihr blickloses Nebelreich.

Ankunft auf Caamaño

Zwei Wochen sind seit meiner Ankunft vergangen. Endlich erhalte ich die Genehmigung zur Forschungsarbeit. David hat jedoch durchgesetzt, daß ich nicht ohne Assistenten fahren darf. Noch immer trägt er mir nach, daß ich ihn nicht respektvoll genug behandelt habe.

Vergeblich bemühe ich mich um einen Helfer. Niemand hat Zeit. In Puerto Ayora begebe ich mich auf die Suche nach Rucksacktouristen, die keinen engbegrenzten Reiseplan haben. Die Station würde dafür sorgen, daß das Visum verlängert wird, das normalerweise nur für einen Galapagos-Aufenthalt von 30 Tagen gilt. Sooft ich auch das Restaurant „Las Ninfas", den Treffpunkt aller Galapagos-Besucher und der Einheimischen, am Hafen von Puerto Ayora aufsuche, ich begegne leider nur Touristen, die schon eine festgebuchte Reise haben.

Schließlich erklärt sich Karin bereit mitzukommen. Sie hat allerdings nur drei Tage Zeit, dann geht ihr Flugzeug nach Deutschland. Irgendwie hoffe ich, daß sich David dann beruhigt hat und ich allein auf Caamaño bleiben kann. Das Motorboot ist schwer beladen mit der Ausrüstung: 20 Kanister mit je 25 Liter Wasser, eine große Gasflasche zum Kochen, Zelt und lange Stangen, um ein Schattendach zu bauen, und Nahrungsmittel, die für etwa drei Monate berechnet sind.

Hohe Wellen mit weißen Kämmen branden gegen die Insel. Das Meer zeigt sich viel wilder als bei meinem ersten Besuch. Doch Don Ramos steuert ungerührt auf den Landefelsen zu. Wieder gelingt es ihm, den Durchschlupf durch die Brandung zu finden. Jedoch der Wellengang ist diesmal auch unmittelbar an der Küste noch sehr stark. Mit Schaudern beobachte ich, wie das Meer wuchtig gegen die schwarze Lava knallt. Ein weißer Schaumbrei verhüllt die Sicht, doch schon wird das Wasser von einer gewaltigen Kraft zurückgesaugt. Bis in die Tiefe wird der Blick frei. Braune Tange, gelbe und grüne Algen, bunte Schwämme, Muscheln und Seepocken, sonst unter Wasser verborgen, werden für einen Moment sichtbar. Bevor ich Einzelheiten genau erkennen kann, schlägt das Wasser weißquirlig und gewaltig zurück. Ein imposantes Naturschauspiel, das ich genießen könnte, wenn ich nicht eine so heillose Angst vor dem Sprung hätte. Nicht auszudenken, wenn ich den Stein verfehle und in diesen Abgrund zwischen Felswand und anschlagenden Wellen hineinfalle . . . Es sind bestimmt drei Meter, die ich springen muß, und das ohne Anlauf. Don Ramos muß mit dem Boot einen größeren Abstand halten als beim erstenmal, damit es nicht an den Felsen zerschmettert. Zuerst übt er das Heranfahren, lernt, wie er die Bewegung der Wellen und die Kraft des Motors gegeneinander ausspielen muß. Nun nickt er mir zu. Es ist soweit.

Ich verlasse meinen Platz an der Bordkante, krieche auf allen vieren über den vollgestopften Innenraum des heftig schaukelnden Bootes und stelle mich an der Bugspitze auf. Ich vermute, daß ich aussehe wie ein Gladiator vor dem Kampf, der über Leben und

Tod entscheidet: die Knie leicht federnd eingeknickt, ein Bein vorgestellt, die Arme in den Ellenbogen angewinkelt, den Oberkörper wie eine gespannte Feder nach vorn geneigt. Da, jetzt taucht aus der Gischt der Stein auf! Hinter mir höre ich es schreien: „Salta, salta – spring, spring!"

Doch der Moment ist verpaßt. Schon wird das Boot vom Sog zurückgezogen. Noch mal! Ich weiß, daß ich es nie und nimmer schaffe, aus dem Stand drei Meter weit zu springen, selbst mit größter Willensanspannung nicht. Ich habe nur dann eine Chance, wenn sich das Boot auf dem Kamm einer besonders hohen Welle über dem Stein befindet, so daß ich von oben schräg herunterspringen kann. Don Ramos hat Geduld. Dann endlich kommt meine hohe Welle – ich springe, fühle, wie meine Füße auf festes Gestein treffen, und falle vornüber, den Schwung mit den Händen auf dem mit Seepocken gesprenkelten Stein abfangend. Dann springt Karin. Nicht weit genug! Im letzten Moment bekomme ich sie zu fassen und kann sie herüberziehen. Sie schlägt sich dabei die Knie blutig.

Es bleibt keine Zeit, uns mit unseren Verletzungen zu befassen. Schon wirft uns der Junge, den Don Ramos als Helfer mitgenommen hat, schwungvoll die leichteren Gepäckstücke zu. Die Wasserkanister können wir mit einem Seil herüberziehen. Rätselhaft ist mir, wie es mit der Ausrüstung gehen soll, die nicht mit Meerwasser in Berührung kommen darf. Es wird ein dramatisches Geschicklichkeitsspiel. Don Ramos weiß inzwischen so gut die Kraft der Wellen und die des Motors zu berechnen, daß er immer mehr riskiert. Ganz dicht steuert er das Boot an die Felsen. Wie ein Gummiball tanzt es in der Brandung. Ist es im Moment noch in meiner Augenhöhe, saust es in der nächsten Sekunde mehrere Meter tiefer. Es ist gefährlich, das Boot der Gewalt der Brandung auszuliefern. Während des kurzen Augenblicks, wenn es sich auf gleicher Höhe mit dem Stein befindet, reicht mir der Junge die Gepäckstücke zu. Nicht jedesmal gelingt es, oft ist der Abstand zu weit, das Boot saust nach unten und wird vom Sog weit ins Meer hinausgerissen.

Ich stehe an der Felskante, konzentriere mich völlig auf die Arbeit. Deshalb habe ich nicht bemerkt, daß die Flut gestiegen ist. Die Brandung ist jetzt noch gewalttätiger. Eine riesige Welle rauscht heran. Sie überrollt mich. Reißt mich mit sich. Ich sehe nur Wasser, doch kann ich mich mit den Händen noch irgendwo am Fels festklammern. Drei der schon angelandeten Wasserkanister schwimmen im Meer. Die Bootsbesatzung fischt sie wieder auf. Karin beeilt sich, das Gepäck die Küste hinauf in Sicherheit zu bringen.

Fast ist das Ausladen des Bootes geschafft. Mir will scheinen, daß wir Stunden dazu gebraucht haben. Nur die schwere Alu-Kiste mit der Foto- und Filmausrüstung muß noch herüber. Ich kann den Griff gerade mit drei Fingern grabschen, da saust das Boot schon wieder nach unten. Die Kiste hängt frei in der Luft. Ich schaffe es nicht, sie auf den Felsen zu ziehen, sie ist viel zu schwer. Ich darf nicht loslassen, verkrampfe die Finger um den Griff. Die Alu-Kiste schützt zwar die Fotoausrüstung vor Feuchtigkeit, doch sie ist nicht ganz wasserdicht, und in dieser gewalttätigen Brandung könnte man sie auch kaum bergen. Ich rufe Karin um Hilfe, doch sie ist weit oben am Strand. Wo bleibt das Boot? Es ist hinter den Wellenbergen nicht sichtbar. Doch Don Ramos schafft es, mit der nächsten Welle wieder in die Höhe des Steines zu kommen. Mit einem kräftigen Stoß schiebt der Junge die Kiste auf den Fels.

Als das Boot in Richtung Santa Cruz abdreht, blicken wir uns an und lachen – nun sind wir Robinsons. Und wie echte Robinsons machen wir uns sogleich daran, unsere Existenz zu sichern. Die Seehunde schauen interessiert zu, wie zwei Menschen mit roten, blauen, gelben Wasserkanistern den Sandstrand emporstapfen. Im Inneren der Insel errichten wir das Lager mit der bewährten Raumaufteilung: im Zelt der Schlafplatz, unter dem Sonnensegel der Arbeitsraum und dann noch das Lebensmittellager mit der Küche. Wir brauchen den ganzen Tag, bis alles seine Ordnung und seinen richtigen Platz gefunden hat.

Dann haben wir uns ein kräftiges Essen verdient. Als es fertig gekocht ist und wir den Tisch, eine am Strand gefundene Holzplanke, decken, robbt ein Seelöwe in unsere Küche. Zuerst stolpert er über den Eimer mit Seewasser, darüber erschrickt er so unmäßig, daß er sich schwungvoll gegen den Kocher wirft. Die Töpfe springen in die Höhe – und kippen um. Reis und Bohnen kullern über sein Fell. Mit unserem Abendessen auf dem Rücken, flieht er zum Meer.

Die Seelöwen, die am Tag sonnenbadend am Strand liegen, werden am Abend lebhaft. Grunzend und schniefend robben sie ins Innere der Insel. Wahrscheinlich haben wir mit dem Aufbau unseres Lagers einige ihrer Stammplätze belegt. Die Augen der Seelöwen sind an die Unterwasserjagd angepaßt. An Land sehen sie sehr schlecht. Erst wenn sie sich bis auf einen Meter genähert haben, bemerken sie uns. Dann werfen sie erschrocken grunzend den Kopf auf und verharren eine Weile verwirrt. Da wir nicht weichen, bleibt ihnen schließlich nichts übrig, als sich einen anderen Schlafplatz zu suchen.

Im Lichtschein der Petroleumlampe schreibe ich Tagebuch. Karin hat ihre Gitarre mitgebracht und spielt leise zum Rhythmus des rauschenden Meeres. Ein großer Seelöwenbulle robbt langsam immer näher. Mit emporgestemmtem Oberkörper pendelt er hin und her. Die langen, starren Schnurrbarthaare sind weit gespreizt, als wolle er mit ihnen die Schwingungen der Musik ertasten. Ein samtschwarzer Himmel mit unzähligen flimmernden Sternen wölbt sich über uns. Karin hat aufgehört zu spielen. Wir lauschen hinein in die Nacht. Jetzt erst fühle ich, daß ich angekommen bin, auf Galapagos.

Am nächsten Tag umrunde ich meine Insel. Bevor ich mit der Arbeit beginne, muß ich ja genau über meine Umgebung Bescheid wissen. Obwohl die ellipsenförmige Insel nur knapp drei Kilometer Umfang hat, brauche ich wegen der Unwegsamkeit des Geländes mehrere Stunden. An der Nord- und Südseite gibt es je ein etwa dreihundert Meter langes Sandstück. Die Ost- und Westküste bestehen aus wild übereinander getürmter Lava. Tosend wirft sich die Brandung ihr entgegen. Mein kleines Eiland ist uneinnehmbar von einem weißkronigen Schutzwall umgeben. Wie eine Burg ist diese Insel, von der Außenwelt abgeschlossen, unerreichbar.

Doch einsam ist sie nicht. Da sind so viele Tiere. Drei Arten fallen durch die große Anzahl sofort auf: Seelöwen, Meerechsen und die roten Klippenkrabben. Außerdem entdecke ich zwei Lavamöwen, zwei Nachtreiher, etwa vier Lavareiher, Darwin-Finken und Goldwaldsänger. Blaufußtölpel, Brauner Pelikan und Galapagos-Graureiher landen ab und zu, um sich zwischen ihren Fischzügen auszuruhen.

Anders als Robinson, könnte ich nicht autark auf meiner Insel leben, denn es gibt keine eßbaren Pflanzen. Die Früchte des einzigen Baumkaktus sind bald verspeist. Zwar könnte ich mich notfalls von den handtellergroßen Krabben, den Meerechsen und Seelöwen ernähren und Fische fangen, aber da kein Trinkwasser vorhanden ist, gäbe es keine Überlebenschance.

Am dritten Tag kommt Don Ramos und holt Karin ab. Keine Nachricht von David . . .

Allein auf „meiner" Insel

Wenn ich wissen will, wie viele Tage vergangen sind, muß ich sie in meinem Tagebuch nachzählen. Die Zeit, sie interessiert mich nicht mehr. Wozu die Tage zählen? Ich lebe einfach, spüre den an- und abschwellenden Rhythmus der Gezeiten, den steten Wechsel von Tag und Nacht, und alles fließt in einem ewigschwingenden Kreis. Kein Tag ist abgeschlossen mit der sich herabsenkenden Dämmerung, zu Ende, vorbei, sondern er kehrt wieder bei Sonnenaufgang. Nichts vergeht, das Leben schwingt in rhythmischer Veränderung, erneuert sich ständig, kehrt wieder. Ich werde ganz von diesem Rhythmus aufgenommen, werde ein Teil von ihm. Ohne aufs Meer zu schauen, fühle ich, wann Ebbe und wann Flut ist. Jeden Tag geht die Sonne um sechs Uhr auf, und genau

Der Pelikan schaut interessiert zu, wie ich einen Fisch zerlege.

dann werde ich wach. Nach zwölf Stunden wird es wieder dunkel. Denn Galapagos liegt am Äquator, und so sind Nacht und Tag von gleicher Länge.

Das Leben ist so einfach, so klar. Fragen, die mich zu Hause quälten, stellen sich hier gar nicht. Das Paradoxe, das Absurde des Lebens hat auf Caamaño keinen Platz. Es gibt hier keine Gefahr, kein Leid, keine Unsicherheit, keine Probleme, keine Zweifel, keine Fragen. Ich bin einfach da. Es ist nicht wichtig, daß ich lebe, aber es ist schön. Es ist schön, den Sonnenaufgang zu sehen. Es ist schön, die heißen Strahlen auf dem nackten Körper zu fühlen und den Wind. Es ist schön, zwischen den Meerechsen zu sitzen und aufs Meer zu schauen, immer weiter zu schauen, endlos. Es ist schön, nachts die flimmernde Sternenkuppel über sich, mit den Zehen im warmen Sand zu spielen. Es ist schön, allein zu sein! Ich fühle mich überhaupt nicht einsam. Sicher, ich kann mit niemandem sprechen. Dafür entstehen in mir selbst viel mehr Gedanken als sonst. Als wären in mir mehrere Personen mit verschiedenen Ansichten verborgen, kann ich mir selbst Fragen stellen, Antworten geben, Meinungen austauschen, Ideen erörtern. Auch meine Gefühle, Empfindungen und Sinne verstärken sich. Als wäre ein Dunstschleier von den Augen genommen, erkenne ich klarer, tiefer, intensiver. Dinge, die man gewöhnlich gar nicht beachtet, die selbstverständlich sind, bekommen eine Bedeutung. Wie über ein kostbares Geschenk freue ich mich, keine Kleidung tragen zu müssen. Ich bade und wasche mich im Meer, benutze das Trinkwasser nur, um mir die Salzkruste vom Gesicht zu entfernen. Doch manchmal erlaube ich mir einen Luxus: In einem großen Topf mache ich Wasser warm und gieße es mir über den Körper. Ein wunderbares Gefühl!

Je mehr die Luft, die Sonne, der Wind, der Sand und das Meer ungehindert auf mich einwirken können, desto mehr entfernen sich gefühlsmäßig die abgrenzenden Trennschichten. Einbezogen zu sein in den Kreislauf von Ebbe und Flut, von Helligkeit und Dunkel, von Vergehen und Neuentstehen, bewirkt eine große Sicherheit, eine unendliche Geborgenheit. Es gibt keinen wirklichen Anfang, kein wirkliches Ende. Zwar entdecke ich einige tote Meerechsen, die, wohl zu schwach und zu alt, sich nicht mehr ins Meer wagten und verhungerten. Und ich finde auch einen toten Seelöwen, der von der Brandung zwischen zwei Lavablöcke geschleudert und eingeklemmt wurde, und sehe andere, deren Körper von Haifischbissen verwundet sind. Aber der Tod erscheint mir auf Caamaño nicht schmerzvoll, nicht grausam, nicht endgültig. Er ist eine natürliche Erscheinung zwischen den Leben.

Obwohl ich ein Mensch bin, empfinde ich mich nicht als etwas anderes als die Tiere. Wir haben dieselben Bedürfnisse. Wie sie bin ich auf Nahrung und Wasser angewiesen. Nur durch meine Beschäftigungen unterscheide ich mich. Besonders intensiv ist der Kontakt mit den Seelöwen. Viele erkenne ich an ihrem Aussehen. Auch ihr Verhalten ist sehr verschieden. Manche kommen regelmäßig unter das Sonnensegel, um während der Mittagsglut im Schatten Schutz zu suchen. Sie sind inzwischen so an mich gewöhnt, daß sie nicht mal den Kopf heben, wenn ich in Armeslänge an ihnen vorbeilaufe. Oscar, der junge Seelöwe, der mir bei meinem ersten Besuch auf Caamaño die Feder schenkte, legt sich unter den Tisch, und ich darf meine Füße auf seinen Rücken stellen. Er ist aber der einzige, der mir den Körperkontakt erlaubt.

Die Mütter mit ihren Kindern robben nur selten in mein Lager. Sie sind dabei nervös und knurren, wenn ich die Distanz überschreite. Oft liegen sie malerisch gruppiert am kleinen Salzsee. Es sieht kurios aus, wenn einjährige Jungbullen, die schon größer als die Mutter sind, noch an ihr saugen. Einer dieser frechen Jungbul-

Seelöwe Oskar und ich unterhalten uns ein bißchen.

len paßt jedesmal den Moment ab, wenn ich zum Waschen ins Meer gehe. Im Galopp stiebt er dann durch den Sand. Das erste Mal war ich recht erschrocken. Weiter ins Meer hinein konnte ich nicht wegen der Brandung, und zur Flucht zurück blieb keine Zeit, weil er schon zu nah war. So richtete ich mich möglichst hoch auf und klatschte laut in die Hände. Erst einen Meter vor mir stoppte er ab. Ihm scheint es so viel Spaß gemacht zu haben, mir Angst einzujagen, daß das Spiel nun jeden Abend stattfindet. Besonders aufdringlich ist er beim Geschirrabwaschen. Dann muß ich aufpassen, daß er nicht Teller und Töpfe stiehlt.

Soweit ich mich zurückerinnern kann, hatte ich immer einen sehr engen Kontakt zu Tieren. Unwiderstehlich fühlte ich mich zu ihnen hingezogen. Es hat nie ein Tier gegeben, vor dem ich mich ekelte oder fürchtete. Natürlich befällt mich Angst, wenn ein wehrhaftes Tier, wie dieser Seelöwe, mich plötzlich angreift. Jedoch ist es nicht die Angst vor dem Tier als solchem, sondern vor der gefährlichen Situation. Ich habe gelernt, daß man sich in den meisten Fällen durch richtiges Verhalten retten kann. Vor allem darf keine Panik aufkommen. Man muß das Tier beobachten, sich in seine Gefühlswelt hineindenken. Das gelingt nur, wenn man in dem Tier nicht den Gegner, die Bestie, das Untier sieht, sondern ein Gegenüber, dem man überlegen ist, weil man es versteht.

Mein Umgang mit Tieren läuft nicht bewußt ab, eher intuitiv. Ich glaube, daß jedes Kind die Fähigkeit besitzt, Tiere gefühlsmäßig zu verstehen. Nur verliert es im Laufe der Zeit dieses Verständnis, und zwar meistens deswegen, weil ihm die Eltern schon in den ersten Lebensjahren Angst- und Ekelgefühle davor vermittelt haben. Meine Eltern waren zwar fassungslos und auch besorgt, mit welcher Selbstverständlichkeit ihre Tochter mit allem möglichen Viehzeug umging, allein in den Wald lief, um Ameisen oder Wild zu beobachten, sogar Schlangen fing und nach Hause brachte, aber sie haben nie versucht, mir meine Begeisterung gewaltsam auszutreiben. Ich hatte eigentlich immer nur Interesse an Wildtieren. Um Hunde, Katzen, Wellensittiche und andere Heim- und Streicheltiere habe ich mich nie gekümmert. Ich glaube, weil sie zu menschenähnlich, zu sehr vom Leben mit dem Menschen geprägt sind und ihr Verhalten dem seinen angepaßt haben.

Jeden Morgen verlasse ich beim ersten Lichtschimmer das Zelt und beziehe Beobachtungsposten auf einem großen Lavablock, von dem aus ich die Echsenkolonie gut überblicken kann. Ich will den Tagesablauf der Meerechsen kennenlernen und feststellen, ob und wie er von den Gezeiten beeinflußt wird. Um statistisch gesicherte Aussagen machen zu können, wie es für eine wissenschaftliche Arbeit notwendig ist, muß ich möglichst viele Individuen beobachten. Dabei helfen mir die großen, weißen Nummern, die ich auf ihre schwarzen Körper gemalt habe. In bestimmten zeitlichen Abständen trage ich in eine Liste ein, wo sich welches Tier befindet und was es tut. In dieser frühen Morgenstunde ist noch keine einzige Echse sichtbar. Denn die Nacht verbringen sie in Spalten und Höhlungen unter den Lavablöcken.

Der Sonnenaufgang ist eine berauschende Farborgie, die aber in wenigen Minuten verglüht. Es ist still. Die Seelöwen, die während der Nacht in den verschiedensten Tonlagen gegrunzt, geschnieft, gehustet und geblökt haben, sind zum morgendlichen Fischejagen im Meer verschwunden. Der frische Seewind macht meinen nackten Körper frösteln. Ich schlinge die Arme um die Knie und warte geduldig, daß die Sonne höher steigt. Es ist nichts zu hören außer den anrollenden Wellen. Die schwarze Lava sieht so frisch, so neu aus, als sei die Insel eben erst aus dem Meer emporgewachsen und noch kein Leben auf ihr entstanden.

Man weiß nicht genau, wann die Inseln aus dem Meer geboren wurden. Vielleicht war es vor zehn Millionen Jahren, als der Meeresboden zu beben begann. Dicke Schichten von Grundsedimenten wurden gehoben und zerbrachen. Rotglühende Lava preßte sich hervor, ergoß sich dampfend und zischend in das kalte Meer. Über Jahrmillionen setzte sich der vulkanische Prozeß fort. Es dauerte lange, bis die unterseeischen Lavaberge zweitausend Meter hoch gewachsen waren und ihre Spitzen aus dem Wasser ragten. Vor etwa drei Millionen Jahren war es wahrscheinlich soweit. Seevögel waren die ersten, die die dunklen Inseln aus Lava und Asche entdeckten. Sie düngten sie mit ihrem Kot und brachten im Gefieder Pflanzenkeime mit, die sich in der verwitternden Lava ansiedelten. Von diesen Pflanzen wiederum ernährten sich die antriftenden Landtiere.

Vielmals jedoch wurde das unter ungeheuren Anstrengungen, Opfern und Zufällen sich entwickelnde Leben wieder vernichtet, wenn sich plötzlich erneut glühende Lava aus den Feuerschlünden ergoß oder der Meeresspiegel stieg und die Inseln überflutete. Denn es ist kein Prinzip der Natur, das Leben zu erhalten, sondern dort, wo es möglich ist, Leben entstehen zu lassen. Die Lebewesen haben nur die Chance zu überleben, wenn sie sich durch fortwährende Veränderung an die ebenfalls ständigen Wechseln unterworfenen Umweltbedingungen anpassen. Dazu müssen sie sich vermehren, so zahlreich wie nur irgend möglich. Es ist ein Spiel mit ungewissem Ausgang, ein Spiel ohne Mitleid. Doch niemand wird bevorzugt und niemand benachteiligt. Alle Lebewesen sind gleichermaßen von den Gesetzmäßigkeiten der Natur betroffen. Und es scheint nur so, daß manche Arten sich besser durchsetzen können, daß sie auf Kosten der anderen sich über die Erde verbreiten. Es genügen geringfügige Umweltveränderungen, und die so überlebensstarken Arten sterben aus, und andere rücken an ihre Stelle. Die Evolution des Lebens ist gekennzeichnet von Umweltkatastrophen. Sie sind sogar der Motor der Evolution, denn nach jeder Katastrophe wird Platz frei für Neuentwicklungen. Die Natur beschützt keines ihrer Geschöpfe. Sie stellt Bedingungen. Wer es schafft, sie zu überleben, hat gesiegt, aber nur vorerst, bis zum nächsten Umschwung.

Der Mensch dagegen will bewahren, beschützen, erhalten, aber nur das, was ihm gefällt und nützt. Im Gegensatz zur Natur wählt er aus, welche Lebewesen überleben dürfen und welche nicht. Dabei geht er so unsinnig vor, daß er die Raupe ausrottet, weil sie seine Anpflanzungen auffrißt, aber den Schmetterling schützen will, weil er schön ist. Er bedauert es als einen persönlichen

Verlust, wenn der Frühling stumm wird, weil die Singvögel aussterben, und er sehnt sich nach den bunten Wiesen seiner Kindheit. Wie paradox, daß gerade er es ist, der wegen seiner Fähigkeit, die Umweltbedingungen zu manipulieren, die wahrscheinlich bisher größte Katastrophe hervorrufen wird. Vielleicht wird alles Leben vernichtet. Doch solange ein Raum vorhanden ist, wird es wieder entstehen, neu und anders und doch von den gleichen Gesetzmäßigkeiten bewegt. So wie auf Galapagos nach jedem vernichtenden Vulkanausbruch das Leben wieder erblühte. Das ist tröstlich, wenn man nicht an die eigene Betroffenheit denkt, aber erbarmungslos traurig, wenn man sich dessen bewußt wird, daß all das untergeht, was man kennt und liebengelernt hat.

Zwei Silberreiher, weiße elfenartige Gestalten, die zu der grobblockigen, zerklüfteten Lavalandschaft gar nicht zu passen scheinen, überfliegen die Küste. Weit breiten sie ihre Schwingen aus, den Flug durch den so erzeugten Luftwiderstand abbremsend, und landen. Ich wage kaum zu atmen. Sie sind so zart, und sie sehen aus, als seien sie aus einem Märchen entflogen. Oder berührt mich ihre Erscheinung nur deswegen so seltsam, weil ich in meinen Gedanken so weit in vergangene und zukünftige Zeitabläufe versunken war, der Gegenwart entrückt? Denn Silberreiher habe ich schon oft gesehen. Sie sind weit verbreitet über Europa, Asien, Afrika. Doch nach Galapagos scheinen sie mir nicht zu passen. Es ist, als wären sie Fremdlinge aus einer anderen Welt, die hierher eine Nachricht, eine Erinnerung, eine Botschaft bringen wollen.

Plötzlich sitzt vor mir die erste Meerechse. Lautlos ist sie aus einem Spalt hervorgekrochen. Breit bietet sie ihren Körper der Sonne dar, um so die Kühle der Nacht aus den Gliedern zu treiben. Sie schmiegt sich eng an den von der Sonne erwärmten Untergrund, auch um dem Seewind weniger Angriffsfläche zu bieten. Nach und nach erscheinen auch die anderen. Bizarr, wie aus erstarrtem Stein geformt, hocken sie bewegungslos da – und warten! Ich dagegen habe jetzt viel zu tun. Eifrig schreibe ich die

Nummern der Echsen in der Reihenfolge, wie sie hervorkriechen, in meine Tabellen. Mein Respekt und meine Bewunderung für diese schwarzen Reptilien wächst, je länger ich unter ihnen lebe. Ich kenne kein anderes Tier, das so sehr Teil seiner Umwelt ist. Als wären sie lebendiggewordene Lava, verschmelzen die Meerechsen harmonisch mit ihrem Lebensraum.

Es ist neun Uhr, die Sonne steht hoch am Himmel. Am Äquator steigt sie sehr schnell empor und brennt den ganzen Tag senkrecht herab. Über fünfzig Grad erhitzen sich die Steine. Je wärmer es wird, um so höher richten sich die Echsen auf ihren Füßen empor und wenden sich frontal zur Sonne, so daß diese nur einen geringen Teil des Körpers trifft, Nacken und Rücken lassen sie sich vom kühlen Seewind befächeln. Wird es gar zu heiß, verschwinden sie in einer der zahlreichen schattigen Lavaspalten. Obwohl die Meerechsen wie alle Reptilien wechselwarme Tiere sind, das heißt, ihre Körpertemperatur ist von der Umgebungstemperatur abhängig, schaffen sie es, ihre Eigentemperatur meist bei etwa 37 Grad Celsius konstant zu halten. Nachts, wenn die Lufttemperatur bis zu 17 Grad absinkt, kriechen sie gemeinsam in Hohlräume unter den Steinen und wärmen sich gegenseitig. Wem es außen zu kalt wird, der zwängt sich in den wohlig warmen inneren Kern der Schlafgemeinschaft.

Die Echsen werden sich bis zu Beginn der Ebbe nicht von ihren Sonnensteinen entfernen. Zeit genug für mich, um zu baden und zu frühstücken. Vom Landestein aus springe ich ins Wasser. Die Kälte verschlägt mir den Atem. Die Temperatur von 22 Grad entspricht gar nicht der eines tropischen Gewässers am Äquator, und das Wasser erscheint noch viel kälter, da die Lufttemperatur so hoch ist. Es ist Wasser von der Antarktis, das die Humboldt-Strömung an Galapagos vorbeiführt. Kaltes Wasser bindet mehr Sauerstoff, deshalb können sich Planktonorganismen zahlreich entwickeln, die Nahrungsquelle für viele Fische. So verdanken die Seelöwen und Seevögel der kalten Humboldt-Strömung, daß für sie der Tisch immer reichlich gedeckt ist.

Im Wasser umspielen mich die Seelöwen. Wie Torpedos schießen sie heran. Schnellen dicht vor meinem Gesicht kerzengerade aus dem Wasser. Ein kurzer spitzbübischer Blick aus ihren großen Kinderaugen. Schon werfen sie ihren stromlinienförmigen Körper herum, tauchen unter und im nächsten Moment wasserspritzend hinter mir wieder auf. Ich versuche sie nachzuahmen, tauche ebenfalls, lege die Hände an den Körper und bewege mich schlängelnd durchs Wasser. Aber ach, wie plump, wie schwerfällig! Diesen eleganten Schwimmern kann ich es nicht gleichtun. Beobachte ich sie dagegen an Land, wie sie die schweren Körper mühsam über die Steine und den Sand schleppen, mit den kurzen Vorderflossen um Halt bemüht, die Schwanzflossen in hoppelnder Gangart unter den Körper gestemmt, dann kann ich mir kaum vorstellen, zu welch artistischer Leichtigkeit sie im Wasser fähig sind.

Es sind vor allem die Ein- bis Zweijährigen, die mit mir spielen. Der Leitbulle dagegen, der sich anfangs bei meinem Anblick an Land immer aufrichtete, den Kopf hob, das Maul mit den kegelförmigen, gelben Zähnen aufriß und markerschütternd brüllte, hat mich inzwischen als harmlos eingestuft und kümmert sich nicht mehr um mich. Nur als ich das erste Mal im Meer badete, hatte er mich sehr erschreckt. Er war eine weite Strecke unter Wasser geschwommen, und ich wußte daher nicht, daß er sich mir näherte. Plötzlich teilte sich vor mir das Wasser, und ein riesiger Kopf stieg vor meinem Gesicht empor. Tiefschwarz glänzte das Fell. Die großen, dunklen Augen, von dem hohen Stirnhöcker überwölbt, blickten mich drohend an. Mir schoß der Schreck in die Glieder, denn ich hätte mich nicht verteidigen können. Der Bulle schüttelte den Kopf. Die Wassertropfen, die an seinen borstigen Schnurrhaaren hingen, spritzten mir ins Gesicht. Als er das Maul öffnete, sah ich seine gelben, dolchartigen Fangzähne. Er stieß einen kurzen, rauhen Laut aus. Fast klang es wie Lachen. Dann wendete er sich entschieden ab und schwamm würdevoll ans Ufer zurück.

Aber nicht immer sind die Leitbullen so friedfertig. Gefährlich wird es, wenn sie den Menschen mit einem Rivalen verwechseln.

Mit markerschütterndem Brüllen vertreibt der Seelöwenbulle alle Rivalen, die ihm seine Weibchen streitig machen könnten.

Das kann leicht geschehen, da die Seelöwen eben nicht scharf sehen können. An Land hilft es manchmal, wenn man sich hoch aufrichtet, damit man den Bullen an Größe überragt, und laut in die Hände klatscht. Vielleicht fühlt er sich aber gerade dann erst zu einem Kräftemessen herausgefordert. An Stellen, wo es viele Touristen gibt, sind die Tiere nervös und überreizt und reagieren oft unvermittelt aggressiv. Deshalb sollte man sich durch die Zutraulichkeit und harmlose Neugier der Halbwüchsigen nicht täuschen lassen und gegenüber erwachsenen Weibchen mit Babys und großen Bullen vorsichtig sein, das heißt, genügend Abstand wahren, so daß sich die Tiere nicht provoziert fühlen.

Beim Baden setze ich jetzt immer eine Taucherbrille auf, denn ich will nicht noch einmal nichtsahnend im Wasser überrascht werden. Und sogleich entdecke ich eine neue Gefahr – einen Hai! Interessiert umkreist er mich. Er ist über zwei Meter lang. Der erste lebende Hai, dem ich begegne! Mir ist unheimlich zumute. Zwar wird behauptet, daß die Haie in Küstennähe von Galapagos die Menschen nicht angreifen, aber man kann ja nie wissen. Außerdem hatte ich bei Seelöwen und Meerechsen schreckliche Bißwunden von Haien gesehen. Ich bemühe mich, keine heftigen Bewegungen zu machen. Immer den Hai im Blickwinkel, schwimme ich zurück und atme auf, als ich mich auf den Felsen emporziehen kann. Soll ich jetzt wegen ihm auf das Baden verzichten? Ich denke nicht daran! Wie könnte ich es aushalten, immer das Meer vor Augen zu haben und niemals ins Wasser zu gehen? Das nächste Mal nehme ich ein Holzstöckchen mit, um ihm damit energisch auf die Nase zu schlagen, sollte er Appetit auf mich bekommen.

Mit der Zeit gewöhne ich mich an „meinen" Hai. Jedesmal, wenn ich ins Wasser springe, scheint er schon auf mich zu warten. Wie schwebend liegt sein länglicher dunkler Körper im blaugrünen, kristallklaren Wasser. Wer vor Angst nicht blind ist, erkennt, wie faszinierend schön so ein Hai ist. Haie haben eine perfekte Körperform – modelliert wie von einem genialen Künstler. Nichts ist überflüssig, nichts stört, alles fließt zu einem harmonischen stromlinienförmigen Körper zusammen. Eine Schönheit, die so vollendet, so vollkommen ist, daß sie mich jedesmal wieder neu in Bann schlägt. Ohne daß ich eine Bewegung seiner Flossen und seines Körpers wahrnehme, schießt er blitzschnell einige Meter vor, als würde das Wasser ihm keinen Widerstand bieten. Dann steht er wieder bewegungslos still, nur seine Augen beobachten mich aufmerksam. Wenn ich meine Schwimmstrecke zurücklege, begleitet er mich. Immer bleibt er an der Seite zum offenen Meer, als wolle er mich vor den Gefahren der Tiefe schützen. Natürlich habe ich schon längst keinen Stock mehr dabei.

Die Küste fällt ziemlich steil in die Tiefe ab. An der schwarzen Felswand tummeln sich farbenprächtige Fische. Je tiefer ich hinabtauche, um so geheimnisvoller wird die Meerlandschaft. In den Höhlungen und Klüften halten sich die seltsamsten Tiere verborgen. Bei jedem Abtauchen entdecke ich etwas Neues. Zuerst sind es die Fische, die durch ihre Farben und Bewegungen auffallen: Papageifische, Schmetterlingsfische, Zackenbarsche und viele, viele andere, deren Namen ich gar nicht weiß. Dann sind da noch Seeigel, violett und schwarz, Seesterne in Purpurrot, Orange und Blau und die grazilen Haarsterne. Nie reicht meine Luft aus, um all diese Wunder lange genug zu bestaunen. Ich müßte ein Tauchgerät haben! Dort, diese Felsnische, sie ist mit roten, gelben und violetten Schwämmen ausgekleidet. Ein kleiner Fisch hat sich in der Höhlung verspreizt und schaut mich starr mit seinen Glupschaugen an.

Beim nächsten Tauchen entdecke ich eine Meerechse. Sie hat die Vorder- und Hinterfüße eng an den Körper gelegt, der seitlich abgeplattete Schwanz funktioniert wie ein Antriebsruder. Das Tier sinkt hinunter auf einen Korallenstock, wo dichter Algenrasen wuchert. Mit ihren langen Krallen hält sich die Echse am Untergrund fest und weidet mit kräftigen Bissen die Algen ab. Meerechsen sind die einzigen Echsen der Welt, die im Wasser ihre Nahrung aufnehmen. Sie tauchen über zehn Meter tief und bleiben meist drei Minuten unten, bevor sie zum Luftschnappen an die Oberfläche müssen. Man will aber auch schon Meerechsen beobachtet haben, die länger als eine halbe Stunde tauchten.

Als ich wieder auf die Felsen klettere, spüre ich erst, wie kalt mir ist. Vor Zittern kann ich mich nicht bewegen und schmiege mich zum Aufwärmen wie die Meerechsen an die backofenheißen Steine.

Klappern und Scheppern im Lager. Es klingt, als würde jemand mit meiner Kücheneinrichtung Ball spielen. Jetzt treiben sie's aber zu bunt, die Seelöwen, denke ich und stürme ins Lager, um sie durch Händeklatschen zu vertreiben. Aber kein Seelöwe ist zu sehen. Trotzdem hat da jemand gewütet. Vor allem die Bananen hat's erwischt. Von der großen Staude, die ich grün mitgenommen hatte und die langsam ausreifte, sind nur zermatschte Schalen übriggeblieben. Die Seelöwen waren das bestimmt nicht.

*Mein Lager – auch beliebter Aufenthaltsort von hungrigen
Landleguanen und schattensuchenden Seelöwen*

Plötzlich wirbelt hinter einer der Vorratskisten Sand hoch, und in
voller Flucht stiebt der Übeltäter ins Cryptocarpus-Gebüsch. Ich
natürlich hinterher, und tatsächlich – es ist ein Landleguan. Er ist
größer als meine Meerechsen, ein imposanter, quittengelber
Minidrache.

Ich hatte nicht damit gerechnet, daß auf der kleinen Insel auch
Landleguane leben. Später entdecke ich noch ein halbwüchsiges
Weibchen. Es ist ein seltsames Gefühl, plötzlich Mitbewohner zu
finden, die unsichtbar schon so lange neben mir gelebt haben.
Wahrscheinlich hatte ich sie durch meine Anwesenheit verschreckt, und nur der Duft reifer Bananen hatte sie dazu verführt,
das Versteckspiel aufzugeben. Die Erklärung für ihre Scheu, bei
den sonst vertrauensseligen Galapagos-Tieren, kann nur sein, daß
sie schon einmal mit Menschen zu tun hatten. Die Bestätigung für
diesen Verdacht liefert ein kleines Blechblättchen mit einer

Nummer, das im Rückenkamm des Männchens steckt. Trotz meiner Nachforschungen fand ich in der Darwin-Station keinerlei Hinweise darauf, wer die Landleguane gefangen und nach Caamaño gebracht haben könnte, noch woher sie stammen, wie viele man verfrachtet und zu welchem Zweck man das Experiment durchgeführt hat. Der Mensch hat die Allmacht, mit den Tieren umzuspringen, wie er will, auch auf Galapagos, nur bemäntelt man es hier mit dem Alibi der Wissenschaft und dem Vorwand, dem Naturschutz zu dienen.

Ich kehre zu meinem Beobachtungsplatz an der Küste zurück. In der Meerechsenkolonie ist alles unverändert. Gleich ausgerichtet, mit dem Blick auf das Meer, hocken die Tiere auf ihren Sonnensteinen. Das Wasser ist merklich zurückgegangen. Die Ebbe beginnt. Jeden Tag verschiebt sich dieser Vorgang um etwa eine Stunde. Meerespflanzen, vorher unter dem Wasser verborgen, werden sichtbar: Rotalgen, braunschwarze Tange und die bei den Meerechsen besonders beliebte salatähnliche grüne Ulva. Etwa fünfzig Meter Küste liegen schon frei. Die roten Klippenkrabben sind allesamt an die Wasserkante gewandert und stürzen sich eifrig in die „Schlacht am kalten Büfett". Der Tisch in der Spritzwasserzone ist für sie reichlich gedeckt. Mit ihren pinzettengleichen Scheren zupfen und stochern sie zwischen den Algen herum und führen kleinste Nahrungspartikel zum Mund.

Wie gebannt starren die Echsen auf das zurückweichende Meer. Sie kommen mir vor wie Sportler, die in ihren Startlöchern gespannt auf den Startschuß warten. Ich weiß nicht, ob sie sehen, wie weit das Wasser sich zurückgezogen hat oder ob sie an dem weiter entfernten Brandungsgeräusch hören, wann der richtige Zeitpunkt herangekommen ist. Jedenfalls setzen sie sich plötzlich wie auf ein geheimes Kommando in Bewegung, langsam, aber zielbewußt, programmierten Automaten gleich. Je mehr sie sich dem feuchtkalten Element nähern, um so häufiger und länger schalten sie Aufwärmephasen dazwischen, strecken sich platt auf der sonnenglühenden Lava aus. Denn sie müssen genügend Wärme speichern, um den stundenlangen Aufenthalt im kalten

Wasser zu überstehen. Es fällt mir auf, daß die Meerechsen höchst ungern ins Wasser gehen. Nur der Hunger zwingt sie dazu, denn die bei Ebbe trockenliegenden Flächen sind natürlich von den vielen Tieren der großen Kolonie total abgeweidet. So müssen sie in die Brandung hinaus, und immer weiter drängt sie der Hunger ins Wasser, damit sie noch ihre grünen Ulvablättchen finden. Die stärkeren Tiere schwimmen bis zu den vorgelagerten Felsklippen, deren Spitzen bei Ebbe das Wasser überragen.

Während der Mittagszeit, wenn es am heißesten ist, schwimmen die Echsen los und tauchen zur Nahrungssuche hinunter auf den Meeresgrund. Die kurzen stumpfen Schnauzen der Meerechsen sind sehr gut dazu geeignet, noch an den niedrigsten Algenrasen heranzukommen. Seitlich packen sie die Pflanzen mit ihrem Kiefer, in dem unzählige spitze Zähnchen sitzen, und reißen sie mit kurzer heftiger Kopfbewegung ab. Es ist beeindruckend, ihnen beim Fressen zuzuschauen. Sie fressen und schlingen, was in ihre Mägen hineingeht. Immer wieder, wie eine Freßmaschine, senken sie den Kopf zwischen die Algen, öffnen die Kiefer, reißen ab, schlingen, reißen wieder ab. Eine Freßorgie, die die Mägen sichtbar zum Schwellen bringt. Aber sie haben ja nicht viel Zeit, denn nach drei Stunden kommt die Flut zurück. Nahrung für den ganzen Tag muß gefaßt werden und, wenn die Ebbe ungünstig fällt, auch Vorrat für die folgenden Hungertage. Denn die Echsen haben einen festen Zeitplan: Erst ab zehn Uhr, wenn sie genügend erwärmt sind, und bis drei Uhr, wenn noch Zeit ist zum Wiederaufwärmen, gehen sie zum Fressen. Kommt die Ebbe früher oder später, ziehen sie es vor zu hungern. Zweimal im Monat, jeweils vor Neu- und Vollmond, gibt es fünf bis sieben Tage, während der die Ebbe in einer für die Meerechsen ungünstigen Zeit stattfindet. In dieser Fastenzeit nehmen die Tiere bis zu einem Drittel ihres Körpergewichtes ab. Nur die größten Männchen mit einem Gewicht von über einem Kilogramm sind völlig unabhängig von Ebbe und Flut.

Während die Meerechsen ihre Mägen füllen, habe ich viel zu tun. Ich will genau wissen, wie lange die einzelnen Tiere zur

Ich werde nie müde, die donnernde Brandung zu beobachten.

Nahrungsaufnahme brauchen und wie lange für den Rückweg und ob es da Unterschiede gibt in Abhängigkeit von Körpergewicht, Größe, Geschlecht und Alter. Ich wiege sie, bevor sie ins Wasser gehen und hinterher, um die aufgenommene Nahrungsmenge festzustellen. Mit dem Fernglas beobachte ich, wann sie fressen und wann sie sich ausruhen. Da die Meerechsen auf Caamaño keine Feinde haben, wird das Anwachsen der Kolonie allein durch die zur Verfügung stehende Nahrung begrenzt. Wenn ich jetzt feststelle, wovon die Nahrungsaufnahme beeinflußt wird – Wassertemperatur, Wasserstand, Lufttemperatur, Windstärke usw. –, bekommt man ein Maß, um Aussagen über Wachstum, Stagnation oder Abnahme der Populationsdichte zu machen. Außerdem ist es aufschlußreich zu untersuchen, welche Strategien einzelne Tiere bei der Nahrungsaufnahme anwenden. Ich will die Vor- und Nachteile dieser unterschiedlichen Verhaltensweisen erkennen und beobachten, ob die Tiere ihre Strategie wechseln, falls sich die

Umweltbedingungen verändern. Da es nur wenige und dazu gut meßbare Faktoren sind, kann man relativ einfach die Gesetzmäßigkeiten enthüllen, wie Tiere und Umwelt sich gegenseitig beeinflussen und zusammenwirken.

Diese Stunden der Ebbe sind die erlebnisreichsten des ganzen Tages. Ich muß nicht nur eifrig Notizen machen, mit dem Fernglas den Echsen nachspüren, sie fangen, messen und wiegen, sondern es gibt noch so vieles zu sehen und zu bestaunen. Reizvolle kleine Wasserbecken sind an der vom Meer freigegebenen Küste zurückgeblieben. In ihnen wimmelt es von allerlei Meeresgetier: Flinke Korallenfische huschen farbenfunkelnd zwischen den Steinen und Korallenblöcken umher, Muscheln klappen blitzschnell ihre Schalen zusammen, Schnecken ziehen ihre Muskelfüße zurück, wenn ich sie berühre. In manchen Schneckenschalen sitzen kleine Einsiedlerkrebse. Es sieht lustig aus, wenn sie vorsichtig tastend ihre Beine und Scheren herausstrecken und mit dem Haus auf dem Rücken spazierengehen. Meeresanemonen breiten ihre Tentakel aus und ziehen sie pulsierend wieder ein. Kleine Kraken schießen wie Raketen durch die Wasserbecken und verstecken sich scheu in einem Unterschlupf.

Diese Wasserbecken sind natürliche Aquarien. Aus nächster Nähe kann ich in das kristallklare Wasser hineinschauen und das geheimnisvolle Leben unter Wasser beobachten. Unvorsichtig wate ich durch knietiefe Tümpel, bis ich ein gelbbraunes, schlangenähnliches Tier entdecke. Das heißt, das Tier entdeckt mich zuerst und zieht sich blitzschnell in sein Versteck zurück, als ich mit nackten Füßen dahergeplanscht komme. Es ist wie eine kurze Momentaufnahme, die sich tief einprägt: der gelbbraune, lange Körper, etwa armdick, ein schlangenartiger Kopf, mit dem leicht geöffneten zähnestarrenden Maul – das war doch – ja, das ist eine Muräne! Leichtsinnig von mir, wie ein unerfahrenes Kind in den Gezeitentümpeln herumzuwaten, als hätte ich noch nie etwas von lauernden Gefahren gehört. Eine Muräne! Wenn sie mich gebissen hätte – eine Blutvergiftung wäre mit Sicherheit die Folge gewesen. Muränen haben zwar keine Giftdrüsen, aber zwischen ihren verquer stehenden Zähnen bleiben die Fleischreste ihrer Beutetiere hängen. Bei einem Biß wird die Wunde mit dem faulenden, sich zersetzenden Eiweiß infiziert.

Es ist nicht notwendig, Schuhe anzuziehen oder auf das Planschen in den Wasserbecken zu verzichten. Nur aufpassen muß ich in Zukunft, wohin ich meine Füße setze. Kein Tier greift böswillig an, wenn man den entsprechenden Abstand wahrt. Auf Caamaño wird mir nichts geschehen, wenn ich mich richtig verhalte. Für einen Moment hatte ich vergessen, daß ich ein Gast bin im Reich der Tiere. Der Mensch verliert allzuoft den Respekt vor der Umwelt. Sobald er sich sicher wähnt, führt er sich als Besitzer auf, der sich alles erlauben kann. Während meines Aufenthalts unter den Tieren von Caamaño lerne ich, die menschliche Arroganz abzulegen, bescheiden und rücksichtsvoll zu werden.

Auch die Seelöwen lieben diese Gezeitentümpel. Nicht um Fische zu fangen, denn die zurückgebliebenen sind viel zu kleine Häppchen, sondern um zu spielen. Ungefährdet von der Brandung und von Haien können hier die Jüngsten das Tauchen und Schwimmen üben. Übermütig planschen sie im Wasser herum, balgen sich, liefern sich Scheinkämpfe und wilde Verfolgungsjagden, tauchen sich gegenseitig unter, lassen sich auf der Seite liegend treiben, eine Flosse wie ein Segel aus dem Wasser gestreckt. Aber nicht lange. Kaum sieht ein anderer den gemütlich Ruhenden, kommt er wie ein Kobold von hinten angeschossen und taucht den Kameraden unter. Ich bekomme Lust mitzuspielen, lege Fernglas und Schreibblock beiseite und lasse mich in das badewannenwarme Wasser gleiten. Sofort steuert das Geschwader der Halbstarken auf mich zu. Sie bilden einen Kreis, nehmen mich in die Mitte und beäugen mich abwartend aus großen Kinderaugen. Besonders angetan sind sie, wenn ich Stöckchen oder Holzstücke mitgebracht habe. Begeistert apportieren sie wie gut abgerichtete Hunde. Dann will jeder das Holz besitzen. Eine wildspritzende Verfolgungsjagd beginnt. Jeder hascht jeden. Um mich kümmert sich niemand, und bald ist auch das Holz uninteressant geworden, weil ein neues, anderes Spiel beginnt.

Das Meer kommt zurück! Die Echsen müssen jetzt mit Fressen aufhören und zusehen, daß sie die rettende Küste wieder erreichen. Das Wasser steigt von Minute zu Minute. Die Entfernung von den Klippen zur Küste vergrößert sich schnell. Die See ist aufgewühlt und schlägt hart an die Steine. Die Brecher überrollen die Felsen, wo die Echsen sich wie Schiffbrüchige festkrallen. Es ist unglaublich, wie sie der Wucht der Wellen widerstehen. Mit adlerartigen Krallen verhaken sie sich im Gestein, ducken sich tief und lassen die Brandung über sich hinweggrasen. Nur kurz können sie Atem schöpfen, dann kommt schon weißgischtig die nächste Welle. Bei diesem Anblick erst begreife ich, wie groß die Gefahr für die Tiere ist. Mit prallgefüllten Mägen sind sie schwer und unbeweglich, und ihre Muskeln sind durch die Auskühlung erstarrt. Denn das Blut kreist nur noch im Körperkern und versorgt und wärmt dort die lebenswichtigen inneren Organe. Das ist der gleiche physiologische Mechanismus, der auch bei uns Menschen in der Winterkälte zuerst Nase, Ohren, Hände und Füße erfrieren läßt. Immer kleiner wird der Platz auf den Klippen. Unentschlossen hocken die schwarzen Tiere dichtgedrängt in der weißen Gischt. Ein dramatischer Anblick. Ich habe das Gefühl, ihnen irgendwie zu Hilfe kommen zu müssen. Da, die erste Echse wagt es. Sie löst sich vom Felsen und wird zugleich von der Brandung erfaßt und herumgewirbelt wie ein willenloses Stück Holz. Kräftig schlägt sie mit ihrem Ruderschwanz. Doch der Sog des zurückflutenden Wassers macht ihre Anstrengungen zunichte. Trotzdem folgen jetzt viele ihrem Beispiel und stürzen sich in die Fluten. Unter Aufbietung all ihrer Kräfte nähern sie sich dem Ufer. Ich sehe, daß es unterschiedlich befähigte Schwimmer gibt. Manche nutzen geschickt Strömungen aus. Doch alle sind erschöpft, wenn sie endlich die Steine erreichen. Wie Schiffbrüchige, die sich mit letzter Kraft gerettet haben, bleiben sie halb im Wasser liegen. Die Flut läßt ihnen nicht viel Zeit zur Erholung, sie müssen weiterkriechen. Sobald sie die trockenen Steine erreichen, fallen sie, alle viere von sich gestreckt, platt auf den Boden und bleiben lange so liegen.

Mich erschüttert es jedesmal aufs neue, wie die Seelöwen die erschöpften Tiere zum Spiel benutzen. Den erwachsenen Seelöwen kann die Brandung nichts anhaben. Das Meer ist ihr Element. Die aalglatten, muskulösen Körper surfen in Bauch- oder Rückenlage auf der Gischt, tauchen durch die Wellen hindurch und kommen hinter dem Brandungssog wieder an die Wasseroberfläche. Es ist ein schwereloses Spiel. Wenn sie nun die schwimmenden Echsen entdecken, fangen sie sich eine, nehmen deren Schwanz in die Schnauze, ziehen das arme Tier unter Wasser, wirbeln es im Kreis herum, lassen es dann los, aber nur um das flüchtende Reptil mit einem Satz wieder einzuholen, und das „Katz-und-Maus-Spiel" beginnt von neuem. Den Seelöwen macht das offensichtlich Spaß. Für die Meerechsen muß es furchtbar sein. Ich suche schnell ein Stück Holz und werfe es ihnen als Ersatz zu. Sie beachten es nicht. Die sich bewegenden und um ihr Leben kämpfenden Meerechsen sind viel interessanter

Das Gerippe einer Meerechse

und reizen mehr zum Spiel als ein lebloses Holzstück. Zum Glück sind die Seelöwen nicht sehr ausdauernd in ihrer Spielleidenschaft, so daß alle Meerechsen das grausame Spiel überleben.

Die jungen Meerechsen schlüpfen! Nach den Informationen, die mir in Deutschland bei der Abfassung meines Arbeitsprogramms vorlagen, hätte dies schon einen Monat früher stattfinden müssen. Jeden Tag sind es mehr Schlüpflinge, die in der Kolonie erscheinen. Die Weibchen hatten die Eier, in der Regel sind es zwei Stück pro Tier, etwa einen halben Meter tief im Sand vergraben und der Sonnenwärme zum Ausbrüten überlassen. Mit eigener Kraft wühlen sich die Jungen nach dem Verlassen des Eies durch den Sand und finden allein den Weg zur Küste. Es sind zartgliedrige Geschöpfe, etwa so groß wie eine Zauneidechse, mit anthrazitfarbenem Schuppenkleid, das apart mit grauen Punkten und Streifen gemustert ist. Der schlanke Hals trägt ein Köpfchen, an dem die späteren skurrilen Schuppendornen und Fortsätze angedeutet sind. Nacken und Rücken schmückt ein zierlicher Kamm.

Die Kleinen suchen zwar die Nähe der erwachsenen Tiere, bilden aber eine eigene Kinderkolonie. Selten wagen sie sich bis zum Wasser vor. Sie sind noch zu empfindlich. Eine länger andauernde Auskühlung könnten sie nicht überstehen. Deshalb ernähren sie sich vom Kot der erwachsenen Echsen, der alle notwendigen Nährstoffe und außerdem die Bakterien enthält, die die Echsen zum Verdauen der Pflanzenzellulose benötigen. Den Baby-Meerechsen drohen Gefahren von seiten der Seevögel. Ich sehe, wie Reiher kleine Meerechsen fangen. Ein Baby wird sogar von einer Lavamöwe verschlungen. Fast eine halbe Stunde würgt die Möwe, bis sie schließlich das Echsen-Baby hinuntergeschluckt hat.

Für meine Arbeit ist es sehr günstig, daß ich den Schlupf mitverfolgen kann. So ist es möglich, die genaue Anzahl festzustellen und zu vergleichen, wie viele nach einem Jahr überlebt haben und wie schwer und groß sie geworden sind. Alles sehr wichtige Daten als notwendige Basis für weitere Forschungsarbeit.

Das Beobachtungsprogramm ist für diesen Tag beendet. Ich bin froh, mich unter das Sonnensegel setzen zu können. Nach den vielen Stunden in der prallen Sonne ist der Schatten sehr angenehm. Zu tun gibt es auch genug. Ich muß die Notizen und Meßwerte ergänzen und in Tabellen eintragen und mit den bisherigen Werten vergleichen. Indem ich die gesammelten Daten durchsehe, ergeben sich neue Ideen für weitere Beobachtungen.

Eins mit der Natur

Am Nachmittag hänge ich mir den Fotoapparat um und umwandere Caamaño. Ich tue das jeden Tag. Es gehört einfach zu meiner Verbundenheit mit der Insel, nachzuschauen, ob alles noch an seinem Platz ist. Inzwischen kenne ich jeden Lavablock, jeden Blickwinkel, weiß, wo sich welche Tiere aufhalten. Mit jeder Rundwanderung verstärkt sich das Gefühl, dazuzugehören, ein Teil dieser Insel zu sein. Außerdem verschafft es mir neben dem Schwimmen die notwendige Bewegung.

Mir fällt auf, daß es auf Caamaño nur sehr wenige Farben gibt. Die düsteren Töne überwiegen: Die Meerechsen sind rußschwarz wie die Lava, auf der sie hocken, und auch die Seevögel, Pelikane, Fregattvögel, Lavamöwen, Tölpel, Lava- und Nachtreiher sind braun-schwarz-grau gefärbt. Die Seelöwen sind schwarz, wenn ihr Fell naß ist, und dunkelbraun, wenn sie trocken sind. Tiere spiegeln immer dann perfekt die Farben ihrer Umgebung wider, wenn sie von vielen Freßfeinden verfolgt werden. Denn auffällig Gefärbte werden sofort entdeckt und gefressen. Übrig bleiben die, die am besten getarnt sind. Doch auf Galapagos haben die Tiere kaum Feinde. Warum sind sie dann trotzdem so gefärbt wie die Lava? In ihrem Verhalten haben sie sich an die feindlosen Inseln angepaßt und das Fluchtverhalten verloren, jedoch neue, buntere

Farben entwickelten sich nicht. Dabei weiß man, daß bei Heim- und Haustieren, die auch keine Feinde mehr haben, nach wenigen Generationen schon durch Spontanmutationen (genetische Ver- änderungen) neue Farbvarianten auftauchen. Es muß außer dem Feinddruck noch andere Ursachen geben, die die Tiere zwingen, sich ihrer Umgebung anzupassen. Möglicherweise existiert eine Art Harmoniebestreben, das die Tiere dazu bewegt, in farblichem Einklang mit ihrer Umwelt zu leben. Im Fall der Meerechsen ist es leicht, eine Erklärung zu finden: Ihnen verhilft die schwarze Farbe zu mehr Wärme, denn dunkle Flächen absorbieren das Sonnen- licht stärker.

Aus dem Muster der angepaßten Tiere fallen die Klippenkrab- ben heraus. Man kann sich kaum etwas Auffallenderes vorstellen als diese feuerroten Farbtupfer auf schwarzem Untergrund. Noch aus weitester Entfernung sieht man sie leuchten. Dabei haben gerade sie Feinde, vor denen sie sich in acht nehmen müßten. Der Lavareiher ist ein ausgesprochener Krabbenspezialist, und auch der Nachtreiher verschmäht sie nicht. Warum sind dann gerade diese Tiere so auffällig gefärbt? Um das Rätsel noch zu vergrö- ßern: Klippenkrabben leben auch an den Küsten Südamerikas und Polynesiens – allerdings haben sie dort einen schwarzgrünen Panzer. Diese Tarnung ist lebensnotwendig, denn dort sind ihre Feinde um vieles zahlreicher als auf Galapagos. Nur zur Paarungs- zeit verfärben sich die Scheren der Männchen dunkelrot – ein optisches Signal für die Balz. Die Männchen unterstreichen die Wirkung, indem sie die Scheren kreisend bewegen. Rot ist also wichtig, um das Interesse des Partners zu wecken, andererseits werden rote Krabben eher entdeckt. An Küsten mit vielen Feinden erröten deshalb nur die Scheren. Auf Galapagos ist es weniger gefährlich, und weil es hier so viele Krabben gibt, ist es notwendig, den Rivalen auszustechen. Die Tiere wurden allmählich röter und röter, bis der ganze Körper wie mit Farbe übergossen zu einem einzigen optischen Signal geworden ist. Die Weibchen standen den Männchen nicht nach, nur die Jungtiere tragen noch die schwarz-olivgrüne Tarnfärbung.

Schnell senkt sich am Äquator die Nacht herab. Ich schaue noch einmal bei der Echsenkolonie vorbei. Die Tiere sitzen immer noch auf ihren Steinen und fangen die letzten wärmenden Sonnenstrahlen auf. Wie bei einem Scherenschnitt heben sich ihre Silhouetten gegen den orangefarbenen Abendhimmel ab. Die Meerechsen beginnen zu „niesen". Drüsen, die sich in der Nase befinden, befreien am Abend den Körper vom mit dem Meerwasser zu viel aufgenommenen Salz. Ein feiner Sprühregen konzentrierter Salzlösung zerstiebt in der Luft und funkelt, von den Strahlen der untergehenden Sonne getroffen, wie tausend Kristalle auf. Die anrollenden Wellen bewegen sich in ihrem ewigwährenden Rhythmus. Gleichmäßig und klar schwingt das Leben dieser Kreaturen zwischen Ebbe und Flut, zwischen Hell und Dunkel. Ein Tag ist zu Ende, die Nacht schließt sich an, die in einen neuen Tag übergehen wird.

Ich gehe zum Nordstrand, setze mich in den warmen Sand und beobachte, wie die Sonne im Meer versinkt. Die Farbsymphonie besteht aus nur wenigen Tönen: Rot, Orange, Blau und Violett – und doch welch unendliche Vielfalt zeigt sich kaleidoskopartig am Abendhimmel. Niemals wiederholt sich ein Bild. In ständig fließender Bewegung mischen sich die Farben, gehen ineinander über, wandeln und verwandeln sich, strahlen plötzlich auf, als wäre ein Feuer in ihnen entflammt, um dann zu erlöschen und anderen, sanfteren Farben das Spiel zu überlassen. Wolken segeln in diesem Farbenmeer, kontrastieren als rosa Federwölkchen vor dunkelviolettem Hintergrund, andere türmen sich zu blendendweißen Haufen, die sich an den Rändern langsam golden verfärben. Wieder andere, dunklen Speeren gleich, stechen ins blutrote Firmament. Dann wieder gibt es Wolken, die ganz eintauchen in die Farben des Himmels, die langsam mit ihm verschmelzen, sich auflösen. Das Farbenspiel läuft weiter, auch nachdem die Sonne untergegangen ist. Es wird sogar intensiver. Jetzt, da die Sonne nicht mehr alles überstrahlt, können sich die Farben ungehemmt entfalten, glutvoll und leuchtend. Wie hatte ich vorher nur leben können ohne diese Sonnenuntergänge? Ich versäume keinen

Abends grille ich mir manchmal einen Fisch.

einzigen. Jedesmal wieder die spannungsvolle Erwartung: Wie wird es diesmal sein? Es ist ein trunkenmachendes Schauspiel für die Augen, jedoch beschränkt es sich nicht auf den rein ästhetischen Genuß. Die Schönheit dringt tief ein in die Seele, erfüllt dort ein Bedürfnis nach allumfassender Liebe. Doch ich kann mir keinen Menschen vorstellen, mit dem ich dieses Gefühl teilen und zusammen erleben könnte. Und ich wünsche mir auch keinen. Das Erlebnis ist vollkommen, so wie es ist.

Unaufhaltsam kommt die Nacht. Aber so langsam und fließend naht sie, daß es nicht weh tut, die Schönheit erlöschen zu sehen. Und sie erlischt ja auch nicht, sie verändert sich nur. Die Farben kommen sanft zur Ruhe, werden eingebettet in die samtene Dunkelheit. Vereinzelt leuchten Sterne auf, und je schwärzer die Nacht, um so mehr funkeln und flimmern sie.

Noch nie in meinem Leben war ich so glücklich, so heiter und ausgeglichen. Ich spüre, daß ich an meinem Platz bin und mit mir und meiner Umwelt ganz in Übereinstimmung lebe. Ich weiß, daß ich Galapagos wieder verlassen muß, und ich möchte auch gar nicht für immer hierbleiben. Es gibt noch viele Orte für mich auf der Erde. Ich will sie suchen, eine Weile mich heimisch fühlen und dann weiterwandern. Nichts anderes hat eine so starke, seltsame Anziehungskraft auf mich wie der Horizont. Von der grenzenlosen Weite fühle ich mich aufgefordert zu laufen, immer weiter.

Unter diesem Wunsch, durch die Welt zu ziehen, habe ich lange gelitten, denn er paßte ganz und gar nicht zu einem Leben, wie ich es in der DDR hätte führen müssen. Zunächst hatte ich gehofft, man würde mich aufgrund meines Berufes in ein fremdes Land schicken, vielleicht in die Mongolei, nach Cuba oder Sibirien. Als ich aber das Biologiestudium abgeschlossen hatte, merkte ich, daß meine Sehnsucht immer nur ein Traum bleiben würde, unerfüllbar, eine Spinnerei, wie man mir sagte. Man empfahl mir, mit diesen kindischen Träumereien schleunigst aufzuhören, endlich erwachsen zu werden und ein nützliches Glied der Gesellschaft zu sein. Ich fühlte mich verloren, denn wie hätte ich mich ändern sollen, da ich doch gar nicht so sein wollte, wie man es von mir verlangte? Für mich gab es keine andere Lösung, als mein Land zu verlassen. Natürlich war mir klar, daß ich mein Leben riskierte, als ich versuchte, von Rostock nach Dänemark zu schwimmen. Doch es war ein wunderbares Gefühl, aus eigener Kraft die Grenzen zu überwinden. Als ich im freien Meer schwamm und spürte, daß die Wellen von keinem Ufer mehr zurückgeworfen wurden, durchflutete mich triumphierende Freude. Allerdings, nach sechsunddreißig Stunden in der Ostsee, war ich überzeugt, für alle Zeiten genug geschwommen zu sein.

Das Kreuz des Südens steht über dem Weg zum Lager. Es ist kaum acht Uhr. Viel zu früh, um schon zu schlafen. Wieder habe ich vergessen, die Petroleumlampe zu putzen. Der Glaszylinder verrußt sehr schnell.

In der Darwin-Station habe ich mir Bücher ausgeliehen. Zuerst lese ich auf spanisch etwas über die Reise von Charles Darwin mit der *Beagle*. Das geht nur sehr mühsam voran. Bei fast jedem dritten Wort muß ich nachschauen, und die Grammatik ist mir ein Rätsel. Erholsamer wird es, als ich mich später der englischen Lektüre von *The Catcher in the Rye* zuwende. Die Seelöwen stimmen sich zur Nachtmusik ein. Ihre Laute sind so vielfältig wie ein ganzes Orchester „Bremer Stadtmusikanten". Da gibt es welche, die wie Schafe blöken, dazwischen bellt und heult es wie eine Hunderotte, es grunzt, muht, schnieft, schnauft, winselt, quäkt, als seien Kühe, Ziegen, Bären auf der Insel. Manchmal klingt es, als wäre auch ein menschliches Baby darunter.

Die ersten Assistenten

Ich bin kein Robinson! Der mußte sich um sein Überleben mühen, sich eine Unterkunft bauen, Gerätschaften basteln, für Nahrung sorgen, sich schützen vor möglichen Gefahren. Existieren konnte er nur von dem, was seine Insel ihm spendete und was er von dem gestrandeten Schiff noch bergen konnte. Ich dagegen habe alles mitgebracht: Zelt, Essen, Trinkwasser. Und ich habe auch keine Ungewißheit über die Länge des Aufenthaltes. Auch von den „modernen" Robinsons unterscheide ich mich, von denen, die auf eine Insel gehen aus Abenteuerlust und Experimentierfreude, um sich selbst zu erfahren, oder von denen, die aussteigen, die vor unserer westlichen Zivilisation flüchten. Gewiß will auch ich eine Erfahrung machen, möchte sehen, wie das ist, ein Jahr allein auf einer Insel, wie man da so lebt ohne die technischen Errungenschaften unseres Zeitalters und ohne Kontakte zu Menschen, ganz auf sich selbst angewiesen. Und sicher sind diese Erfahrungen auch abenteuerlich, nicht im Sinn von sensationell, sondern im Sinn von erleben, sich selbst und die Natur intensiv erfühlen, erfahren, erkennen. Der Unterschied liegt darin, daß ich eine Arbeit, eine Aufgabe, eine Pflicht habe und daß man von mir erwartet, diese zu erfüllen. Ich habe also nicht die Freiheit, den ganzen Tag am Strand zu liegen, mich fallen zu lassen, zu versinken in Apathie, mir selbst ausgeliefert, bis es unerträglich wird und so an die Grenzen der Existenz zu gelangen. Ich kann auch nicht plötzlich sagen: So, jetzt reicht's mir, ich habe genug und fahre zurück. Die Aufgabe, die mir gestellt wurde, schränkt zwar meine Möglichkeiten ein, doch sie ist gleichzeitig ein Gerüst, das mein Dasein festigt. Selbst wenn ich stundenlang unter den Meerechsen sitze und wie sie auf das Meer hinausschaue, tue ich das auch als Wissenschaftlerin, um das Verhalten der Meerechsen verstehen zu lernen.

Ich kann mir nicht vorstellen, daß mir auf Caamaño langweilig werden könnte. Mir fällt es nicht schwer, isoliert von Menschen, inmitten von Tieren zu leben, nur mit dem Lebensnotwendigsten versorgt. Ich mußte diese Lebensart nicht erst lernen, mich nicht langsam hineinfinden und anpassen. Ohne den geringsten inneren Widerstand habe ich dieses Leben sofort angenommen. Ich genieße es, mich nach niemandem richten zu müssen und mich ungezwungen auf meiner Insel zu bewegen.

Es gibt auch keine Hochs und Tiefs, in denen ich mich mal besser, mal schlechter fühle, wie ich es sonst so oft erlebte. Es ist ein gleichmäßiges Leben, bei dem es mir reicht, einfach da zu sein. Es ist befreiend, keine Erwartungen erfüllen zu müssen, außer denen, die ich mir selbst stelle. Ich werde nicht mehr gemessen und beurteilt nach den Vorstellungen anderer Menschen, unterliege keinerlei Kontrolle. Mich umgibt eine Natur, mit der ich mich eins fühle. Das erste Mal in meinem Leben bin ich mit mir und meiner Umwelt in tatsächlicher Harmonie. Ich lebe auf einem kleinen Stück Land, vom Meer umgeben. Von jeder Stelle aus höre ich den Wellenschlag. Ich sitze und schaue den Wellen zu und werde nicht gefragt und frage mich selbst nicht, wie lange ich so gesessen und zugeschaut habe. Die Uhren bleiben stehen, und ich beginne zu leben.

Die Seelöwen vergnügen sich mit Bauchsurfen. Von weit draußen reiten sie auf einer Woge heran und lassen sich auf den Strand werfen. Dann schwimmen sie zurück, tauchen unter dem nächsten Brecher durch und beginnen das Spiel von neuem. Tölpel fliegen am blau-rosa Abendhimmel umher. Die Nachtreiher erscheinen. Diese Vögel haben es mir besonders angetan. Plötzlich sind sie da, mystischen Schemen gleich, aus der Dämmerung aufgetaucht. Sie bewegen sich so unwirklich langsam, als seien sie keine lebendigen Tiere. Aus riesengroßen Augen starren sie mich an. Langsam, unendlich langsam heben sie einen Fuß hoch, ziehen ihn dicht an den Körper und setzen ihn langsam, ganz langsam wieder nieder. So schreiten sie im Zeitlupentempo zur Jagd. Das Meer wird dunkelblau, dann lila, dann bleischwarz.

Eines Tages wird das gleichmäßige Wellenrauschen von lautem Motorenlärm gestört. Ich sitze geschützt im Inneren der Insel und warte erschrocken, daß sich das Geräusch wieder entfernt. Es wird lauter, kommt näher. Da will jemand auf meine Insel! Das kann doch nicht sein. Es ist doch noch gar nicht der Zeitpunkt, zu dem Don Ramos mir neue Verpflegung bringen soll. Es hilft nichts, ich muß nachschauen. Und ich muß mir seit langem wieder etwas anziehen!

Das Boot ist schon ganz nah. Trotzdem kann ich zuerst gar nicht richtig erkennen, was da vorgeht. So viele Menschen! Ein blonder junger Mann steht schon auf dem Landestein. Er ist pitschnaß, reicht einem Mädchen die Hand und zieht sie vom Boot herüber. Und dann so viel Gepäck: Rucksäcke, Kisten, Schachteln. Es scheint, die Leute wollen dableiben. Das Boot dreht auch schon wieder ab. Es bleibt mir nichts übrig, als ihnen entgegenzugehen und sie zu begrüßen. Länger als zwei Monate war ich allein. Es ist seltsam, jetzt plötzlich wieder Menschen gegenüberzustehen. Die zwei sind Amerikaner. Da sie mich locker und kumpelhaft begrüßen, wird meine Verlegenheit und Verstörtheit nicht so deutlich. Sprechen, nach Wörtern suchen, Sätze bilden. Erst jetzt, da ich sie benutzen muß, wird mir bewußt, daß ich ohne Sprache gelebt habe.

Den jungen Mann kenne ich von der Station. Es ist Steve, er arbeitet mit Darwin-Finken. Karina kam mit einer Reisegruppe nach Galapagos. Sie hat Steve auf der Insel Daphne kennengelernt. Und jetzt wollen die beiden mir helfen. Aber wieso? Ich brauche doch gar keine Hilfe! Erst nach und nach dämmert mir, was damals auf der Station los war, denn Steve spricht einen solch starken amerikanischen Slang, daß ich mehr errate als verstehe. Jedenfalls schien meine Kalkulation zunächst aufgegangen zu sein. Man hatte gar nicht so richtig realisiert, daß ich allein auf der Insel war. David war beruhigt gewesen, als er sah, daß ich mit Karin zusammen losfuhr, und er hatte nicht mitbekommen, daß sie ohne mich zurückkehrte. Dann war er selber einige Zeit unterwegs gewesen, um verschiedene Seevögel zu zählen. Leider war es ihm dann irgendwann aufgefallen, daß er von mir nichts sah noch hörte. Also hatte er nachgeforscht und war fast vor Wut geplatzt, als er herausfand, daß ich allein auf Caamaño war. Er ordnete an, mich sofort zurückzuholen. Da stellten sich Steve und Karina als Assistenten zur Verfügung. Sie haben jedoch nur eine Woche Zeit, eine Galgenfrist. Wenn bis dahin niemand gefunden ist, muß ich mit ihnen nach Santa Cruz zurückkehren. Mir ist es unerklärlich, daß man eine wissenschaftliche Arbeit nur wegen einer überflüssigen Vorschrift unterbrechen will. Steve meint, die Auflage, nicht allein auf einer Insel zu sein, würde schon lange bestehen, jedoch hätte sich bis jetzt niemand daran gehalten. Er sei auch schon allein auf Daphne gewesen. David jedoch sei übergenau, weil er nicht nur vorübergehend, sondern rechtmäßiger Direktor der Station werden wolle.

Ich muß also froh sein, daß die beiden gekommen sind. Das ist immer noch besser, als von meiner Insel weg zu müssen. Obwohl die zwei sehr nett sind, fällt mir die Umstellung nicht leicht. Die Insel ist so klein, daß man sich immerfort begegnet. Wenn ich meinen Rundgang mache und mir plötzlich von der anderen Richtung Steve entgegenkommt, dann erscheint es mir, als sei etwas zerstört. Über meine Insel, die so einsam, so unberührbar im Meer lag, laufen nun kreuz und quer die Menschen. Das hat nichts damit zu tun, daß ich die beiden nicht mag. Nur müßten sie nicht gerade hier auf Caamaño sein.

Kostbar sind jetzt für mich die Morgen- und Abendstunden. Da Karina und Steve erst spät aufstehen und, sobald es dunkel ist, in ihr Zelt gehen, habe ich diese Zeit für mich. Ich sitze noch lange am Tisch, schreibe und lese im Licht der Petroleumlampe, umschwirrt von kleinen Käfern und winzigen Fliegen. Mücken gibt es zum Glück keine auf Caamaño. Dann gehe ich noch einmal an den Strand oder setze mich auf die Klippen, gegen die tosend die See donnert. Aber es war anders, als ich mich allein wußte mit den Seelöwen unter dem südlichen Sternenhimmel, eingewiegt vom Meeresrauschen.

Langsam gewöhne ich mich an die Anwesenheit der beiden und lerne, wieder Kompromisse zu machen. Vielleicht ist es gar nicht gut, zu lange allein zu bleiben . . . Nach drei Tagen habe ich mich umgestellt. Nun wird mir auch wieder die Zeit bewußt. Mein Alleinsein hatte ich wie einen einzigen, nie endenden Tag erlebt. Es war ein Leben auf einer anderen Bewußtseinsebene. Andere Fenster hatten sich geöffnet, die sich durch den Kontakt mit Menschen wieder schließen. Dafür öffnen sich neue. Habe ich die Anwesenheit der beiden zuerst nur notgedrungen akzeptiert, so fühle ich mich nun sogar durch ihre Gegenwart bereichert, und bald suche ich sogar die Gespräche. Mit Steve diskutiere ich über meine Arbeit, dabei werden neue Ideen und Fragen angeregt.

Karina kocht gern. Sie ist verzweifelt, was die Menge und Auswahl meiner Vorräte angeht. Ich habe eigentlich nichts von dem da, was sie brauchen würde. Sie will Pudding machen und findet kein Milchpulver und keinen Kakao. Sie will Brot backen, und es ist kein Mehl da, kein Backpulver, überhaupt nichts. Ich hatte ja auch nur für mich gerechnet, und mir war gar nicht aufgefallen, wie einseitig ich mich ernährt hatte. Satt bin ich immer geworden. Um nicht zuviel Zeit mit Kochen zu verlieren, hatte ich abwechselnd einen großen Topf entweder mit Reis oder Nudeln angesetzt. Damit konnte ich unterschiedliche Gerichte herstellen, indem ich sie einfach verschieden gewürzt habe: mit Maggi, Ketchup, Zwiebeln, Bananen, Knoblauch, Curry. Aber die beiden wollen zum Frühstück nicht schon Reis oder Nudeln essen.

Steve hilft mir beim Fangen der Meerechsen.

Zum Glück finden sich Haferflocken. Jedoch nur mit Wasser und Zucker angerührt, schmeckt's ihnen auch nicht so recht.

„Wenn doch wenigstens Milchpulver da wäre", jammert Karina. Sie hilft mir, eine Liste mit Nahrungsmitteln aufzustellen, die Don Ramos das nächste Mal mitbringen soll. Denn ich sehe schon ein, daß ich mehr auf die Verpflegung achten muß, wenn ich mit anderen zusammenlebe. Gemeinsam macht es auch Spaß, etwas Gutes zu essen.

Mit der Absicht, von dem Verpflegungsboot möglichst unabhängig zu sein, hatte ich aus Deutschland eine Angelschnur mit Haken mitgebracht. Karina ist glücklich, als sie die Ausrüstung findet, und stürzt sich ins Angelabenteuer. Bald schon kommt sie aufgeregt ins Lager gerannt. Sie hat einen großen Fisch gefangen, kann ihn aber nicht töten. Wir laufen schnell hin. Jedoch die Seevögel hatten den Fang schon erspäht.

Die Woche vergeht schnell, und trotzdem scheint es viel länger zu sein, weil wir uns sehr intensiv kennengelernt haben. Plötzlich bleibt kaum noch Zeit zum Abschiednehmen. Karina und Steve hatten gehofft, Don Ramos würde sie erst am Nachmittag abholen, und sie haben noch nicht mal das Zelt zusammengepackt. Auch ich habe den Gedanken an das Boot verdrängt. Was soll ich tun, wenn sie keinen Assistenten für mich gefunden haben? Freiwillig meine Insel verlassen wegen so einer unsinnigen Bestimmung? Wenn schon, dann müßte David mich mit Gewalt forttragen und dann würde ich ihm kräftig gegen das Schienbein treten.

Don Ramos sitzt nicht allein im Boot. Laurie heißt meine neue Assistentin. Sie ist groß und schlank. Auffallend ist das schmale Gesicht mit den lebhaften dunkelbraunen Augen. Sie ist nicht

Laurie und ein Seelöwe suchen Schatten unter dem Sonnensegel.

eigentlich schön, besitzt aber eine starke Ausstrahlung und ist voller Grazie. Ich freue mich, eine mir so sympathische Assistentin zu bekommen. Doch dann erfahre ich, daß sie nur zehn Tage bleiben kann. O nein, nicht schon wieder! Von neuem die Ungewißheit, ob jemand gefunden wird. Und dann werde ich mich wieder anpassen müssen. Es fiel mir schon schwer, mich an Karina und Steve erst zu gewöhnen und dann wieder Abschied zu nehmen. Laurie bin ich mit der Hoffnung entgegengekommen, daß wir länger zusammenbleiben würden.

Sie ist sehr geschickt. Ich brauche ihr nicht viel zu erklären, sie sieht von selbst, was getan werden muß. Doch eine seltsame Barriere steht zwischen uns. Ich versuche ihr näherzukommen, indem ich von mir erzähle. Sie hört zu, höflich, ohne mich zu unterbrechen, Fragen zu stellen oder ihre Meinung zu sagen. Der einzige Kommentar, den ich hin und wieder von ihr höre, ist der Ausruf: „Incredible!" Über ihr Leben erfahre ich nur Fakten, wie sie in einem Lebenslauf stehen könnten: Sie studierte vier Jahre lang Biologie, hat das Studium jedoch nicht abgeschlossen. Nach Galapagos kam sie wohl deshalb, weil ihr Freund in einem der Hotels auf Santa Cruz arbeitet. Sie hat während der zwei Jahre ihres Galapagos-Aufenthaltes Wissenschaftlern als Assistentin geholfen wie jetzt mir oder als Touristenführerin Reisende während der Inselrundfahrt begleitet. Nach dem Aufenthalt auf Caamaño will sie nach Amerika zurückkehren. Doch ich erfahre nicht, was sie fühlt, was sie denkt, nichts über ihre Wünsche, Hoffnungen, Sehnsüchte.

Die zehn Tage mit Laurie sind vorbei. Wir sitzen am Nordstrand und warten auf Don Ramos. Wird er einen neuen Assistenten mitbringen? Wer wird es sein? Wird es gutgehen? Es ist schlimmer, als Blindekuh zu spielen, doch ich habe keine Wahl. Ein Unbekannter wird auf meine Insel springen, und ich muß sehen, wie ich mit ihm zurechtkomme. Lieber würde ich Laurie behalten. Mit ihr zusammen ist es fast so, als wäre ich allein.

Walter aus Quito

Das Meer ist diesmal ruhig und glatt wie ein Spiegel. Don Ramos, breit lächelnd, steuert das Boot bis auf Schrittweite an den Stein heran. Am Bug steht ein Junge, klein, etwas pummelig, mit rotbackigem Kindergesicht. Es ist Walter Leon, mein neuer Assistent aus Ecuador. Mit großen, staunenden Augen schaut er sich um. Dann muß er noch mal zurück ins Boot, weil er vergessen hat, seine Sachen, die sich in einem Pappkarton befinden, mitzunehmen.

Ich winke Laurie zum Abschied zu. Schnell entfernt sich das Boot. Obwohl sie immer so kühl gewesen ist, bedeutet die Trennung von ihr einen Verlust. Vielleicht – wenn sie länger geblieben wäre, hätte ich sie doch noch kennenlernen können. Doch jetzt muß ich mich auf einen neuen Menschen einstellen. Er ist so jung, noch kaum erwachsen. Ich spüre, wie mich der Gedanke belastet und ermüdet, unter allen Umständen mit diesem Jungen zurechtkommen zu müssen. Auf einer kleinen Insel bleibt keine Möglichkeit, sich auszuweichen. Es ist, als würde man zusammen ein einziges Zimmer bewohnen.

Walter Leon ist zwar Biologiestudent, hat aber immer in der Großstadt Quito gelebt. Er ist das Leben in der Natur nicht gewöhnt und macht den Eindruck eines Jungen, der zu Hause sehr umhütet und umsorgt wurde. Doch im Gegensatz zu Laurie verwickelt mich Walter sofort in ein ausuferndes Frage-und-Antwort-Spiel. Für mich ist es schwer, von der englischen Sprache, an die ich mich inzwischen gewöhnt habe, zum Spanischen zu wechseln. Zwar hangle ich mich nach der Lektüre von Darwins Beagle-Reise mit dem Wörterbuch durch einen Krimi von Agatha Christi, doch die Grammatik ist mir immer noch spanisch, und mir fehlen die Wörter, um Walter die Arbeit mit den Meerechsen zu erklären. Denn er gibt sich nicht damit zufrieden, zu erfahren, was er zu tun hat, er will auch wissen, warum. Er fragt und fragt, und so kommt es, daß ich nicht nur ausführlich über meine Arbeit berichte, sondern mit ihm über Evolution und Soziobiologie diskutiere. Geduldig saugt er alles Wissen aus mir heraus.

Am Abend zeige ich ihm die Stelle, wo man den Sonnenuntergang am besten sehen kann. Der ist diesmal sehr eigenartig, denn man sieht die Sonne nicht. Sie ist hinter einer wattedicken Wolkenbank verborgen. Gleichmäßig schließt sie den westlichen Himmel bis zum Horizont ab. Wir sitzen und warten. Unsichtbar für unsere Augen sinkt die Sonne hinter dem Wolkenvorhang dem Meer entgegen. Plötzlich entzündet sich der oberste Saum der Wolke. Und dann ergießt sich das Rot darüber, als würden Tausende von Farbtöpfen mit hellroter Farbe über ihr ausgeschüttet.

Heute komme ich nicht wie gewöhnlich zum Schreiben und Lesen. Walter schafft es immer wieder, mich in weitere Gespräche zu verwickeln. Selbst als wir schon längst die Petroleumlampe gelöscht haben und in unseren Schlafsäcken liegen, ebbt sein Redestrom nicht ab. Ich erfahre, daß er das erste Mal überhaupt von zu Hause weg ist. Galapagos ist für ihn eine fremde, faszinierende Welt. Er war mit einer Gruppe von Studenten und Wissenschaftlern auf Isabela, um Seeschildkröten bei der Eiablage zu beobachten und die Nester zu kontrollieren. Danach hatte man ihm den Auftrag erteilt, das Archiv der Stationsbibliothek zu sortieren und neue Kärtchen zu schreiben. Er freut sich, sagt er, daß er statt dieser langweiligen Arbeit zwischen staubigen Büchern noch siebzehn Tage unter Meerechsen und Seelöwen zubringen kann, bevor er nach Quito zurückkehrt.

Walters Lieblingsthema ist Südamerika! Er redet sich in Begeisterung und vergißt, wie wenig Spanisch ich kann. Ich will ihn aber auch nicht unterbrechen, nach unbekannten Wörtern fragen und dauernd im Wörterbuch blättern. So versuche ich, ihn intuitiv zu verstehen. Ich erfahre, daß sich an der Uni eine Gruppe von Jugendlichen gebildet hat, die sich engagiert Gedanken macht, wie es mit ihrem Land Ecuador weitergehen soll. Regelmäßig treffen sie sich, werten Bücher und Broschüren aus, verfassen Berichte und Flugblätter, in denen die Regierung kritisiert und die politisch-wirtschaftlichen Beziehungen zwischen Südamerika und den USA beurteilt werden. Ich entnehme seinen Aussagen, daß sie alle entschiedene Gegner der USA sind. Ein Feuerwerk von agitatorischen Schlagwörtern hagelt auf mich nieder: „Mit uns wächst eine neue Generation heran. Wir werden alles verändern. Dann ist Schluß mit der Korruption! Unser Land wird sich entwickeln und blühen. Südamerika ist der Kontinent der Zukunft. Die Welt wird sich noch wundern über uns." Der verträumt scheinende Junge mit dem pausbäckigen Kindergesicht ist nicht wiederzuerkennen. Er sprüht vor Temperament und Lebendigkeit. Ich kann natürlich nicht mitreden. Ich bin völlig damit in Anspruch genommen, die Wortkaskaden, Ausrufe und Lobgesänge auf die ecuadorianische Jugend überhaupt zu verstehen. Dann wage ich doch einige Fragen, aber nun ist auch er müde und meint abschließend: „Wir, die Jugend, haben die Zukunft in den Händen. Wir werden es schaffen, *ojalá!*" Mir gefällt dieses Wort *ojalá*, das ich zum erstenmal höre. Was es bedeutet, will ich wissen. „*Ojalá*, das heißt soviel wie – so Gott will", sagt er. Ich muß herzlich lachen. Mir, die ich in einem Land mit kommunistischer Ideologie aufgewachsen bin, erscheint es rührend komisch, revolutionäres Engagement mit einem Gottglauben zu verbinden. Die Nacht wird kurz für mich sein, denn wir haben ausgemacht, daß ich immer die Beobachtungsstunden am Morgen übernehme, weil Walter lieber etwas länger schläft.

Die Sonne steigt empor und bestrahlt das Meer, das je nach Lichtintensität verschiedene Farben annimmt. Tölpel jagen ihren Morgenfisch. Aus Höhen von etwa dreißig Metern lassen sie sich wie Pfeile in die Tiefe fallen. Lautlos erscheinen die ersten Echsen. So sehr gleichen sie in Form und Farbe den Steinen, daß ich sie nur wegen der aufgemalten weißen Nummern erkennen kann. Da sie

Erstaunt über sein Anglerglück, betrachtet Walter mit recht
gemischten Gefühlen seinen Fang.

sich dicht an die Lava schmiegen, sieht es aus, als wäre diese numeriert.

Walter kommt mich ablösen. Er hat allein gefrühstückt, aber den Tisch für mich mitgedeckt. Alle Frühstücksvorräte sind aufgebaut. In der Mitte steht das Gehäuse einer mit Wasser gefüllten großen Meeresschnecke, in das er grüne Zweige hineingestellt hat.

Die Garuazeit beginnt. „Garua" bedeutet Nieselregen. Der Himmel ist jetzt meist dicht bewölkt, und ständiger, ganz feiner Regen rieselt herab. Der Teich in der Inselmitte tritt schon über seine Ufer. Auch das Meer ist wilder, bewegter. Manchmal steigt die Flut so hoch, daß das Wasser über die Felsen schlägt und in Rinnsalen und Bächen ins Innere läuft. Wir mußten für das Zelt sogar einen neuen Platz suchen.

Das einzige Lavamöwenpärchen der Insel gerät in Fortpflanzungsstimmung. Lavamöwen brüten im Gegensatz zu anderen Möwenarten nicht in Kolonien, sondern leben als einzelne Paare verstreut auf den Inseln. Man schätzt, daß es nur etwa 400 Brutpaare auf Galapagos gibt. Auch die Lavamöwen spiegeln perfekt die Farben ihrer Umgebung wider. Das Gefieder ist schwarz und schiefergrau, nur die Augenlider leuchten grellweiß. Das Männchen läuft mit auffälligem Gehabe hinter dem Weibchen her. Als sei es müde geworden, läßt sich das Weibchen nieder. Das Männchen trippelt heran und zupft es sacht an einer herausstehenden Flügelfeder. Bei Einbruch der Dämmerung erschallt ihr durchdringendes, minutenlang andauerndes trompetenartiges Geschrei.

Abends bleibt mir nun keine Zeit mehr zum Lesen meiner englischen und spanischen Lektüre. Es macht auch mehr Spaß, eine Sprache lebendig zu erlernen. Der Gesprächsstoff geht uns dank Walter nie aus. Ich begnüge mich nach wie vor mit dem zuhörenden Part. Zwischen uns hat sich eine besondere Beziehung herausgebildet. Er hegt eine respektvolle Bewunderung für mich, und ich fühle mich für ihn verantwortlich, als wäre er ein jüngerer Bruder von mir. Es gibt keinerlei Spannungen zwischen uns. Jeder versucht, den anderen mit Kleinigkeiten zu überraschen, ihm eine Freude zu bereiten.

Die Garuazeit ist noch nicht vorüber, sie soll bis etwa September andauern. Doch heute hat es die Sonne geschafft, die Regenwolken aufzulösen. Glühend brennt sie herab, als wolle sie die Erde in Flammen setzen. Da kann man eigentlich nur noch im Wasser Zuflucht suchen. Ich wundere mich, daß ich Walter zum Baden überreden muß. Er kommt dann doch mit, bleibt aber zögernd stehen, während ich schon im Wasser bin. Dann springt er mit kühnem Sprung weit hinaus. Als er auftaucht, schlägt er wild mit den Armen um sich. Seine Augen sind weit aufgerissen. Erschrocken glaube ich, er sei in die Nesselfäden einer Qualle geraten, und greife ihm unter die Achseln.

„Ich kann doch nicht schwimmen", flüstert er verschämt.

Ich bin perplex: „Aber warum bist du dann gesprungen?"

„Ich konnte dich doch nicht allein im Meer lassen", stößt er wasserschluckend hervor.

An Land mache ich Trockenübungen mit ihm, dann nehmen wir eine Luftmatratze mit ins Wasser. Walter lernt sehr schnell. Bald können wir schon fast miteinander um die Wette schwimmen. Später borge ich ihm meine Tauchermaske. Mutig stürzt er sich in die Tiefe und taucht atemlos wieder auf.

„Da ist ein *tiburón!* Ein Hai!" schreit er entsetzt.

„Ach ja, ich habe vergessen, dir von ihm zu erzählen. Das ist unser Hai. Er paßt auf, daß uns die anderen, die menschenfressenden Haie, nicht zu nahe kommen."

Gläubig, voller Vertrauen schaut er mich an, nickt und taucht wieder unter.

Der letzte Abend. Morgen wird Walter abgeholt. Sogar Walter ist schweigsam. Was sollten wir auch miteinander reden? Wir hatten uns so nah gefühlt, als würden wir uns schon immer kennen. Die Realität, daß wir uns wieder trennen müssen, haben wir bis jetzt verdrängt. Wir wagen uns noch nicht einzugestehen, daß wir uns nie wiedersehen werden, trösten uns damit, daß ich ihn vor meiner Rückreise nach Deutschland in Quito besuchen werde. Ich könnte seine Freunde kennenlernen. Er plant mich schon ein bei den Diskussionsabenden mit seiner Gruppe. Doch niemals wieder würde es so sein wie auf Caamaño. Der Zauber dieser Insel hatte uns vorgespiegelt, die letzten oder die ersten, jedenfalls die einzigen Menschenkinder in einer paradiesisch friedlichen Welt zu sein.

Mit überkreuzten Beinen sitzt Walter am Strand. Den Rücken gerade, die Augen starr auf die anrollenden Wellen gerichtet. Ich habe den Wunsch, mich neben ihn zu setzen, den Arm um seine Schultern zu legen, doch ich kann es nicht tun. Der Abschied hat schon begonnen. Jeder ist wieder allein für sich, muß für sich den besten Weg finden, mit der Trennung fertig zu werden. Ich suche mir einen anderen Platz. Oberhalb, zwischen den Steinen verborgen, kann ich die Nord- und Westküste mit dem am Strand sitzenden Jungen überblicken. Die Sonne versinkt als Feuerball im goldenen Dunst. Der Himmel schimmert wie von Gold überzogen. Ein eigenartiges, nie zuvor gesehenes Licht legt sich über die Insel. Es ist ganz klar und durchsichtig und doch sanft und weich wie eine streichelnde Hand. Dieses golden-transparente Licht läßt alles, das Meer, die Steine, den Sand, die Luft, selbst meine Haut, erstrahlen, als ginge von Innen ein rosig-warmes Licht aus. Drei Seelöwen, die sich verspätet haben, lassen sich von den Wellen an den Strand spülen. Sie verharren dort ganz still, als wären auch sie verzaubert.

Der nächste Tag vergeht mit dem Warten auf das Boot. Ich spüre eine starke Abwehr gegen den Neuen, wer er auch sein mag. Ich bin müde und möchte so gerne endlich wieder allein auf meiner Insel sein. Mir bleibt keine Zeit mehr zur Besinnung auf mich selbst. Ich wünsche so stark, sie mögen diesmal niemanden gefunden haben, daß ich schon fast daran glaube. Doch Walter, der mit dem Fernglas das Meer absucht, sagt: „Na, wenigstens ist es kein Amerikaner! Es scheint auch ein Ecuadorianer zu sein, der da im Boot sitzt."

Mein Paradies wird gestört

Bolivar! Wie ein Hahn mit gespreizten Federn sprang er auf meine Insel. Mit charmanter Herablassung versuchte er mich zu behandeln wie ein Hühnchen. Die Spannung zwischen ihm und mir wird von Tag zu Tag unerträglicher. Das Schlimmste ist, daß er nicht nur für ein paar Tage gekommen ist, sondern mir als ständiger Assistent bis zum Abschluß meiner Arbeit zugeteilt wurde. Das ist noch länger als ein halbes Jahr! Ich bin verzweifelt. Bolivar ist Biologiestudent im letzten Studienjahr, aber er mag keine Tiere. Meine Meerechsen bezeichnet er als häßliche Viecher, und bei der Arbeit ist er ungeschickt und mißmutig. Nicht nur die Arbeit ist ihm lästig, er empfindet auch das einfache Leben auf der Insel als zu unbequem. Und von einer Frau will er sich schon gleich gar nichts sagen lassen. Meine Anweisungen befolgt er nur zögernd und erst dann, wenn ich sie mit Nachdruck äußere. So ist es mir unmöglich, freundschaftlich-gleichberechtigt mit ihm umzugehen. Ich muß die Chefin hervorkehren und ganz konsequent Befehle erteilen. Ich fühle mich dabei sehr unwohl und unterlasse es schließlich, ihm überhaupt etwas zu sagen. Dadurch erhöht sich die Spannung noch mehr. Er langweilt sich schrecklich und überträgt seine schlechte Stimmung auf mich.

Ich gehe nur noch zum Essen und Schlafen ins Lager. Ich will ihm so wenig wie möglich begegnen. Wenn ich die Beobachtungen beendet habe, flüchte ich mich an die felsige Ostküste und schaue sehnsüchtig über das Meer. Wenn doch ein Schiff käme! Ich fühle mich auf meiner Insel wie gefangen. Ich möchte weg. Aber wohin? Ich sehe den anstürmenden, sich überschlagenden Wellen zu. Ungerührt ragen die Klippen aus dem kämpfenden Meer.

Die Flut ist heute besonders hoch und ungestüm. Die Wellen rasen auf das Land zu, türmen sich auf zu einer vielmeterhohen, stahlharten, blauen Wand. Die Wasserwand krümmt sich säbelartig, schimmert türkis, smaragd, dann hellgrün. Mit donnerndem Schlag bricht sie über den schwarzen Klippen zusammen und erlischt in weißschäumender Gischt. Immer wieder und wieder, unermüdlich, Tag und Nacht. Es liegt etwas verzweifelt Sinnloses im wilden Rasen der Wellen. Trotz ihrer gewaltigen Kraft können sie die Insel nicht aus der Verankerung lösen. Ungerührt, unbeeindruckt, unverrückbar halten die schwarzen Lavablöcke der Wut des Meeres stand. Sie wehren sich nicht gegen den Angriff. Sie nehmen ihn einfach nicht zur Kenntnis. Dennoch gehört meine Sympathie dem Meer. Mir imponiert seine unermüdliche, nie versiegende Kraft. Die Felsen mit ihrer stoischen Leblosigkeit liegen wie Eindringlinge in der Weite des Wassers. Wie ein Fremdkörper stören sie die Einheitlichkeit des Meeres, bremsen seinen wandernden Wellengang. Mir scheint die sich aufbäumende Wut der Brandung verständlich. Da liegt ein Hindernis, es muß aus dem Weg geräumt werden, und wenn es Jahrmillionen dauert. Die Herrschaft gehört dem Meer!

Die Betrachtung des Kampfes zwischen Meer und Land wirkt sich beruhigend auf meine Stimmung aus. Ich will es noch einmal mit Bolivar versuchen. Es geht doch nicht, daß wir wie Feinde hier leben. Wenn ich einlenke, wird sich sein Verhalten sicherlich ändern. Schon unsere erste Begegnung habe ich vielleicht falsch interpretiert, dabei war er wahrscheinlich nur verunsichert. Es war aber auch ärgerlich, wie er gockelhaft auf mich zustolziert kam, mich musterte und überrascht sagte: „Da hatte ich mit einer alten häßlichen Wissenschaftlerin gerechnet, doch was finde ich hier – ein junges, hübsches Mädchen – *una chica joven y guapa!*" Aus seinem Mund klangen die Worte hart und anmaßend. Ich hatte das Gefühl, er sei gekommen, meine Insel zu besetzen, und die „braungebrannte Eingeborene mit den langen, blonden Haaren" sei ihm als Zugabe gerade recht. Ich ging sofort in Abwehrhaltung, der Kampf zwischen uns hatte begonnen, ich ließ ihn meine Überlegenheit spüren. In seinem Stolz gekränkt, ist er nun widerspenstig und bockig. Doch in jeder Hinsicht habe ich die besseren Karten. Wenn ich diplomatisch genug bin, kann ich ihn so beeinflussen, daß das Zusammenleben erträglich wird.

Mit solch guten Vorsätzen gehe ich ins Lager. Bolivar liegt im Schatten auf seiner Luftmatratze und stochert mit einem Stöckchen im Sand herum. Heute ist eigentlich sein Tag, für Essen zu sorgen. Auch damit gibt es Schwierigkeiten. Bei den anderen Assistenten war es selbstverständlich, daß wir uns abwechselten. Bolivar behauptet, er könne nicht kochen, das sei Frauensache. Bisher gab es deshalb nur dann warm zu essen, wenn ich gekocht habe, also jeden zweiten Tag. Wenn er dran war, haben wir die übriggebliebenen Reste aus den Töpfen gekratzt oder Haferflocken verspeist.

Da ich mir vorgenommen habe, einen neuen Anfang zu versuchen, bereite ich das Essen. Er setzt sich freudlos an den Tisch, klagt über starke Kopfschmerzen, weil er den ganzen Tag nichts zu essen bekommen habe. In den Spaghetti stochert er nur herum, jammert, daß zuviel Knoblauch drin sei, und außerdem gebe es keinen Nachtisch. Nach dem Essen legt er sich wieder auf die Luftmatratze. Ob er denn nicht abwaschen wolle? „Nein, du hast ja gekocht. Dann ist es auch deine Sache, alles wieder sauberzumachen." Ich schlucke den Ärger hinunter. Na ja, wahrscheinlich hat sich in ihm so viel angestaut, daß er nicht sofort auf meine Freundlichkeit eingehen kann. Ich setze mich neben ihn und versuche ein Gespräch anzuknüpfen. Zuerst antwortet er einsilbig. Doch dann wird er lebhafter und erzählt mir von seiner Familie:

Er ist sechsundzwanzig Jahre alt, das älteste von fünf Geschwistern. Sein Vater hat seine Mutter verlassen und eine andere geheiratet, mit der er auch schon wieder drei Kinder hat. Doch verdient der Vater als Arzt so gut, daß er seine erste Familie großzügig unterstützen kann. Außerdem ist der Bruder seiner Mutter sehr wohlhabend, deshalb ist es kein Problem, wenn er so lange studiert. Er selbst hat auch schon eine Frau und einen einjährigen Sohn. Eigentlich hat er große Sehnsucht nach ihnen. Er sagt, daß er gern zu seiner Familie zurückkehren möchte.

„Was soll ich denn hier?" fragt er verbittert. „Ich kann hier nichts lernen. Ich verstehe auch gar nicht, warum du deine Zeit mit der Beobachtung dieser schwarzen Viecher verplemperst. Das bringt doch nichts!"

Ich erkläre ihm die Grundzüge meiner Arbeit, zeige die Tabellen und Berechnungen, berichte, welche Beobachtungen ich bisher gemacht habe und welche Zusammenhänge und Schlußfolgerungen sich daraus ergeben.

Er hört gar nicht zu. „Das ist doch alles nicht wichtig", unterbricht er mich. „Wen interessiert denn das, ob die Meerechsen zum Fressen gehen oder hungern, ob ihr Rhythmus von der Sonne oder vom Mond gesteuert wird, wieviel sie zu- oder abnehmen und wie alt so ein Vieh wird? Das ist lächerlich. Hat doch nichts mit Wissenschaft zu tun."

Diese Art Vorwürfe sind mir nicht neu. Viele Menschen sind der Meinung, die Verhaltensforschung sei nur eine schöne Spielerei und zu nichts nütze. Sicherlich, die Gesetzmäßigkeiten, die man erforscht, kann man nicht benützen wie die Entdeckung eines neuen Kunststoffes. Grundlagenforschung hat keine Zielsetzung, man forscht nicht, um etwas Bestimmtes zu erfinden, sondern aus purer Neugier, aus Erkenntnisdrang, einfach, um mehr zu wissen. Wenn wir den Gesetzmäßigkeiten der Entwicklung des Lebens nachspüren, lernen wir uns selbst besser verstehen. Wie kaum ein anderer Wissenschaftszweig führt die Verhaltensforschung an den Ursprung unserer Existenz.

Bolivar ist nicht zu überzeugen. Verhaltensforschung findet er altmodisch. Moderne Wissenschaft ist für ihn Genetik und Mikrobiologie. Ich frage ihn, ob er schon weiß, was er nach dem Studium machen wird. „Nun, mein Onkel hat mit der Fischereiwirtschaft zu tun", antwortet er. „Wir wollen einen großen Zuchtbetrieb für Garnelen aufziehen. Da kann man massenhaft Geld verdienen, weil in den Meeren immer weniger gefangen wird."

Nun will ich doch wissen, warum er überhaupt nach Galapagos gekommen ist. Er hätte doch wissen müssen, daß er hier weder

Erfahrungen für industrielle Garnelenzucht sammeln noch sich mit Mikrobiologie und Genetik beschäftigen kann.

„Man hat mich doch ausgewählt wegen meiner guten Leistungen", sagt er großspurig. „Wär' ich doch blöd, wenn ich abgelehnt hätte, wo Galapagos in der ganzen Welt so bekannt und berühmt ist. Wenn ich sagen kann, ich war auf Galapagos und habe mit ausländischen Wissenschaftlern zusammengearbeitet, dann bin ich doch gleich wer."

„So ist das! Na, bis jetzt hast du noch nicht viel gearbeitet. Morgen kannst du alles nachholen. Wir müssen nämlich die Meerechsen fangen, messen und wiegen. Ich muß das jeden Monat tun, damit ich genügend Daten für eine Entwicklungskurve erhalte. Da die Meerechsen sich tagsüber nicht mehr fangen lassen, weil sie schon wissen, was der Stock mit der Schlinge bedeutet, müssen wir sie unter den Steinen hervorziehen, wenn sie noch kalt und unbeweglich sind. Deshalb müssen wir unbedingt um sechs Uhr anfangen", erkläre ich ihm.

Am nächsten Morgen wecke ich Bolivar wie verabredet. Er murrt, es sei viel zu früh. Die Meerechsen würden doch bis acht Uhr in ihren Löchern schlafen.

„Ja, aber wir müssen die zwei Stunden bis dahin nutzen, um so viele wie möglich zu fangen", sage ich ungeduldig.

„Ja, ja, gleich", nuschelt er und kuschelt sich tiefer in seinen Schlafsack hinein.

„Also, ich geh' schon, komm dann nach. Ich brauche deine Hilfe", sage ich genervt.

Die monatliche Fangarbeit widerstrebt mir innerlich sehr. Sie ist eine Vergewaltigung der Tiere. Trotzdem mache ich diese Arbeit und habe inzwischen viel Routine gewonnen. Ich weiß, unter welchen Steinen sich Hohlräume befinden, wo die Echsen dicht zusammengeknäult liegen. Ich muß mich bäuchlings hinlegen, den Arm bis zur Schulter hineinstrecken und herausziehen, was ich gerade zu fassen bekomme. In den Tabellen, unter der Nummer des Tieres, werden Gewicht, Kopf-Rumpf-Länge und Schwanzlänge eingetragen. Dann erneuere ich mit weißer Farbe die meist kaum noch sichtbaren Nummern auf den Körperseiten, damit ich die Echse wieder aus der Ferne identifizieren kann.

Ich mußte mich widerstrebend davon überzeugen, daß die einzig verläßliche Markierungsmethode die Brandmarkierung ist, wie sie mir die Snells gezeigt hatten. Mit meinen bunten Perlen hatte ich keinen Erfolg. Sie wurden sehr schnell von der Brandung und beim Durchzwängen in Lavaspalten abgestreift. Die Echsen lassen es sich nicht anmerken, ob sie Schmerzen beim Markieren empfinden. Doch wenn ein Lebewesen keine Schmerzreaktion zeigt, bedeutet das noch lange nicht, daß es auch keinen Schmerz fühlt. Vielleicht sind die Echsen durch das Fangen und Hantieren so verschreckt, daß sie keine Äußerungen zu machen wagen. Jedenfalls beweist ihre zunehmende Scheuheit, daß sie durch mich in ihrer Lebensweise beeinträchtigt werden. Wenn ich an der Küste auftauche, erkennen sie mich schon auf etwa fünfzehn Meter Entfernung und fliehen sofort unter die Steine. Erst wenn ich lange bewegungslos dasitze, kommen sie wieder hervor.

Diese Situation ist für mich sehr belastend. Ich finde es nicht richtig, das Verhalten der Tiere so nachhaltig zu stören, aber andererseits fühle ich mich gezwungen, mit brauchbaren Ergebnissen zurückzukommen. Man kann auch bei der Verhaltensforschung nicht einfach behaupten, die Tiere hätten dies und jenes getan, zur Beweisführung braucht man Daten, Meßwerte, die man statistisch absichern, mit denen man zum Beispiel Mittelwerte berechnen kann und die eine „schöne" Kurve ergeben. Aber wo ist die Grenze? Bis zu welchem Punkt bin ich bereit, im Namen der Wissenschaft alles zu tun? Wissenschaft wird oft als Alibi benutzt, selbst keine Verantwortung zu tragen. Die Tiere werden zu Objekten, aus denen man die Daten herauspreßt, um dann einen Artikel in einer Fachzeitschrift zu veröffentlichen. Was ich Bolivar gestern vorgeschwärmt habe von der wertfreien Forschungsarbeit des Ethologen und seiner spielerischen Neugier, stimmt das denn?

Es ist fast acht Uhr, da kommt Bolivar angestakst. Ich sage gar nichts, bin zu verärgert, um ihm eine Arbeit zuzuweisen. Also

*Um die Echsen dauerhaft zu kennzeichnen, muß ich die Brand-
markierung anwenden.*

hockt er sich hin und schaut mir zu. Ich schaffe es auch allein, doch
zu zweit würde es doppelt so rasch gehen, und die Tiere könnten
schneller wieder freigelassen werden. Die erwachsenen Männchen sind über einen Meter lang. Ich muß sie zwischen meine Knie
klemmen, um mit den Händen das Metermaß anlegen zu können.
Wenn Bolivar sie festhalten würde, wäre das Messen einfacher.
Da er nicht von selbst darauf kommt, fordere ich ihn schließlich
dazu auf. Er stellt sich so ungeschickt an, daß ihm ein starkes
Männchen aus den Händen rutscht und sich in seinen Arm
verbeißt. Er schreit auf und versucht es erschrocken abzuschüt-
teln. Das Tier verbeißt sich um so mehr, preßt fest die Kiefer
zusammen. Schnell nehme ich seinen Arm, an dem das Reptil

hängt, und halte ihn so, daß die Echse Bodenkontakt hat. Sobald das Tier spürt, daß es wieder auf der Erde steht, läßt es los und flieht. Die Wunde an Bolivars Arm ist nicht schlimm, nur eine oberflächliche Hautabschürfung, die etwas blutet. Die Meerechsen haben keine gefährlichen Zähne, nur sehr viele kleine, allerdings spitze Zähnchen. Bolivar jedoch ist nun überzeugt, daß Meerechsen nicht nur potthäßlich, sondern auch höchst gefährlich sind. Nie wieder faßt er eine an.

Das Wetter ist scheußlich. Noch immer Garuazeit. Morgens ist es kalt und regnet. Man sieht die Sonne nicht mehr. Sie ist hinter dicken Wolkenschichten versteckt. Phlegmatisch hocken die Echsen auf ihren Steinen, gehen kaum noch zum Fressen ins Meer. Viele sind sehr abgemagert. Nur den Seelöwen geht es wie immer gut. Sie tollen und springen in der aufgewühlten See. Die Wellen nagen am Sandstrand, haben ihn stellenweise unterspült. Die schwarzen Steine ragen lackglänzend aus dem bleigrauen Wasser. An Stellen, wo der Sand weg ist, ziehen sich die Seelöwen ins Inselinnere zurück. Es wird eng. Bolivar ist erbost wegen dem Krach, den die Seelöwen veranstalten. Er könne nachts nicht schlafen, klagt er. Es ist sehr schwierig mit ihm. Nichts kann ihn aufheitern, nicht einmal die kleinen Darwin-Finken, die ohne Scheu im Lager herumflattern. Für sie steht immer eine Tasse mit Trinkwasser bereit, denn der Regen oder der Morgentau sind schnell versiegt. Sogar wenn wir am Tisch sitzen, kommen sie angeflogen, setzen sich auf den Tassenrand, nippen am Wasser, hüpfen in die Tasse hinein und nehmen flügelflatternd ein Vollbad. Bolivar will die Badetasse vom Tisch entfernen, weil er vollgespritzt würde, außerdem sei es unhygienisch. Auch die Blaufußtölpel, die vom Himmel herab ins Wasser fallen, findet er nicht bewundernswert.

Wenn ich die Stimmung nicht mehr ertragen kann, versuche ich immer wieder, ihn aufzumuntern, ihm etwas von den Dingen zu erzählen, die mir wichtig sind. Ich zeige ihm die Fregattvögel, die Piraten der Luft. Sie können nicht wie andere Meeresvögel nach Fischen tauchen. Ihre zerbrechlichen langen Flügel würden sie behindern, und sie haben kein Bürzelöl, um ihr Gefieder wasserabstoßend zu machen. Sie sind ganz aufs Fliegen spezialisiert, und in der Luft vollbringen sie die großartigsten Kunststücke. Anderen Vögeln jagen sie den Fang ab oder erhaschen die über die Wasseroberfläche hinausschnellenden fliegenden Fische. Ihre Flugsilhouette mit dem tiefgegabelten Schwanz und den langen schmalen Schwingen ist sehr einprägsam. Wenn sie schwerelos am Himmel segeln, wenn sie dem Blick entschwinden, ohne je einen einzigen Flügelschlag getan zu haben, oder wenn sie mit gaukelndem Flug gleich riesengroßen Schmetterlingen eine Nahrungsquelle ausspähen, bin ich immer wieder von ihrer Schönheit und Anmut bezaubert. Ich erzähle Bolivar, daß die Männchen zur Balz einen roten Kehlsack haben, den sie aufblasen können. Wie knallrote Luftballons tanzen sie dann am Himmel und locken die Aufmerksamkeit der Weibchen auf sich. Besonders

Fregattvögel übertreffen alle anderen Vogelarten mit ihren Flugkünsten.

viele Fregattvögel brüten an den Küsten von Isabela. Es dauert über ein Jahr, bis die jungen Vögel selbständig werden. Solange müssen sie von den Eltern mit Nahrung versorgt werden; erst dann haben sie die Kunst erlernt, die über das Wasser fliegenden Fische zu packen.

Gleichmütig, mit arroganter Miene hört Bolivar mir zu, als würde er mir einen Gefallen tun. Dann spreche ich wieder mehrere Tage mit ihm nur das Notwendigste und beachte ihn nicht. Bei Bolivar bin ich auf einen Menschen getroffen, der genau das Gegenteil von mir verkörpert. Er ist ein Zivilisationsmensch, die Natur ist ihm völlig fremd und erscheint ihm feindlich. Statt daß er sich fugenlos eingliedert, will er die Umwelt verändern, umgestalten, verbessern, überwinden. Das Leben auf der Insel bezeichnet er verächtlich als primitiv. Er empfindet es als Zumutung, in einem Zelt zu schlafen, sich im Meer zu waschen, einfach zubereitete Nahrung zu essen. Niemals läuft er barfuß, ist jedoch verbittert, wenn er andauernd den Sand aus den Schuhen schütten muß. Er bevorzugt blütenweiße Kleidung. Sicher ist es das erste Mal in seinem Leben, daß er sie selbst waschen muß. Nach jeder Waschaktion – ich mußte ihm heftig verbieten, das Süßwasser zu verwenden – läuft er lange mit verdunkeltem Gesichtsausdruck herum, als sei ihm ein Unglück widerfahren.

Nicht, weil er anders ist als ich, finde ich das Zusammenleben mit ihm unerträglich – er tut mir eher leid –, sondern weil er meine Lebensart angreift und mich beschimpft. Seiner Vorstellung nach muß ein Mann immer überlegen sein. Auf Caamaño aber bin ich in meinem Element, das kann er mit seinem Stolz nicht vereinbaren. Deshalb muß er das, was mir wertvoll ist, geringschätzen und abwerten. Er könne nicht glauben, daß ich aus einem hochentwickelten Land wie Deutschland komme, sagt er. Wie sei es möglich, daß ich ein so primitives und unhygienisches Leben führen könne?

Abends ist es während der Garuazeit zu kalt, um noch draußen zu sitzen. Einmal hat der heftige Wind sogar das gespannte Leinentuch des Sonnensegels zerrissen. Deshalb muß ich mit meinen Büchern und der Petroleumlampe ins Zelt gehen. Bolivar beschwert sich über das Licht – und daß ich mich zu wenig um ihn kümmere. Es sei überhaupt unnormal, wie ich lebe, als Frau allein. Ob ich denn keinen Mann brauchte. Er wolle jetzt mit mir schlafen. Ich halte das für einen schlechten Witz. Doch er behauptet, in mich habe er sich gleich verliebt, von Anfang an. Ich sei jedoch immer so unnahbar. Dabei sei es so eine gute Gelegenheit, wir zwei allein auf einer Insel, zusammen in einem Zelt. Es sei unnormal, da nichts miteinander anzufangen. Ich sage ihm, daß er meine Insel verlassen muß, wenn Don Ramos das nächste Mal mit der Verpflegung kommt.

Die Tage erscheinen mir qualvoll lang. Ich versuche Bolivar nicht zu provozieren und gehe ihm aus dem Weg, so gut ich kann. Die Haut wird immer dünner. Unter der Oberfläche lauert Aggression. Ich denke mir, wenn ich mit ihm für immer auf Caamaño zusammensein müßte, würde ich ihm etwas auf den Kopf hauen, oder nein, ich würde doch lieber wieder schwimmen, einfach davonschwimmen. Meine schöne Insel, sie ist zu einem Alptraum geworden. Sehnsüchtig warte ich auf Don Ramos. Wenn er doch eher käme! Die Situation, die ich durchlebe, erscheint mir irreal. Es ist nicht, daß ich mich von Bolivar bedroht fühle, ich finde jedoch sein Macho-Gehabe, mit dem er sich beweisen will, widerwärtig und bin es müde, mich mit ihm auseinandersetzen zu müssen.

Menschen, die sich hassen und umbringen, hat es auf Galapagos schon gegeben. Auf der Insel Floreana, ganz im Süden des Archipels, hat sich in den dreißiger Jahren ein Drama abgespielt, das bis heute noch ungeklärt ist und wohl nie geklärt werden wird. Damals kamen Menschen nach Floreana mit der falschen Vorstellung, auf den unwirtlichen Felseneilanden ein Paradies vorzufinden. Zuerst ließen sich der Berliner Zahnarzt Dr. Friedrich Ritter und seine Lebensgefährtin Dore Strauch dort nieder. Ritter war den Schilderungen nach ein menschenscheuer Sonderling, der Ruhe und Einsamkeit gesucht hat. Er wollte auf Floreana ein stilles, abgeschiedenes Leben führen und hatte alles bestens durchgeplant. Zum Beispiel hatte er sich vorsorglich alle Zähne ziehen und durch ein Stahlgebiß ersetzen lassen. Zunächst hatte er seinen „Garten Eden" wohl auch gefunden, doch schon drei Jahre später siedelte sich auch die Familie Wittmer auf Floreana an. Frau Wittmer berichtete über ihr Leben und über das, was auf der Insel passierte, in ihrem Buch „Postlagernd Floreana". Ritter versuchte, den Kontakt mit den Neuankömmlingen so knapp wie möglich zu halten, und war froh, als sie hinauf ins Hochland zogen.

Schlimm wurde es erst, als Eloise Bosquet de Wagner-Wehrborn, „Baronin" genannt, mit zwei Liebhabern eintraf. Nun sah Ritter sein Eremitendasein ernsthaft gefährdet. Denn die „Baronin" ließ sich gleich neben seiner Behausung an der Küste nieder. Sie muß eine sehr exzentrische Frau gewesen sein, die mit Stiefeln und Reitpeitsche umherlief und phantastische Pläne schmiedete. In der ecuadorianischen Presse ließ sie verlauten, sie plane, Floreana zu einem luxuriösen Ferienort für millionenschwere Touristen aus den USA auszubauen. Wegen der „Baronin" verlor Ritter auch seine Ernährungsgrundlage, denn wenn nun Schiffe vor der Insel ankerten, fielen fortan ihr die Geschenke an Konserven zu, die die Besatzung an Land brachte. Die Frau spielte offenbar ihre zwei Männer, Lorenz und Phillipson, gegeneinander aus, aber meist war es der schwächere Lorenz, der als Prügelknabe für ihre Launen herhalten mußte. Eines Tages waren die „Baronin" und Phillipson verschwunden. Man hat sie nie gefunden.

Der verstört zurückgebliebene Lorenz bat, man möge ihn aus dieser Hölle wegbringen. Einer der Kapitäne, die bei Floreana Station machten, der Norweger Nuggerod, nahm ihn auf sein Schiff. Später fand man beide tot auf der Insel Marchena, einer der nördlichsten Inseln des Archipels. Sie hatten noch ein Notsignal gesetzt. Von ihrem Schiff und der Besatzung fehlte jede Spur. Neben einem kleinen Holzboot lag der Norweger, wenige Meter entfernt Lorenz, die Hände in den heißen Sand gekrallt, von der Sonne mumifiziert. Man weiß bis heute nicht, wie sie auf die unbewohnte Insel gekommen sind. Vielleicht auf der Suche nach versteckten Schätzen der Seeräuber, oder vielleicht hat sie die meuternde Besatzung ausgesetzt und im Stich gelassen. Möglich auch, daß das Schiff im Sturm gesunken ist und sie mit dem Rettungsboot an der einsamen Insel strandeten.

Auch Dr. Ritter starb auf unerklärliche Weise. Er war überzeugter Vegetarier und soll doch an einer Fleischvergiftung zugrunde gegangen sein. Er hatte Anschuldigungen gegen die Familie Wittmer geäußert, daß sie etwas mit dem Verschwinden der „Baronin" zu tun hätte. Doch einen Tag, bevor ein befreundeter Kapitän landete, dem er alles anvertrauen wollte, war Ritter tot.

Einziger noch heute lebender Zeuge des Dramas ist Margret Wittmer. Ich sah sie später, als ich Floreana besuchte. Sie ist eine geschäftstüchtige, ältere Frau, die einen kleinen Laden führt, Touristen beherbergt, Rundreisen organisiert und ihre erwachsenen Kinder samt Enkeln energisch in Zucht und Ordnung hält.

Endlich kommt Don Ramos! Ich habe beschlossen, mit nach Santa Cruz zu fahren. Ich will dort an der Küste eine andere Echsenkolonie beobachten, um einen Vergleich zu meinen Tieren auf Caamaño zu haben. Auf meine Insel will ich erst im Oktober zurück, wenn die Fortpflanzungszeit der Meerechsen beginnt.

Die Darwin-Station auf Santa Cruz kommt mir inzwischen dicht bevölkert vor. Plötzlich wieder so viele Menschen. Alle, auch die, die ich noch nie gesehen habe, scheinen mich zu kennen, kommen auf mich zu: „Ach, du bist die Carmen. Wie ist es dir denn ergangen auf deiner Insel? Erzähl mal."

Ich bin wie betrunken von dem vielen Reden. Ich lache, spreche, es sprudelt nur so aus mir heraus. Völlig aufgedreht bin ich, als käme ich von einem fernen Stern zurück. Ich kann nicht unterscheiden, ob man mich nur aus Höflichkeit ausfragt oder aus wirklichem Interesse. Jede Frage beantworte ich ganz ausführlich, komme vom Hundertsten ins Tausendste. Mir war gar nicht bewußt, daß ich in den letzten Monaten so viel erlebt habe. Es ist, als sei auf der Station die Zeit stehengeblieben, während ich inzwischen Äonen durcheilt habe.

Im Verwaltungsgebäude hängt an der Wand ein Holzkasten mit Postfächern für jeden Wissenschaftler. In meinem Fach stapeln sich die Briefe. Don Ramos, sonst in allem so verläßlich, hatte meist vergessen, die Post nach Caamaño mitzubringen. Doch bevor ich die Briefe lese, muß ich etwas essen. Der Appetit, der mir durch das Zusammensein mit Bolivar vergangen war, hat sich zu einem Bärenhunger entwickelt.

Mein Zimmer im *Dormitorio*, der Baracke mit den Schlafräumen, ist vollgestopft mit der Ausrüstung, die ich von Caamaño mitgebracht habe. Unter dem Wust zerre ich den Kocher hervor. Irgendwo in den vielen Blechkanistern müssen doch die Töpfe sein, und wo ist nur das Besteck? Schließlich ist alles gefunden, und ich koche einen riesigen Berg Nudeln mit Tomatensoße. Ich löffle die Nudeln einfach aus dem Topf und lese nebenher die Post. Ich fühle mich wohl.

Der letzte Brief ist von der Schwester meines Vaters. Mit tröstenden Worten teilt sie mir vorsichtig mit, daß mein Vater gestorben ist. Die Nachricht trifft mich unvorbereitet. Mir wird schlecht, und ich hasse mich, daß ich seit meiner Ankunft in Santa Cruz so lustig gewesen bin und mit soviel Appetit gegessen habe. Während der vielen Tage, an denen ich an meinen Vater noch als lebenden Menschen gedacht hatte, war er schon tot gewesen. Es schmerzt mich besonders, daß ich ihn vor meiner Abreise nicht noch einmal hatte sehen können. Wegen meiner Flucht aus der DDR hatte man mir kein Einreisevisum bewilligt.

Ich hatte meinem Vater gewünscht, nicht mehr so lange leiden zu müssen, und war mit dem Wissen nach Galapagos geflogen, daß ich ihn nie mehr würde sehen können. Doch jetzt war es Tatsache und endgültig. Und ich hatte nicht miterlebt, wie er starb. Wie werde ich es je begreifen können, daß er nicht mehr da ist? Er war für mich der Mensch, der mir am nächsten stand.

Mit der Beagle IV nach Fernandina

Jeden Morgen verlasse ich die Darwin-Station und wandere an der Küste von Santa Cruz entlang auf der Suche nach einer geeigneten Vergleichskolonie. Doch ich spüre einen starken inneren Widerstand in mir, noch weiter Echsen zu fangen, zu wiegen und zu markieren. Ist es nicht wie Hohn, diese Belästigungen und Quälereien der Tiere damit zu rechtfertigen, sie nur so schützen zu können? Wozu muß man ihre Entwicklungskurven kennen? Wäre es nicht der beste Schutz, sie in Ruhe zu lassen und auch ihre Umgebung von Touristen, Siedlern und Wissenschaftlern freizuhalten? So frage ich mich während meiner einsamen Wanderungen und grüble nach einem Ausweg. Mir wird immer mehr klar, daß meine Arbeit zu überhaupt nichts nütze ist, außer mir den Aufenthalt auf Galapagos zu ermöglichen und später einige Seiten in einer Fachzeitschrift zu füllen. Ich weiß nicht, wie ich mit diesem Zwiespalt fertig werden kann, denn ich fühle mich trotzdem verpflichtet, die Erwartungen der Institutsleitung, die mich für diese Forschungsarbeit auswählte, zu erfüllen. Gern möchte ich zu meiner kleinen Insel zurückkehren, mich einfach zwischen die Meerechsen setzen und sie beobachten, ohne in ihr Leben einzugreifen. Vielleicht würde ich dabei etwas entdecken, das uns Menschen ein größeres Verständnis für diese Tiere vermittelt als all die Zahlen und Kurven?

Oft übernachte ich unterwegs im Schlafsack. In einer Bucht, der sogenannten Punta Nuñez, finde ich einen geeigneten Platz mit sehr vielen Meerechsen. Doch als ich die Genehmigung, mein Lager dort zu errichten, von Fausto, dem Leiter des Nationalpark einholen will, stoße ich wieder auf die mir schon zur Genüge bekannte Bestimmung: „Nur mit Assistenten!" Ich wundere mich allerdings, daß ich zwar allein bis Punta Nuñez laufen durfte, jedoch nicht allein dort bleiben darf. Fausto entgegnet, nur deshalb seien die Alleinwanderungen erlaubt worden, weil man sofort eine Suchaktion hätte ausschicken können, wenn ich abends nicht zurückgekommen wäre. Wie sollten sie jedoch erfahren, ob ich Hilfe brauchte, wenn ich allein in Punta Nuñez wäre? Ich verschweige lieber, daß ich sogar drei Nächte hintereinander nicht zurückkam, ohne daß mich jemand von der Station oder dem Nationalpark vermißt hätte.

Immerfort dieses Assistentenproblem! Nach der Erfahrung mit Bolivar bin ich sehr skeptisch geworden, daß ich jemanden finden werde, mit dem ich solch ein isoliertes Zusammensein aushalten kann. Auch bin ich wegen der Nachricht vom Tode meines Vaters wenig belastbar und fürchte mich vor möglichen Auseinandersetzungen und Spannungen.

Als ich in der Station erfahre, daß eine Expedition zum Vulkan von Fernandina ausgerüstet wird, bewerbe ich mich sofort als Teilnehmerin. Zunächst schlägt mir nur Ablehnung entgegen. Man versteht nicht, warum ich da mitwill. Ich hätte doch in Punta Nuñez und auf Caamaño genug zu tun. Mein Argument, daß ich nicht arbeiten könne, weil ich keinen Assistenten habe, zieht nicht. Irgendwann würde ich schon jemand finden – *tal vez mañana* – morgen vielleicht schon!

Für mich wird diese Reise plötzlich sehr wichtig. Ich spüre, wie die Vorstellung von der Vulkanbesteigung von mir Besitz ergreift und die Traurigkeit und Bedrückung vertreibt. Ich muß da einfach mit! Endlich weiß ich wieder, daß ich nicht nur wegen der wissenschaftlichen Arbeit auf Galapagos bin. Und da ich inzwischen begriffen habe, daß mein Traum, ein Jahr lang allein auf einer Insel zu leben, sich nicht verwirklichen läßt, will ich nun soviel wie möglich von dem Archipel sehen.

Fernandina ist eine der ursprünglichsten Inseln. Nur an einer einzigen Stelle, in Punta Espinosa, dürfen Touristen anlanden und einen kurzen Spaziergang auf markiertem Pfad unternehmen. Auch Wissenschaftlern wird es nur selten erlaubt, den Vulkan zu besteigen. Diesmal ist es möglich, weil die seltenen Hawaiisturmvögel, die dort oben brüten, gezählt werden sollen. Für diese Aufgabe wurden Ruth, die Ärztin aus Neuseeland, und Fiona, eine englische Biologin, ausgewählt. Eine Woche können sie auf dem Vulkan bleiben. Da es dort oben kein Wasser gibt, muß es in Kanistern hinaufgetragen werden. Ich sehe meine Chance und berichte sofort von meinen bergsteigerischen Unternehmungen im Himalaja und in Afrika. Selbst David zeigt sich beeindruckt und stimmt zu, mich als Wasserträger anzuheuern. Doch noch fehlt die Genehmigung des Nationalparks. Fritz, der gerade aus Deutschland angereist ist und vom gleichen Institut wie ich kommt, übernimmt die Aufgabe, um ein *permiso*, eine Erlaubnis, für mich zu bitten. Schon seit vielen Jahren hält er sich regelmäßig für ein paar Monate in Galapagos auf und ist mit Fausto recht gut befreundet.

Das Schiff, mit dem wir fahren, wurde Beagle IV getauft, nach dem Schiff, auf dem Charles Darwin die Galapagos-Inseln besucht hat. Am Abend wird unsere Gruppe übergesetzt: Fritz, der mit seinem Assistenten Walter an der Küste von Fernandina Seebären beobachten will, Derek mit zwei Assistentinnen, Deva und Cindy, die an der Küste von Isabela Seeschildkröten fangen und markieren wollen, Ruth und Fiona und noch einige weitere Biologen, die die Aufgabe haben, unterwegs Seevögel zu zählen. Wir legen uns in die Kojen, und ich schlafe bald ein. Irgendwann im Morgengrauen beginnt der Motor zu tuckern.

Das Schiff ist klein. Wenn ich vorn an der äußersten Spitze sitze und die Beine herunterhängen lasse, werden sie von Wellenspritzern getroffen. Um mich herum tiefblaue See bis zum Horizont. Kein Land ist zu sehen. Albatrosse, Blaufuß- und Maskentölpel, Fregattvögel, Möwen, Pelikane und Sturmvögel segeln am Himmel, tauchen in die Wellen ein und schwingen sich wieder empor. Im klaren Wasser sehe ich Seeschildkröten treiben. Ein Rochen gleitet gespenstig unter der Wasseroberfläche dahin. Plötzlich teilt sich das Wasser. Torpedoförmige Körper schießen heraus – Delphine! Zwei – vier – fünf – nein, sieben Delphine begleiten unser Schiff. Sie kommen ganz nah heran. Als würden sie das

*Die Beagle IV, das Forschungsschiff der Darwin-Station, bringt
die Wissenschaftler zu ihren Forschungsstätten.*

Schiff ziehen, formieren sie sich wie ein Gespann vor dem Bug.
Eine Weile gleiten wir so dahin, die Delphine voraus, das Boot
hinterher. Dann scheint ihnen das Spiel wohl langweilig zu
werden. Abschiednehmend umtanzen sie das Schiff, dann reiten
sie weiter über die Wellen, verlieren sich in der Weite des Meeres.

Den ganzen Tag über sitze ich wie eine Galionsfigur am Bug, für
mich der schönste Platz. Vor mir liegt das weite Wasser, als führe
ich allein über das Meer, und ich erlebe, wovon ich immer
geträumt habe. Doch dieser Traum hat sich nicht von selbst
erfüllt, ich habe dafür gekämpft, bin keine Kompromisse einge-
gangen und hatte das Schicksal in die von mir gewünschte
Richtung gelenkt. Viele Menschen merken erst zu spät, daß sie
nicht so gelebt haben, wie sie es gern getan hätten. Wie mein
Vater, der kaum fünfzig Jahre alt geworden ist und während seiner

schweren Krankheit mit viel Bitterkeit auf sein Leben zurückgesehen hat. Er hatte so sehr gehofft, noch einmal gesund zu werden, unerfüllte Wünsche seines Lebens nachzuholen. Aber er hätte wohl doch nicht anders leben können, als er es getan hat. Ich glaube trotzdem, daß nichts vergeblich, nichts umsonst ist im Leben. Vielleicht weil ich bei ihm sah, wohin es führt, wenn man immer nur träumt und auf eine ferne Zukunft hofft, habe ich soviel Kraft und Mut bekommen, ganz der Erfüllung meiner Träume zu leben. Das habe ich also von ihm erhalten: als Geschenk und Vermächtnis. Mir scheint, das Leben ist ein Spiel im Sinne eines Experiments, eines Versuches, ein Ausprobieren von Möglichkeiten. Man darf nicht fragen, warum und wozu, denn statt einer Antwort hört man doch nur das Echo seiner eigenen Fragen. Man sollte nie etwas bedauern, sondern suchend immer weitergehen, ohne etwas Bestimmtes erreichen zu wollen, aber Augen, Hände und Herz offenhalten. Alle Werke vergehen, auch die größten werden von der Zeit entwertet, aber was man anderen Menschen von sich selbst gibt, das bleibt lebendig.

Am dritten Tag fahren wir an einer großen Insel vorüber – Isabela. Abweisend, in rostigem Braun, erhebt sie sich aus dem Meer. Die Flanken der hohen Vulkane sind von schwarzen Lavaströmen gezeichnet, die sich bis ins Meer ergießen. Erstarrte Lava, als sei die Insel eben erst entstanden. Es ist eine eigenartige, verwunschene Vulkanwelt, die ein ganz anderes Bild von Galapagos zeigt, als ich es bisher von der Insel Santa Cruz kenne, die durch ihr tropisch grünes Innere freundlich und einladend wirkt. Was ich vom Schiff aus erblicke, scheint ausgebrannt, trostlos, ein „Schlackehaufen" – wie es in der Schilderung des Schriftstellers Herman Melville heißt, der auf einem Walfänger Galapagos besucht hatte: „Es ist kaum anzunehmen, daß es irgendwo auf der Erde einen Fleck gibt, der sich an Trostlosigkeit mit dieser Inselgruppe vergleichen ließe. Da sie bereits zu Schlacken ausgebrannt sind, kann keine Macht der Vernichtung ihnen noch etwas anhaben. Sie bieten den Anblick, wie ihn die Welt nach einem göttlichen Strafgericht in Gestalt eines Feuerregens darbieten wird."

Vermutlich war es eine solche Küste, wo der erste Europäer landete, der Spanier Tomás de Berlanga, Bischof von Panama. Er war 1535 mit einem Schiff von Panama nach Peru unterwegs, doch während einer Windflaute wurde dieses von starker Strömung erfaßt und trieb hilflos aufs Meer hinaus. Wasser und Vorräte waren schon knapp, als das Schiff endlich an eine Insel antrieb. Groß war die Enttäuschung, als sie sich in einer Lavawüste wiederfanden. „Es sah aus, als hätte es Steine gehagelt", klagte Berlanga in seinem Bericht.

Der allererste Mensch, der Galapagos entdeckte, soll der Inka Tupac Yupanqui gewesen sein. Er war der Großvater von Atahualpa, des letzten Inkaherrschers, der von den Spaniern umgebracht wurde. Es gibt aber keinen Beweis, daß Tupac Yupanqui tatsächlich auf den Galapagos-Inseln war, doch mündliche Überlieferungen berichten von einer weiten Reise zu feuerspeienden Bergen.

Von den Seefahrern wurden die Inseln Las Encantadas, die Verzauberten, genannt. Mit den primitiven Navigationsinstrumenten der damaligen Zeit war es schwierig, sie genau anzupeilen. Es schien, als tauchten sie unverhofft an den verschiedensten Stellen plötzlich auf. In den nachfolgenden Jahrhunderten wurden sie zu einem beliebten Schlupfwinkel englischer Seeräuber, unter ihnen so berühmt-berüchtigte wie Cowley, Eaton oder William Dampier, der sich neben seiner Piratentätigkeit auch noch als Schriftsteller hervortat. Von ihm sind eindrucksvolle Naturschilderungen über die Galapagos-Inseln erhalten geblieben.

Ein Schlauchboot wird ins Wasser gelassen, um Derek mit seinen zwei Assistentinnen, Deva und Cindy, zur Küste zu bringen. Wasser und Nahrungsmittel für vier Wochen nehmen sie als Vorrat mit. Ich darf mit hinüberfahren. Aus der Nähe sieht die Küste gar nicht mehr so unwirtlich aus. Stellenweise ist das Ufer sogar grün von dichtem Mangrovengebüsch. Laut schreiend kreisen die Fregattvögel über ihren Nestern. Nachdem der Brandungsgürtel durchquert ist, fahren wir in eine stille Lagune ein. Kristallklares Wasser und ein blendendweißer Sandstrand liegen vor uns.

An Bord der Beagle zurückgekehrt, steuern wir Fernandina an, die am weitesten westlich liegende Insel des Archipels. Als die Motoren wieder zu tuckern beginnen, taucht der runde Kopf eines Seehundes aus dem Wasser. Verdutzt schaut er uns noch lange hinterher.

Vor uns liegt Fernandina! Ein faszinierender Anblick! Die Insel besteht aus einem einzigen riesigen Vulkankegel, der noch immer aktiv ist. Der letzte große Ausbruch war 1995. Glutsprühende Lava floß die Hänge hinab und ergoß sich zischend ins Meer.

Wir schaffen die Ausrüstung an Land. Es sieht hier aus wie im Inneren eines gerade stillgelegten Hochofens. Die Lava ist im zähen Fluß erstarrt. Deutlich sind die Schlingen, Wülste und Bänder zu sehen. Unter der Oberfläche haben sich viele Hohlräume gebildet. Wir müssen aufpassen, daß wir nicht durch die wie Glas splitternde Schicht metertief einbrechen. Die schon verwitterte Lava ist rostrot. Darüber ist frische geflossen, hat aber nicht alle Stellen überdeckt, so daß ein rostrot-schwarzes Muster entstanden ist. Eine ausgebrannte, tote Landschaft. Die kleinen Bäumchen, die kahl ihre Äste ausstrecken, verstärken noch den gespenstischen Eindruck. Sie sind jedoch nicht abgestorben, sondern haben sich dem extremen Lebensraum angepaßt. Monate, sogar Jahre überleben sie ohne Blätter, weil sie kaum Wasser verbrauchen. Sobald es regnet, treiben sie aus und ergrünen zu neuem Leben. Schaut man genau hin, finden sich noch weitere Überlebenspioniere – Kakteen. Dort, wo die Lava schon etwas verwittert ist, sitzen kleine stachlige Kugeln oder fingerlange gelbliche Brachycereus-Kakteen. Insgesamt gibt es auf Galapagos siebzehn verschiedene Kakteenarten.

Im Gegensatz zum Landesinneren ist die Küste wieder reich mit tierischem Leben bevölkert. Außer den mir schon von Santa Cruz und Caamaño bekannten Tieren gibt es hier die flugunfähigen

Die kahlen Bäume sind nicht abgestorben; wenn es regnet, bekommen sie neue Blätter.

Kormorane, Pinguine, Bussarde, Seebären und Dromicusnattern. Die Seebären sind kleiner als die Seelöwen. Ihr Fell ist kaffeebraun, die Köpfe sind kürzer, rundlicher. Später, sobald ich im Camp von Fritz und Walter bin, werde ich die Seebären noch ausgiebig beobachten können.

Die untergehende Sonne wirft einen rötlichen Farbschimmer über den Vulkan. Morgen werden wir diesen 1450 Meter hohen Berg besteigen. Da wir von Meereshöhe starten, erwartet uns ein langer, mühsamer Aufstieg durch weglose, brüchige Lava. Schnell wird es dunkel. Jeder sucht sich einen einigermaßen ebenen Platz für Matte und Schlafsack.

Am nächsten Morgen marschieren wir gleich bei Sonnenaufgang los, um eine möglichst weite Strecke hinter uns zu bringen, bevor die Sonne zu heiß brennt. Ich beneide Fiona und Ruth ein bißchen, die eine Woche oben auf dem Vulkan bleiben können. Die Hawaiisturmvögel, deren Nester sie suchen und zählen wollen, sind sehr selten geworden. Der Krater von Fernandina ist einer ihrer letzten Brutplätze.

Warwick und ich tragen je einen Wasserkanister mit 25 Litern im Rucksack hinauf. Wir werden oben übernachten und am nächsten Tag zur Küste zurückkehren. Das Gehen strengt an. Spröde zersplittert die Lava, wenn man den Fuß darauf setzt. Sie ist ungleich geflossen, rauh und zackig in Scherben zerbrochen. Der Rucksack wird von Schritt zu Schritt schwerer. Die Wassermenge im Kanister ist zu träge, um die Bewegungen des Körpers mitzumachen. Sie schwingt immer in der entgegengesetzten Richtung. Die 25 Liter erscheinen daher viel schwerer als ein normal gepackter Rucksack.

Nach dem flachgeneigten Küstenstück steigt die Flanke des Vulkans steil an. Manchmal haben wir Glück und finden einen „Lavafluß", auf dessen fester, glatter Oberfläche man leichter vorwärtskommt, dann wieder müssen wir lockere Aschefelder und Schuttflächen queren. Es ist anstrengend für die Füße, die nach Halt in dem Geröll suchen müssen. Die Sonne brennt, dörrt uns fast aus. Nirgendwo ein Schutz, kein Schatten.

Warwick, der die Führung übernimmt, hat einen für mich schwierigen Laufrhythmus. Zuerst rennt er wie verrückt und macht dann nach jeweils zwanzig Minuten eine Pause. Ich versuche mich anzupassen, doch es macht mich ganz fertig. Ich gehe lieber einen langsamen, gleichmäßigen Rhythmus, den ich stundenlang ohne Pause durchhalten kann. Deshalb sage ich den anderen, als sie wieder rasten, ich würde langsam vorausgehen. Bald finde ich eine festgetrocknete Schlammspur, auf der ich gut vorankomme. Als ich zurückschaue, sehe ich, daß sich die drei auf einer weiter rechts verlaufenden Spur befinden. Dazwischen liegen viele Meter lockeres Geröll, tiefe Gräben und Abbrüche. Sie winken mir, ich solle auf ihre Bahn herüberkommen. Ich versuche es, aber es kostet unheimlich viel Kraft. Also rufe ich ihnen zu, ich würde oben auf sie warten. Der Gipfel scheint mir zum Greifen

Der mühevolle Aufstieg zum Vulkan von Fernandina macht immer wieder eine Rast notwendig.

nah. Als ich mich nach einer Weile wieder umblicke, sehe ich die drei weit unter mir als kleine Pünktchen. Ich möchte schnell meine Neugier befriedigen und in den Krater schauen, dann werde ich dahin zurückgehen, wo ihre Bahn in den Gipfelwall mündet. Ich präge mir die Stelle ein und den Abstand zwischen meiner Bahn und der ihren und winke ihnen noch einmal zu. Weit unten leuchtet verlockend das Meer.

Entschlossen wende ich mich um und stapfe weiter empor. Doch dann ist meine „Schlammstraße" plötzlich zu Ende. Sie bricht ab in einen drei Meter tiefen Geröll- und Aschegraben. Mit dem hin und her schwingenden Wasser ist es gar nicht so einfach, auf dem lockeren Untergrund hinunterzuklettern. Und dann geht es auf der anderen Seite wieder hinauf. Immer wieder muß ich solche kräftefressenden Stellen überwinden, dann endlich stehe ich oben am Wall.

Doch der Krater ist nicht zu sehen. Der Wall ähnelt einer Dünenlandschaft, flachgewölbt mit vielen kleinen Hügeln, die die Sicht versperren. Der Boden ist mit feinem, weichen Aschesand bedeckt. So hatte ich es mir nicht vorgestellt. Wie soll ich denn in dieser unübersichtlichen Landschaft die anderen wiederfinden? Ich steige auf einen Hügel hinauf, doch von dort sehe ich immer nur neue Hügel. Rufen nützt auch nichts, die weiche Asche dämpft die Töne. Erst jetzt fällt mir auf, wie seltsam still es um mich ist. Kein einziger Laut ist zu vernehmen, ein Gefühl wie in einem schallisolierten Raum.

Ich habe keine Angst, daß ich die anderen nicht wiederfinden könnte. Schlecht ist nur, daß Warwick, der als Mitarbeiter der Darwin-Station verantwortlich für diese Exkursion ist, über meine Extratour verärgert sein wird. Er ist ein so überkorrekter, genauer Mensch, dem – so hatte man mir gesagt – es zu verdanken sei, daß die Station während der direktorenlosen Zeit nicht zusammenbreche. Er kümmere sich im Hintergrund um alles und halte die Dinge zusammen, während David nur als große Töne spuckendes Aushängeschild fungiere. Warwick zu verärgern war nicht meine Absicht. Warum nur habe ich mich vom Gipfelfieber verleiten lassen? Nun habe ich auch bei ihm einen Minuspunkt gesammelt. Ich konnte aber auch nicht ahnen, daß es oben so unübersichtlich sein würde, versuche ich mich zu beschwichtigen. Ungefähr weiß ich ja die Richtung, also verzichte ich erst einmal darauf, in den Krater zu schauen, und laufe schräg rechts wieder zur Flanke zurück. Nach einer Stunde sehe ich endlich die anderen – kleine Gestalten in einer riesigen Landschaft. Warwick war natürlich sauer, sagte aber kein Wort, blickte nur durch mich hindurch.

Gemeinsam gehen wir zum Krater. Der Blick ist grandios. Ich bin schon auf einigen Vulkanen gestanden, aber noch nie auf einem solchen. Das Riesenloch beträgt vier Kilometer im Durchmesser, und der Kraterboden ist bei der letzten Eruption im Jahr 1968 über 900 Meter tief abgesackt. Wie bei einer Luftaufnahme sehe ich die Landschaft unter mir liegen: den grasgrünen See, dessen Ufer kleine Minikrater säumen und in dessen Wasser sich schwarze Lavaströme ergießen. Es ist eine Welt für sich. Schwefelablagerungen und rauchende Fumarolen künden von der Aktivität des Vulkans. Sofort wird der Wunsch wach hinunterzusteigen. Wenn ich hier eine Woche bleiben dürfte wie Fiona und Ruth . . .

Im Ascheboden entdecke ich Spuren von einem Tier. Abdrücke von vier Füßen und die Schleifspur des Schwanzes. Und dann sehe ich ihn – einen Landleguan. Schwefelgelb, über zwei Meter lang, richtet er sich bei meinem Anblick drohend empor. Mir die Breitseite bietend, bläht er sich auf und nickt rhythmisch mit dem Kopf. Wie ein den Kraterschlund bewachender Höllenwächter sieht er aus. Wovon ernährt er sich hier oben? Wahrscheinlich von den vereinzelten Büschen und den trockenen Gräsern. Später erfahre ich, daß die Weibchen bis zum Kratergrund hinabsteigen, um unten ihre Eier abzulegen. Der Sand ist durch die vulkanische Tätigkeit angewärmt wie ein Brutkasten.

Müde von dem elfstündigen Aufstieg, rollen wir die Schlafsäcke auf dem weichen Ascheboden aus. Über mir sehe ich den funkelnden Sternenhimmel mit einer schmalen Mondsichel. Lange kann

Der Blick in den Krater von Fernandina

ich nicht einschlafen, lausche der Stimme des Vulkans, der ab und zu dumpf vor sich hin grummelt.

Hinter dem Krater geht die Sonne auf. Zwei kleine Tauben trippeln umher, suchen nach Insekten, die der Wind emporgetragen hat. Eine Spottdrossel kommt frech und neugierig herangehüpft. Sie zupft an meinen Zöpfen, die aus dem Schlafsack heraushängen.

Warwick drängt zum Aufbruch. Im Laufschritt rast er den Berg hinab. Um ihn nicht noch mehr zu ärgern, bleibe ich ihm dicht auf den Fersen. Nach nur vier Stunden sind wir wieder an der Küste. Wir hatten uns auf einen Sprung ins Wasser gefreut, jedoch die Mannschaft von der Beagle erwartet uns schon: Pancho, unser Koch und Steuermann, serviert ein köstliches Essen.

Im Camp von Fritz und Walter

Wir fahren mit der Beagle bis Kap Hammond, einem Ort an der Küste von Fernandina, wo Fritz und Walter ihr Lager errichtet haben. Drei Wochen kann ich hierbleiben, bevor die Beagle, die inzwischen Fernandina und Isabela umrundet, damit Seevögel gezählt werden können, mich wieder nach Santa Cruz bringt.

Jeden Morgen und Abend, wenn es kühler ist, gehen wir auf Seebärenfang. Fritz schleicht sich von hinten an ein in der Sonne dösendes Tier heran, wirft sich darüber und versucht es festzuhalten. Walter eilt mit einem Sack herbei und manövriert den sich heftig wehrenden Seebären kopfüber hinein. Mit einer Federwaage wird sein Gewicht festgestellt. Dann bekommt er in eine der Flossen eine Plastikmarke mit Nummer geknipst. So kann man seine Entwicklung über Jahre hinweg verfolgen.

Die meisten Weibchen haben gerade ein Junges. Die Kleinen sind süße Möpschen, wuschelig braun, funkeln sie mich unerschrocken mit ihren Kugelaugen an. Nach der Geburt bleibt die Mutter zunächst drei bis vier Tage bei dem Jungen. In dieser Zeit muß sie von ihren Fettreserven leben, erst dann geht sie wieder zum Fischen ins Meer. Die Babys liegen während dieser Zeit fast bewegungslos an ihrem Platz zwischen den Lavablöcken. Manchmal müssen sie drei Tage lang warten, bis die Mutter zurückkommt. Sie überstehen diese Zeit relativ problemlos, da die Robbenmilch sehr fettreich ist und lange vorhält. Kehrt die Mutter nicht zurück, weil sie zum Beispiel einem Hai zum Opfer gefallen ist, verhungert das Robbenbaby, denn andere Weibchen lassen kein Fremdes an die Milchquelle heran. Wie sich Mutter und Jungtier erkennen, ist eine der vielen Fragestellungen, die Fritz erforscht. Außer am Geruch erkennen sie sich schon über weite Entfernung an der Stimme. Fritz nimmt die Stimmen mit Tonband auf und analysiert später die Unterschiede.

Ein Seebärenkind muß von der Mutter zwei Jahre lang gesäugt werden, erst dann kann es selbständig auf Fischfang gehen. Das Seebärenweibchen bekommt jedes Jahr ein neues Baby, die Milch reicht jedoch nur für ein Junges. Da das ältere natürlich stärker ist, verdrängt es sein Geschwister von der Milchquelle. Deshalb sterben jedes Jahr alle Neugeborenen, die ein älteres Geschwister haben. Die Mutter greift niemals in diese tödliche Auseinandersetzung ihrer Sprößlinge ein. Würde sie dem Neugeborenen helfen, wären die Seebären bald ausgestorben. Bei dem Versuch, die Milch unter beiden Jungen zu verteilen, bekäme keines genug. Warum, so fragt man sich, gebärt die Seebärin nicht nur jedes zweite Jahr? Fritz fand eine Erklärung auf diese Frage. Bei seinen Forschungen stellte er fest, daß die Jungtiere von Krankheiten und anderen Gefahren sehr bedroht sind. Fast die Hälfte kommt um.

Geduldig wartet das Seebären-Baby, bis die Mutter vom Fischen zurückkehrt.

Deshalb, so seine Annahme, produziert das Weibchen jedes Jahr ein Junges, für den Fall, daß das Junge vom Vorjahr vielleicht nicht überlebt hat. Wenn doch, stirbt eben das zuletzt Geborene. Ich finde es grausam, daß die kuscheligen Kleinen verhungern müssen, doch es ist unmöglich, mit unseren menschlichen Moralvorstellungen die Natur beurteilen zu wollen.

Den größten Teil des Tages verbringe ich auf dem Kormoranfelsen. Er leuchtet weiß inmitten der dunklen Umgebung. Der Guano, die Ausscheidung der Vögel, hat ihn so gefärbt. Im Laufe der Zeit hat er sich mit dem Gestein zu einer festen, unlöslichen Schicht verbunden. Dicht an dicht sitzen die Kormorane auf dem Fels. Sie können nicht fliegen, denn statt der Flügel haben sie nur noch spärlich befiederte Stummel. Es sieht witzig aus, wenn sie die wie gerupft wirkenden Flügel zum Trocknen auseinanderspreizen. Die Vögel sind dunkelbraun gefiedert, haben einen kurzen Schwanz und einen schlangenartigen Hals, den sie beim Drohen lang vorstrecken. Die schwarzen Entenfüße sitzen weit hinten am Körper. Der Schnabel ist am Ende hakenförmig abwärts gebogen. Am auffallendsten sind die leuchtend blauen, ja sogar türkisfarbenen Augen. Da sich die Kormorane von Fischen ernähren, wären große Flügel beim Schwimmen und Tauchen nur hinderlich. Weil sie die Flügel auch an Land nicht brauchen – sie müssen ja nicht vor Feinden davonfliegen –, haben sie sich zurückgebildet. Fähigkeiten wie das Flugvermögen gehen verloren, wenn sie nicht genutzt werden oder gar hinderlich sind. Würden plötzlich Hunde, Katzen und andere gefährliche Feinde in Fernandina ausgesetzt, könnten die Kormorane nicht überleben. Um sich an die neue Gefahr anzupassen, wäre eine lange Generationsfolge notwendig. Man schätzt die Zahl der Kormorane, die nur an den Küsten von Fernandina und Isabela leben, auf etwa achthundert Paare. Eine so geringe Anzahl wäre von ein paar Raubtieren in nur wenigen Jahren ausgerottet.

Die Kormorane brüten gerade. Eine günstige Gelegenheit für meine Beobachtungen. Der Abstand zwischen den Nestern ist so klein, daß das brütende Tier gerade noch vor den Schnäbeln der Nachbarn sicher ist. Oft gibt es lautstarken Streit. Dann strecken die Tiere ihre Hälse waagerecht aus, klappern mit den Schnäbeln und zischen wie Schlangen. Das „Eigenheim" ist also bei den Kormoranen so groß, wie der Schnabel lang ist. Die Nester bestehen aus einem ringförmigen Wall von Seetang, verkittet mit Guano. In den Nestern liegen zwei weiße Eier oder ein bis zwei Jungtiere verschiedener Entwicklungsstadien. Besonders während der heißen Mittagszeit halten sich die Eltern im Nest auf, um den Jungen zu ihren Füßen Schatten zu spenden. Zum Fischen haben es die Kormorane nicht weit. Sie watscheln die paar Meter bis zum Wasser oder rutschen auf dem Bauch von den Felsvorsprüngen direkt hinein. Die Alten rücken das Futter erst heraus, wenn die Jungen betteln. Die Kleinen trommeln mit ihren Schnäbeln so lange gegen die Kehle des Altvogels, bis dieser zu würgen beginnt. Es ist Schwerstarbeit, die meist schon halbverdaute Nahrung aus dem Magen wieder herauszubringen. Oft stecken die Jungen sogar ihre Schnäbel tief in den Schlund der Eltern. Einer der Jungen hat sein Futter fast verschlungen, nur der Fischschwanz schaut noch heraus. Plötzlich – es geht alles so schnell – sehe ich einen großen Schatten. Er streift über das Nest – und der junge Kormoran ist seinen Fisch los. Aus dem Schlund wurde er ihm wieder herausgerissen. Es war ein Fregattvogel, der die Fütterungsszene erspäht und im richtigen Moment zugegriffen hatte.

Es ist nicht allein das Interesse an Verhaltensbeobachtungen, das mich zum Kormoranfelsen zieht. Zuerst ist es nur unbewußt, doch bald muß ich mir eingestehen, daß ich auf diese Weise versuche, Fritz und Walter aus dem Weg zu gehen. Ich spüre, ich bin überflüssig, einfach eine Person zuviel. Doch keiner getraut sich, das Problem offen anzusprechen.

Es hat eine Weile gedauert, bis ich erkannt habe, warum ich mich in der Gemeinschaft der beiden so unwohl und überflüssig fühle. Zuerst habe ich nur bemerkt, daß irgend etwas fehlt, daß etwas nicht stimmt. Sie sind freundlich, aber akzeptieren mich nur scheinbar. Um den trennenden Raum zu überbrücken, habe ich es mit übertriebener Lustigkeit versucht, habe kindisch Purzelbäume in die Luft geschlagen und den Clown gespielt. Fritz hat gelassen abgewartet, bis mein Ausbruch im Leeren verpufft war und ich mir verlegen auf die Lippen biß. Seine Überlegenheit läßt er mich auch während der Fangaktionen spüren. Mit Block und Bleistift laufe ich hinter den beiden her und schreibe die Zahlen auf, die Walter mir zuruft. Es ist klar, daß dies nur eine Scheinbeschäftigung ist, denn Walter könnte die Zahlen sogar zeitsparender gleich selber notieren. Wenn Fritz die Knipszange zum Befestigen der Plastikmarken an den Flossen der Seebären benötigt, sagt er zu mir betont scherzhaft: „Schwester, die Zange bitte!" Einmal, noch an einem der ersten Tage, habe ich gefragt, ob ich nicht auch mal einen Seebären fangen könne? Fritz, wieder ganz spaßig: „Aber selbstverständlich! Wenn wir mal einen hübschen, kleinen für dich finden, kannst du es natürlich versuchen."

Während ich mich vom Seewind erträglich gekühlt fühle, macht den Kormoranen die Mittagshitze sehr zu schaffen. Hechelnd, mit geöffnetem Schnabel brüten sie in ihren Ringwall-Nestern. Plötzlich fällt mir ein Kormoran auf, der ein Tangbündel im Schnabel trägt. Er kommt in die Kolonie gewatschelt. Den Tang hat er vom Meeresgrund ertaucht. Bei seinem Nest angekommen, verneigt er sich tief vor dem brütenden Partner. Dieser greift nach dem Bündel Tang, dreht es im Schnabel zurecht und legt es dann ordentlich am Nestrand ab. Ein wenig zupft und rupft er noch an dem „Mitbringsel", dann erhebt er sich vom Gelege und läßt den Partner auf die Eier. Diese Ablösezeremonie findet etwa alle zwei Stunden statt und mit immer gleichbleibender Höflichkeit. Nicht jedesmal besteht das „Geschenk" aus Tang, manchmal sind es Seesterne oder auch nur ein Stöckchen. Solche Grußrituale dienen dem Abbau von Aggression.

Bewundernd schaue ich den Blaufußtölpeln hinterher. Zu mehreren jagen sie um die Felsklippen. Es zischt in der Luft, wenn sie dicht über mir hinwegsausen. Unwillkürlich drängt sich mir der Vergleich mit einer Fliegerstaffel auf. Sitzen die Tölpel dagegen an Land, wirken sie plump. An ihre himmelblauen Füße habe ich mich immer noch nicht gewöhnt, es ist ein unwirklicher Anblick. Ich muß mich zwingen zu glauben, daß sie echt und nicht etwa aus Plastik sind. Am meisten beeindruckt mich immer wieder ihr Sturzflug. Mit angelegten Flügeln, einem dreieckigen Geschoß gleich, sausen sie in die Tiefe.

Obwohl Galapagos am Äquator liegt, gibt es Pinguine. Es sind kleine Kerle, kaum zwanzig Zentimeter hoch. Ihre Vorfahren hat es wahrscheinlich von Feuerland auf die tropischen Vulkaninseln verschlagen. Dank der kalten Humboldt-Strömung können sie hier existieren. Im Gegensatz zu anderen Pinguinarten, die in großen Kolonien brüten, bildet der Galapagos-Pinguin kleine Gemeinschaften von nur zwei bis drei Paaren. Ihre Nester sind gut unter Steinplatten und in Höhlungen verborgen. Ich muß lachen, wenn ich die Pinguinmännchen bei ihrem Balzgehabe beobachte. Sie strecken den Schnabel steil in die Höhe, stoßen Trompeten-töne aus und flattern wild mit ihren Flügelflossen, als müßten sie das Gleichgewicht wahren. Es amüsiert mich, wie wichtig sich die kleinen Kerlchen aufführen.

Ich sammle eine Fülle von Tierbeobachtungen und paradiesi-sche Bilder in mir an, Bilder, für die ich nur schwer Worte finde und die die Wirklichkeit nie so lebendig und wahrhaftig widerzu-spiegeln vermögen. Immer wieder neu überrascht bin ich, daß die Küste von Fernandina tatsächlich genau so ist, wie ich sie mir in meinen Träumen vorgestellt hatte: das Meer, die weißschäumen-den Wellen, die schwarze Lava, in vielgestaltigen Wülsten, Strik-ken, Zöpfen und Bändern erstarrt, die Tiere dicht an dicht und dann alles überragend der breite Rücken des Vulkans.

Doch am Abend, wenn ich ins Lager zurückkehre, fühle ich, wie Beklemmung mich umschließt, und ich ziehe mich ganz in mich zurück. Wahrscheinlich wirke ich dann auf die anderen phlegma-tisch und gedankenleer.

Das Fremdheitsgefühl wächst. Immerhin essen wir zusammen. Die Verpflegung ist recht einseitig. Fritz besitzt zwar einen wunderbaren dreiflammigen Kocher und eine große Gasflasche, hat jedoch den Anschlußkopf vergessen. Mit fast allen Vorräten, dem Reis, den Nudeln, dem Mehl, ist nun nichts anzufangen. Ohne zu murren, aber auch ohne mal einen Scherz über die ungewohnte Ernährungsweise zu wagen, öffnen wir zum Frühstück Thunfischkonserven und trinken kalt angerührten Kaffee. Die Konserven, die nur als Beilage gedacht waren, verbrauchen sich zu rasch. Walter angelt mit Fleiß und Ausdauer. Den rohen Fisch schneiden wir in kleine Würfel und beträufeln ihn mit Zitrone – schmeckt köstlich! Ich kann mich nicht des Gefühls erwehren, daß ich als dritter, eigentlich nicht eingeplanter Esser das Nahrungsproblem vergrößere.

Ich spüre, daß Fritz schon längst bereut, mich in sein Camp eingeladen zu haben. Er, der die wissenschaftliche Arbeit sehr ernst nimmt, ist wohl am meisten darüber enttäuscht, daß ich nichts tue, daß ich nur an der Küste herumsitze. Er sagt zwar nichts, doch ich weiß, er hätte erwartet, daß ich mir Aufgaben suche und ein Beobachtungsprogramm zusammenstelle, irgend etwas Abrechenbares, Vorweisbares mache. Einmal schlägt er mir vor, ich solle doch wenigstens in regelmäßigen Abständen die Kormorane zählen, wenn ich schon immer dort herumsitze. Die Anzahl der Kormorane, in Abhängigkeit zur Zeit, könne man dann in einer Kurve aufzeichnen. Ich kann mir überhaupt nicht vorstellen, wozu das gut sein soll. Ich habe den Verdacht, daß die Biologen nur deshalb so verrückt auf Zahlen und Kurven sind, weil sie beweisen wollen, daß sie zu exakten Wissenschaftlern gereift sind und keine Naturschwärmer mit Botanikertrommel und Schmetterlingsnetz sind. Mir dagegen macht es Spaß, den Tieren einfach nur zuzuschauen und über das Beobachtete nachzudenken.

Nachts, wenn Fritz und Walter schon in ihrem Zelt liegen, sitze ich noch am Tisch und schreibe in mein Tagebuch. Es ist dunkel, kein Stern ist zu sehen. Ich spüre eine seltsame Sehnsucht nach irgend etwas, nach irgend jemand. So allein, so verlassen habe ich mich auf Caamaño nur in der Zeit mit Bolivar gefühlt. Doch eigentlich ist es jetzt noch schlimmer, weil meine Unsicherheit

Walter hat einen jungen Seebären gefangen, der nun gewogen werden soll.

von Tag zu Tag zunimmt. Manchmal glaube ich inzwischen schon selbst, daß Fritz mit seiner abwertenden Meinung über mich recht hat. Ich weiß nicht, wer ich wirklich bin. Ich hatte geglaubt, ich sei Wissenschaftlerin, doch jetzt merke ich, daß mich ganz andere Sachen interessieren. Statt Tiere zu zählen und zu markieren, würde ich viel lieber die 1902 zum letztenmal gesehene Fernandina-Schildkröte suchen gehen. Vielleicht leben doch noch einige Exemplare dieser angeblich ausgestorbenen Schildkrötenrasse am Vulkanhang. Oder es würde mich reizen, von dieser Seite, dem Kap Hammond, einen Aufstieg zum Kraterrand zu versuchen. Und wie toll wäre es, in den Krater hinabzusteigen! Mich reizt es, Entdeckungen zu machen, etwas zu beobachten, das noch niemand gesehen hat, mich mit meinem Körper und meinem Gefühl ganz einem Erlebnis hinzugeben. Ich habe einen unstillbaren Hunger, das Leben zu beobachten und es in mich aufzunehmen, in Bildern, Farben, Gerüchen, Tönen und Empfindungen. Seit ich auf Galapagos bin, wird mir immer deutlicher bewußt, daß ich als Wissenschaftlerin nicht geeignet bin.

Hinter mir ein Rascheln. Ich kann nichts erkennen. Der Lichtkegel der Petroleumlampe reicht nicht so weit. Doch da, ist da nicht ein Schatten vorbeigehuscht? Ich lösche die Lampe, um in der Dunkelheit besser sehen zu können. Mein geduldiges Warten wird belohnt. Wieder raschelt es, und ich sehe ein spitzes Schnäuzchen, einen länglichen Kopf, Schnurrhaare, zwei kugelrunde Augen, rundliche aufrechtstehende Ohren und einen langen Schwanz – kein Zweifel, es ist eine Ratte. Doch nicht die Wanderratte, die eingeschleppt wurde und sehr viel Schaden anrichtet, sondern eine einheimische Art, die Galapagos-Ratte. Sie ist nahe verwandt mit den Reisratten. Ich freue mich, daß ich eines dieser sehr selten gewordenen Tiere sehen kann. Und plötzlich ist mir nicht mehr so traurig und einsam zumute.

Wieder sitze ich an der Küste und soll, von Fritz beauftragt, beobachten, wie groß das Territorium ist, das von einem Seebärenbullen verteidigt wird. Es ist aber ein langweiliger Familienvater, der nur faul herumliegt und träge zu seinen vier Weibchen mit dem vierfachen Nachwuchs blinzelt. Was soll er sich auch aufregen, wenn kein Konkurrent da ist? Überhaupt sind die Seebären viel weniger aktiv und verspielt als die Seelöwen, die ich auf Caamaño kennenlernte.

Ein Tier mit zwei aparten braunen Längsstreifen gleitet die Lavaplatte herab, unter der ich im Schatten sitze. Ein kleines Köpfchen mit wachen Augen beäugt mich. Es ist eine Dromicusnatter. Ich kann es mir nicht versagen, sie kurz in die Hand zu nehmen, den kühlen schlanken Körper zu spüren, wie er sich kraftvoll um meinen Arm schlingt.

Interessanter, als den faulen Seebärenbullen zu beobachten, ist es, den flinken Lavaechsen zuzuschauen. Wenn die Sonne heiß herabbrennt, fühlen sie sich in ihrem Lebenselement. Dann flitzen sie pfeilschnell über die Steine, springen hoch hinauf in die Luft, um Fliegen zu fangen, und finden noch zwischendurch Zeit, dem Nachbarn zu drohen.

Weit draußen im Meer sehe ich Delphine springen. Sie kommen aufs Land zu. Wie eine Treiberkette bringen sie einen riesigen Fischschwarm in die Bucht. Ich merke das daran, weil auf einmal unzählige Tölpel, Sturmtaucher, Pelikane und andere Meeresvögel am Himmel kreisen. Sie wollen ihren Anteil am Fang. Als das Wasser in der Bucht von den zusammengetriebenen Fischen zu kochen beginnt, stürzen sich die Vögel hinab. Das große Jagen und Fressen beginnt.

Ein Seebärenbaby wurde geboren. Zufällig saß ich gerade neben der Mutter, als der kleine Kerl erschien. Das Baby hat einen einjährigen Bruder, und so ist es, kaum geboren, zum Tode verurteilt. Mitleid kennen nur wir Menschen. Ich würde es am liebsten mit der Flasche großziehen. Ein aberwitziger Wunsch. Eine ähnlich fettreiche Milch wie die Robbenmilch könnte ich gar nicht herstellen. Außerdem müßte ich dann zwei Jahre lang Robbenmutter spielen. Auch wenn mir die Aufzucht gelänge, nie könnte ich mit meinem Zögling hinaus ins Meer schwimmen und ihn das Fischen lehren ...

Nach einer Woche ist das Baby tot. Für das Bussardpaar ist das tote Seebärenkind eine willkommene Nahrungsquelle. Sie haben Junge im Nest und müssen für viel Futter sorgen. Der Kreislauf ist geschlossen: Der Tod des einen bedeutet Leben für den anderen.

Immer wieder versuche ich mir begreiflich zu machen, daß mein Vater nicht mehr lebt. Es will mir nicht gelingen. Dagegen kostet es mich überhaupt keine Mühe, mir vorzustellen, daß ich tot bin. Ich bin dann eben einfach nicht mehr da. Doch alles, was ich kenne und liebe, wird weiter fortbestehen: das Meer, die Berge, die Wüste und die Wälder, die Flüsse und Bäche, und immer wieder wird es Tag und immer wieder sternenklare Nacht werden, und nach jedem Winter kommt der Frühling. Alles, was ist und sein wird, ist ja ganz unbeeinflußt von meinem Verschwinden. Nichts verändert sich, und nichts wird zerstört, wenn ich weg bin. Aber daß ein Mensch, den ich liebe, für immer verloren ist, ist so traurig, daß ich es nicht fassen kann. Nie mehr kann ich seine Augen sehen, seine Stimme hören, seine Hände fühlen.

Plötzlich sehe ich, wie eine Rauchfahne aus dem Krater aufsteigt. Mein erster Gedanke – der Vulkan bricht aus! In mir ist sofort eine riesige Freude, hinter der die Gefahr als unbedeutende Kleinigkeit zurückweicht. Welch ein Glück, einen Vulkanausbruch aus nächster Nähe beobachten und erleben zu können! Und daß es gerade passiert, wenn ich da bin! Die Wolke, wohl aus heißem Wasserdampf, wächst, dehnt sich aus, hängt wie eine Pilzkappe über dem Gipfel. Am liebsten würde ich hinauflaufen. Vielleicht kocht und brodelt die Lava schon im Kraterschlund. Doch, nachdem er noch aus einigen Seitenkratern und Rissen Dampf abgelassen hat, beruhigt sich der Vulkan wieder.

In der Nacht stürmt es heftig. Es sind kurze, ungeheuer starke Böen. Der Zeltstoff rasselt und knattert. Am Morgen liegt das Sonnensegel zerfetzt auf der Erde. Das Camp ist wüst zugerichtet, die Verpflegungskisten sind wild durcheinander geworfen, und einige leichte Ausrüstungsgegenstände fehlen ganz. Es ist selten, daß man in Galapagos von solch einem Unwetter überrascht wird, denn die Inseln liegen in einer windarmen Ecke. Während die beiden Männer die Ordnung im Camp wiederherstellen, mache ich mich daran, das Leintuch zu flicken, damit wir es wieder als Sonnenschutz aufspannen können.

Fritz hatte mir dezent das Nähzeug hingestellt und gemeint: „Wenn du willst, kannst du dich ja daran versuchen." Als ich nach drei Stunden endlich fertig bin, lobt er mein Flickwerk mit den Worten: „Fein, so hat dein Aufenthalt hier tatsächlich noch einen Sinn gehabt." Es ist das einzige Mal, daß er ehrlich sagt, was er denkt. Doch bevor ich eine Entgegnung finde, hat er schnell das Tonband genommen und ist an die Küste gelaufen, um die Stimmen der Seebären aufzunehmen.

Der weiße Strand von Punta Nuñez

Wieder sitze ich als Galionsfigur vorn am Bug der Beagle und fühle mich etwas matt und gedankenfaul. Fernandina ist schon nicht mehr sichtbar. Der breite, schwarze Vulkanrücken ist hinter den Horizont getaucht. Warum bin ich nicht so glücklich, wie ich es doch sein müßte? Irgendwie stehe ich mir selbst im Weg.

Gestern vormittag kam plötzlich die Beagle um das Kap Hammond herum in die Bucht gefahren. Endlich! Eigentlich hatten wir sie schon ein paar Tage früher erwartet, doch wegen des Sturms verzögerte sich ihre Ankunft. Als ich an Bord ging, fühlte ich, wie die Erstarrung von mir abfiel. Auf dem Schiff befand sich die mir bekannte Besatzung: Kapitän Efraim, Pancho, der Koch und Steuermann, und die Biologen. Am Abend fand ein Fest statt, mit Musik und Tanz und viel zu essen. Wir feierten den Geburtstag von Cindy. Schon bei der Hinfahrt war sie mir aufgefallen, und ich hatte eine spontane Zuneigung zu ihr gefaßt. Mir gefällt ihre unkomplizierte, burschikose Art. Sie hat in Kalifornien Biologie studiert und eine Arbeit über das Verhalten von See-Elefanten geschrieben. Nun befindet sie sich auf einer Weltreise. Neben Galapagos will sie gezielt weitere biologische Stationen aufsuchen, um sich praktische Kenntnisse anzueignen. Als ich sie frage, ist sie sofort einverstanden, meine Assistentin zu werden. Ich bin sehr erleichtert. Endlich habe ich jemanden gefunden, mit dem ich mich gut verstehe! Ich spüre, daß Cindy mir in Charakter und Wesensart sehr ähnlich ist.

Zuerst will ich mein Camp in Punta Nuñez an dem schon von mir ausgesuchten Ort an der Küste von Santa Cruz errichten und dort etwa einen Monat lang bis Oktober bleiben, um die Meßwerte der Vergleichskolonie zu sammeln. Danach plane ich, die Arbeit in Caamaño fortzusetzen, vor allem mit Verhaltensbeobachtungen der Männchen während der Fortpflanzungsperiode.

Fausto schüttelt ablehnend den Kopf, als ich ihm berichte, daß Cindy nun meine Assistentin sein wird. Ich verstehe nicht, warum er sie ablehnt. Wütend funkelt Fausto mich an: „Stell dich doch nicht so dumm – *tan tonta!* Diese Person hält sich doch illegal hier auf!" Cindy war eingereist, ohne eine offizielle Grenze zu überschreiten, denn sie reist auf eine wenig übliche Weise um die Welt – sie trampt mit Segelschiffen! In Panama hatte sie auf einem Boot angeheuert und war geradewegs übers Meer nach Galapagos gesegelt. Nun fehlt in ihrem Paß der ecuadorianische Einreisestempel. Fausto ist besonders erbost, daß Cindy als Dereks Assistentin nach Isabela mitgefahren ist. Niemand von der Parkverwaltung hatte genau hingeschaut, da Derek durch seinen jahrelangen Aufenthalt viel Vertrauen genießt. „Doch jetzt muß sie verschwinden", sagt Fausto entschieden, „wo kämen wir denn hin, wenn hier jeder mit 'nem Segelboot aufkreuzt und nicht mal 'nen Stempel im Paß hat! *Éste, no es posible!"*

Statt Cindy kommt Deva mit nach Punta Nuñez. Sie war als Entwicklungshelferin nach Ecuador gegangen. Zwei Jahre lang lebte sie in einem Urwalddorf am Rio Negro, doch dann wurde das Projekt wegen finanzieller Schwierigkeiten aufgegeben. Aus Interesse und Neugier kam Deva nach Galapagos, machte eine Ausbildung als Touristenführerin, und wenn jemand gebraucht wird, hilft sie den Wissenschaftlern als Assistentin.

Über Santa Cruz ist eine dicke Wolkenkappe gestülpt, durch die kein Sonnenstrahl dringt. Ab und zu erleichtern sich die Wolken und lassen Wasser herabtröpfeln. Wir haben das Camp in einer sandigen Bucht errichtet, die sich an die Steilwand anschließt. Hinter dem Sandstrand beginnt die Kaktuswüste, eine Szenerie wie für einen Wildwestfilm. Ich habe versucht, in sie einzudringen. Drei Stunden kämpfte ich mich durch dorniges Gestrüpp und kam doch kaum einen halben Kilometer voran. Spuren von verwilderten Eseln und Ziegen fand ich, jedoch außer den Kielschwanzleguanen sah ich keine Tiere. Kein Laut ist zu hören, kein Lufthauch weht. Das Leben scheint stillzustehen, alles wie erstarrt. Es ist eine staubtrockene, in Hitze erstorbene Welt. Über fünfzehn Kilometer weit erstreckt sich diese fast undurchdringliche Kaktuszone, dann erst beginnt das tropisch-feuchte Hochland.

An der Küste sind die Tiere nicht so zahlreich wie auf Caamaño. Manchmal robben ein paar neugierige Seelöwen ins Lager, verschwinden jedoch bald wieder in der See. Auch die Meerechsen hocken nicht so dicht gedrängt zusammen, da sie sich über eine größere Küstenstrecke verteilen können. Sie sind im Durchschnitt größer und schwerer als auf Caamaño, denn bei Punta Nuñez finden sie besser Nahrung. Bei Ebbe liegt mehr Algenrasen frei, da die Küste flacher abfällt.

Deva beherrscht die Kunst des Brotbackens. Auf den Boden eines großen Topfes legt sie eine schmale, leere Konservenbüchse, darauf stellt sie einen kleineren Topf mit dem Brotteig. Mit einem Deckel gut verschlossen, entsteht in diesem improvisierten Topfbackofen ein knusprigbraunes Brot. Es schmeckt so gut, daß wir

Schön ist es, wenn Deva bei Sonnenuntergang auf ihrer Flöte spielt.

das noch warme Brot mit Butter, Knoblauch und Salz immer sofort aufessen.

Abends, wenn es nicht regnet, sitzt Deva mit gekreuzten Beinen am Strand und spielt auf ihrer Flöte. Der ruhige klare Ton verschmilzt mit der herben, einsamen Landschaft.

Nur eine Woche kann Deva bleiben, denn sie hatte schon lange vorher geplant, nach Hause zurückzukehren, und den Flug gebucht. Zum Abschied schenkt sie mir ein Lied über die Meerechsen:

Song of the Iguanas

I once knew a marine iguana,
His number it was 39.
And this crazy old marine iguana,
He didn't do nothing all the time.
He didn't help me pass my time
Sitting on a stone, just like a drone.
He doesn't eat, he doesn't dive,
He's just sitting on a stone all the time.

David strahlt, als ich zusammen mit Deva in der Station ankomme. Wir sind den weiten Weg über die Klippen und Felsen gegangen, schwer beladen mit dem Gepäck. David strahlt, weil er eine neue Assistentin für mich hat. Er stellt sie mir vor: „Das ist Maria, eine Studentin aus Quito. Sie ist extra für dich gekommen. Wir hatten ein Schreiben an die Uni geschickt. Sie wird bis zum Abschluß deiner Arbeit mit dir zusammenbleiben. Endlich ist das verflixte Assistentenproblem vom Tisch!" Er wirkt ehrlich erleichtert. So froh und heiter, so freundlich und richtig nett habe ich ihn noch nie gesehen.

Maria ist ein zartes Mädchen, fast noch ein Kind, sehr still und zurückhaltend. Ihre Erscheinung und ihr Wesen wecken in mir Beschützergefühle. Schwere Arbeiten, wie zum Beispiel das Tragen von Wasserkanistern oder das Fangen der Meerechsenmännchen, will ich ihr abnehmen. Doch sie besteht tapfer und eigensinnig darauf, ihre Kräfte zu versuchen. Wir reden nicht viel miteinander. Doch das Schweigen schafft keinen Abstand zwischen uns. Wir brauchen nicht unbedingt Worte. Sie spürt, daß ich sie mag.

Abends im Zelt vertraut sie mir an, sie habe sich in einen amerikanischen Wissenschaftler verliebt. Sie ist ganz unsicher, ob er ihre Gefühle erwidert. „Bestimmt nicht", meint sie zweifelnd, „ich bin doch so klein, und überhaupt..." Es dauert eine Weile, bis ich begreife, daß der Mann, in den sie sich verliebt hat, ausgerechnet – David ist!

Wegen des ständig feuchtkalten Wetters bekommt Maria eine Blasenentzündung. Da die Schmerzen immer stärker werden, renne ich im Dauerlauf an der Küste die Steilwand entlang zur Station. David zeigt sich sehr aufgeregt und besorgt. Sofort organisiert er ein Motorboot und holt Maria zurück. Er ist nicht wiederzuerkennen, und er erlaubt mir, die restlichen zwei Wochen allein in Punta Nuñez zu bleiben. Ich brauche gar nicht erst zum Park zu gehen, er werde das schon regeln, sagt er. Na also, wie verständnisvoll er auf einmal ist!

Schwerlastig fliegen Pelikane vorbei. Sie ähneln historischen Luftschiffen. Ein Graureiher landet und hält mit langem Hals Ausschau nach etwas Freßbarem. Ich fühle eine unbestimmte Traurigkeit. Vielleicht ist es wegen des Garuawetters, das sich seinem Höhepunkt zu nähern scheint. Seit vielen Tagen regnet es ununterbrochen. Mit grauen Wolken behangen, wirken die Inseln rauh und abweisend. An das Alleinsein muß ich mich auch erst wieder gewöhnen. Und in Punta Nuñez an der Küste dieser großen Insel fühle ich mich eingeengter als auf meinem kleinen Caamaño. Sicher, der breite Sandstrand ist herrlich, weiß und sauber, nicht durch Seelöwenkot verschmutzt wie der schmale Strand von Caamaño. Doch ich habe kaum Bewegungsfreiheit. Den Weg ins Innere versperrt mir die Kaktuswildnis. Ich kann nur rechts und links den Küstenstreifen entlangtraben, dann kehrtmachen und denselben Weg zurückgehen. Es ist auch nicht möglich, unbeschwert ohne Kleidung herumzulaufen, immer muß ich sie griffbereit haben, denn immer wieder erscheinen überraschend kleine Boote mit Einheimischen, die in geringer Entfernung zur Küste nach Langusten tauchen.

Drohende, tiefschwarze Wolken senken sich vom Hochland herab, gespenstig verändert sich das Licht. Dann prasselt ein sintflutartiger Regen herab. Als ich den Kopf wieder aus dem Zelt herausstrecke, spannt sich ein dreifacher Regenbogen über Meer und Insel.

Am nächsten Morgen lugt eine strahlende Sonne über den Horizont, badet blutrot im Meer und färbt es tiefblau. Der wolkenlose azurblaue Himmel wirkt wie ein Wunder nach den langen trübgrauen Regentagen. Alles ist verwandelt, farbenfroh, hell und licht. Meine Stimmung überschlägt sich. Welche Zauberkraft doch in dem Licht verborgen ist! Das Meer schillert in Blau und Grün, und die Wellenkämme blinken wie weiße Segel. Wie schön ist es nun hier, und ich hatte diese Schönheit während der grauen Regentage nicht einmal erahnt. Alles wird plötzlich lebendig. Die vorher wie versteinert wirkenden Echsen heben die Köpfe und strecken die Brust der Wärme entgegen. Ihre Augen blitzen golden vom Widerschein der Sonne. Silberreiher schreiten gravitätisch über die schwarze Lava.

Ich merke wieder, daß man Geduld haben muß, um die Schönheit von Galapagos zu erfahren. Wenn man schon aufgeben will und sich abwendet von diesen unfreundlichen Gestaden, bläst ein kräftiger Wind alle Wolken hinweg, und die Inseln offenbaren sich in ihrer ganzen Schönheit, ihrer verzaubernden Einzigartigkeit. Träumend und nachdenklich blicke ich zum Himmel. Da, wie eine schneeweiße Fee erscheint ein Tropikvogel. Die Schleppe seiner weißen Schwanzfedern zeichnet ein zartes Muster in das Himmelsblau.

Ich habe das schönste Arbeitszimmer der Welt. Als Sitz einen glattgeschliffenen Lavablock mit bequem angepaßter Vertiefung und als Tisch zwei Blechkanister, darüber eine angeschwemmte Holzplatte. Vor mir das Meer, über mir Sonne, weiße Wolken-

Mein „Arbeitszimmer" mit Meeresblick

schiffe, zeppelinähnliche Pelikane. Möwen und Fregattvögel und die wie Tropfen ins Meer fallenden Tölpel. Auch für Ablenkung ist gesorgt. Wie zwei kleine Strauchdiebe stiefeln graugetarnte halbwüchsige Lavamöwen den Sandstrand entlang, suchen heißhungrig nach Freßbarem. Drei Austernfischer inspizieren wichtigtuerisch das Ufer. Ab und zu bleiben sie wie zur Beratung stehen. Mit ihrem schwarz-weißen Federkleid, die langen roten Schnäbel zur Erde gesenkt, sehen sie sehr vornehm aus. Nun scheinen sie zu einem Entschluß gekommen zu sein, laufen wieder ein Stück in schnellem Trippeltempo, stehen dann abwartend, ob sich nicht etwas Nahrhaftes zeigt. Wenn sie ihren sehnsuchtsvollen Ruf erschallen lassen, entstehen vor mir sofort Bilder von der Ostseeküste, von weiten Dünen- und Moorlandschaften, wo ich den Austernfischern erstmals zu Beginn meines Biologiestudiums begegnet bin.

Und doch, obwohl es mir hier inzwischen so gut gefällt, freue ich mich auf Caamaño. Diese kleine Insel, in sich rund und geschlossen, ist etwas Besonderes!

Mit Cindy zurück nach Caamaño

Cindy ist einfach toll! Es ist ihr doch tatsächlich gelungen, meine Assistentin zu werden. Was sie sich in den Kopf setzt, schafft sie auch, mit Charme, Klugheit, Zähigkeit. Sie gibt halt einfach nicht auf, versucht und probiert so lange, bis sie einen Weg gefunden hat.

Während ich annahm, Cindy sei schon gar nicht mehr auf Galapagos, war sie mit dem Postboot nach San Cristóbal gefahren, wo sie bei der dortigen Polizeistelle ihren Einreisestempel bekam. Doch Fausto wollte sie immer noch nicht als Assistentin zulassen, weil sie sich zuvor über die Bestimmungen hinweggesetzt hatte. Mit diplomatischem Gespür nutzte Cindy die Konkurrenzrangeleien zwischen den Mitarbeitern der Darwin-Station aus. Ihr gelang es, David auf ihre Seite zu ziehen.

So fahre ich also zusammen mit Cindy nach Caamaño. Zwei volle Monate war ich nicht auf meiner Insel gewesen! Als ich auf den Fels springe und über die von Generationen von Seelöwen glattgeschliffenen Steine und den Sandstrand hinauf zum kleinen See in der Mitte laufe, fühle ich mich daheim. Ja, das ist meine Insel. Ich fühle ihre Stille, ihre Ruhe, ihren Zauber, spüre ihren Atem.

Mit Cindy meine Insel zu teilen ist sehr schön. Cindy braucht mich nicht. Sie findet unabhängig von mir ihre Freude und ihre Erlebnisse auf der Insel. Was die anderen Assistenten alle nicht geschafft haben – Cindy ist in dem Moment, in dem sie die Insel betritt, ein Teil von ihr.

☆

Bei den Meerechsen ist jetzt viel los. Die Fortpflanzungszeit hat begonnen. Damit wir nichts verpassen, wechseln wir uns alle zwei Stunden ab und beobachten sie von Sonnenaufgang bis Sonnenuntergang.

Das Zusammenleben der Meerechsen ist völlig verändert. Während sie sonst dicht geklumpt zusammenhocken, ohne sich eigentlich zu beachten, sind die Männchen nun plötzlich aggressiv. Jeder Echsenmann okkupiert einen oder mehrere Lavablöcke als sein Territorium und verjagt jede andere Meerechse aus diesem Gebiet, nicht nur die Rivalen, sondern auch Jungtiere und selbst die Weibchen. Sobald ein Tier an der imaginären Grenze erscheint, richtet sich das territoriale Männchen auf, zeigt seine Breitseite und nickt heftig mit dem Kopf. In dieser frühen Phase bleibt es unter den Rivalen bei Drohgebärden, noch kämpfen sie nicht gegeneinander. Nur noch selten gehen die Revierbesitzer zum Fressen, denn macht sich in einem unbewachten Territorium erst ein anderes Männchen breit, ist es schwer wieder zu verjagen, zumal, wenn der ursprüngliche Besitzer ausgekühlt aus dem Wasser kommt. Wartet er zu lange mit der Rückeroberung seines Gebietes, fühlt sich der andere inzwischen als der rechtmäßige Besitzer. Die Biologen haben festgestellt, daß es bei Rivalenkämpfen – und nicht nur beim Fußball – den Effekt des „Heimvorteils" gibt: Die Motivation, den Besitz zu verteidigen, verhilft einem an sich schwächeren Verteidiger zum Sieg über den Angreifer.

Ein Tier, das sein Territorium verloren hat, kann sich nicht fortpflanzen. Deshalb schöpft es bei einem Kampf alle Kraftreserven aus. Wenn natürlich der Größenunterschied zwischen den Rivalen zu ungleich ist, muß auch das entschlossenste, zäh an seinem Besitz hängende, aber zu kleine Männchen aufgeben. In Caamaño beobachte ich, daß es überraschenderweise zuerst die mittleren und kleinen Männchen sind, die ein Territorium besetzen und sich so wahrscheinlich den „Heimvorteil" sichern, während den größten Männchen noch nicht der Sinn nach einem „Eigenheim" steht. Sie gehen weiter fleißig ins Meer und mästen sich an den Algen.

Das Beobachten der Meerechsen wird immer interessanter, je mehr sie in Fortpflanzungsstimmung kommen. Wir wünschen uns unendlich viele Augen, um alles sehen, und viele Hände, um es aufschreiben zu können. Wir halten fest, ab welchem Zeitpunkt jedes Männchen sein Territorium besetzt und wie oft es Rivalen vertreiben muß. Da wir nicht alle Tiere gleichzeitig beobachten können, wählen wir zehn Männchen aus, deren Aktivitäten wir genau notieren. Von den anderen machen wir einmal am Tag eine Checkliste, ob sie sich noch in ihrem Gebiet befinden oder schon vertrieben worden sind. Obwohl für meinen Blick die Küste überall gleich aussieht, bevorzugen die Echsen einzelne Gebiete. Ich versuche herauszufinden, wie die Männchen bessere von schlechteren Territorien unterscheiden.

Die Drohgebärden gegen Artgenossen nehmen an Heftigkeit zu. Die Männchen sind zum Bersten aggressiv. Will ein harmloses Jungtier oder ein Weibchen das Territorium auch nur queren, blitzen die Augen des Territoriuminhabers wütend auf, der Stachelkamm sträubt sich in die Höhe, in dem geöffneten Maul wird eine geschwollene, rote Zunge sichtbar. Jetzt sind jeden Tag zahlreiche Rivalenkämpfe zu beobachten; denn jedes Männchen ist bestrebt, sein Gebiet auf Kosten des Nachbarn zu erweitern. Außerdem finden es die großen Männchen langsam an der Zeit, sich auch um ein Territorium zu kümmern. Da die besten natürlich schon vergeben sind, werfen sie einfach die bisherigen Besitzer hinaus. Das gelingt meist ohne Kraftanstrengung, denn ihre Größe und imponierend zur Schau gestellte Kraft ist so beeindruckend, daß der Kleinere das Feld kampflos verläßt. Wer zäh an seinem Eigentum festhält, muß sich auf einen Kampf einlassen. Wie zwei Raufbolde umkreisen sich die Männchen, einander die Breitseite zudrehend. Jeder bläst sich auf, so groß er kann. Das Kopfnicken wird immer heftiger, die rote Zunge quillt hervor. Noch einmal nicken sie und noch einmal. Der andere will doch tatsächlich nicht weichen. Schon senken sie die Köpfe und rammen die Schädel aneinander. Ein dumpfer Ton ist zu hören. Fest die Füße gegen die Lava gestemmt, versuchen sie den Gegner vom Platz zu schieben. Ein kräftemessendes Turnier ist dieser Kopf-an-Kopf-Kampf. Ohne daß die Tiere sich dabei verletzen, kann so der Stärkere ermittelt werden. Die erste Runde endet unentschieden. Wieder das Drohzeremoniell, bis die beiden sich so erhitzt haben, daß erneut die Köpfe aufeinanderknallen. Das geht so lange, bis einer aufgibt.

Die Männchen fasten während dieser Zeit wochenlang, und nur die stärksten, größten und ausdauerndsten Tiere halten dies durch. Vorläufig ist für uns jedoch noch nicht einzusehen, warum sie sich dieser Strapaze unterwerfen, denn noch immer wird bitterböse jedes Weibchen verjagt, wenn es sich einem dieser stattlichen Junggesellen nähern will. Nach zwei Monaten territorialer Kämpfe wird Ende Dezember den Weibchen endlich der Zutritt ins Revier gestattet. Die Sieger sitzen stolz aufgerichtet wie ein Denkmal in ihren schönen Territorien und hoffen darauf, daß recht viele Weibchen zu ihnen kommen mögen. Die haben freie Wahl, und sie sind es, die entscheiden, wohin sie gehen. Natürlich sind die Freier mit den größten und besten Territorien am begehrtesten. Ein Männchen, dem es gelungen ist, eines der besten Gebiete zu erstreiten, besitzt zweifellos ganz besondere Qualitäten. Um einen solchen Super-Echsenmann drängen sich mehr als dreißig Weibchen. Eine interessante Strategie der Natur, um zu gewährleisten, daß sich Männchen mit besten Erbanlagen am zahlreichsten fortpflanzen können. Dagegen haben noch sehr junge, altersschwache oder kränkliche Männchen gar keins oder nur ein schäbiges Territorium ergattern können. Wenn sie Glück haben, bekommen sie ein bis drei Weibchen ab. Aber nur dann, wenn das Territorium der Supermännchen schon vom Weibchenansturm überquillt.

Plötzlich sind fremde Männchen da! Ich habe sie noch nie zuvor gesehen. Sie sind ein Drittel größer als die stärksten Caamaño-Männchen. Woher sie wohl gekommen sind? Die einzig mögliche Erklärung: Sie sind von Santa Cruz herübergeschwommen – eine Strecke von gut acht Kilometer mit gefährlicher Strömung und voller Haie! Es sind insgesamt elf Exemplare, fast zwei Meter lang, die an meiner Insel anlanden. Es ist spannend zu beobachten, was nun passiert. Zuerst suchen sich die Riesen einen abgelegenen Platz, um sich nach der kalten Meeresdurchquerung in der Sonne aufzuheizen. Dann marschieren sie anmaßend und arrogant, ihrer Stärke bewußt, in die besten Territorien mit den meisten Weibchen. Der Besitzer will natürlich nicht weichen. Zwei Monate hat er um sein Gebiet gekämpft und gezittert, und nun, wo ihm der Erfolg durch die Anzahl der vielen Weibchen blüht, soll er verduften? Wütend blitzen die Augen. Er nickt heftig und aggressiv mit dem dornenbesetzten Schädel. In dem schwarzen, geöffneten Maul hängt die blutrote Zunge wie eine Standarte, die das Signal zum Angriff gibt. Der Kopf wird gesenkt mit dem Ziel, den Gegner zu rammen. Doch der große Fremdling hält nichts von ritterlicher Ehre und unblutigem Turnierkampf. Er verbeißt sich in den anderen, packt ihn, wo er ihn gerade zu fassen bekommt, an der Kehle, an der Flanke, am Bein. Die spitzen dreikantigen Zähne durchdringen die Schuppenhaut. Blut fließt. Der so hinterhältig Überfallene muß sich seiner Haut wehren und versucht auch zu beißen. Er wirft seinen Körper herum und schlägt die Zähne in die Schwanzwurzel des Fremden. Ein harter Kampf bricht aus. Schrecklich anzusehen ist das Knäuel ineinander verbissener Körper. Zwei urweltliche Echsen kämpfen erbittert mit elementarer Gewalt.

Dem kleineren Territoriumsbesitzer schwinden die Kräfte, er will aufgeben und bemüht sich, dem Herausforderer zu entkommen. Doch dieser hat sich fest in den Kehllappen verbissen und schüttelt den Kleinen wie eine Beute hin und her. Endlich kann sich der Gebeutelte losreißen, doch der Große setzt dem Flüchtenden hinterher. Im letzten Moment rettet sich der Kleinere in eine Spalte. Kopfnickend, mächtig sich spreizend, marschiert der Sieger vor dem in der Spalte hockenden Unterlegenen hin und her. Seine Schuppen sind auch von Blut gerötet, doch besitzt er nun ein Revier mit vielen Weibchen.

Auf einen ehrenvollen, aber möglicherweise sich über mehrere Tage hinziehenden Turnierkampf können sich die Eindringlinge nicht einlassen, denn die Zeit ist knapp. Die Weibchen sind schon paarungsbereit. Um noch Fortpflanzungschancen zu haben, müssen sie ihre Gegner durch diesen gewaltsamen Beschädigungskampf sofort und für immer außer Gefecht setzen. Nachdem sie sich mit den Weibchen gepaart haben, verlassen die Fremden Caamaño wieder. Ihre Nachkommen werden zahlreich aus den Eiern schlüpfen.

Ich möchte gern wissen, von genau welchem Ort der Santa-Cruz-Küste diese Männchen stammen. Vielleicht wurde ihnen dort ihr Territorium von noch stärkeren Rivalen geraubt? Oder sie kommen, weil sie auf die vielen Weibchen von Caamaño spekulieren? Wenn sie Glück haben, können sie hier mehr Nachkommen erzielen als an ihrer Küste. Sind es immer die gleichen Männchen, die jedes Jahr herüberschwimmen, und gibt es auch einen umgekehrten Austausch, von Caamaño nach Santa Cruz? Ich markiere zwar die Fremdlinge, aber mir wird keine Zeit mehr bleiben, der Beantwortung dieser Fragen nachzuspüren. So wirft jede Forschungsarbeit wieder neue Fragen auf, eine Kette ohne Ende.

Cindy ist eine großartige Helferin. Sie hat Einfühlungsvermögen und Verständnis für Tiere, und durch ihre Arbeit über das Sozialverhalten von See-Elefanten hat sie bereits viele Erfahrungen und Kenntnisse gewonnen. Da wir tagsüber durch das intensive Beobachten keine Zeit füreinander haben, plaudern wir um so mehr, wenn es dunkel ist und wir im Zelt liegen. Sie teilt meine Skrupel, die mich beim Fangen und Messen der Meerechsen überfallen, und sie ist sich der zwiespältigen Situation eines Biologen bewußt, der eine große Zuneigung zu Tieren hat und sie andererseits als Objekte seiner Forschungsarbeit mißbrauchen muß.

„Gerade deshalb mache ich auch diese Weltreise", sagt sie. „Ich will mich umschauen und mir eine Meinung bilden über die Freilandforschung, weil eine Arbeit in einem Labor für mich sowieso nicht in Frage käme."

Eine andere Idee von ihr ist, eine Art Schule zu gründen, wo sie Menschen mit der Natur vertraut machen und ihnen Respekt und

Achtung vor ihr beibringen möchte. Als wir auf die Erhaltung der Galapagos-Inseln zu sprechen kommen, sagt sie rigoros: „Galapagos kann nur gerettet werden, wenn es frei ist: *free of sights, sounds and smell of man.*"

Cindy hat ohne Zustimmung ihrer Eltern studiert und sich ihr Studium durch Jobs selbst finanziert. „Ich bin das schwarze Schaf der Familie", erzählt sie mir. „Weißt du, meine Leute sind stinkreich, sie wollten aus mir so eine Art höhere Tochter machen und mich dann verheiraten. Es gab viel Krach, und mit achtzehn bin ich dann endgültig weg! Na ja, waren wilde Jahre am Anfang in Los Angeles. Ich mußte mich ja erst mal freischwimmen. Ich

Mit Cindy verstehe ich mich sehr gut.

habe viele Fehler gemacht und erst allmählich meinen Weg gefunden."

Cindy ist ein sehr romantischer, empfindsamer Mensch, doch gleichzeitig ist sie realistisch und versteht es, kühl und nüchtern zu überlegen und dann mutig, unerschütterlich und handfest ihre Pläne durchzusetzen. Die Sterne sind eine ihrer Leidenschaften. Stundenlang liegt sie auf dem Rücken, die Arme unter dem Kopf verschränkt und schaut nach oben. Plötzlich, als sei nun genug geträumt worden, springt sie auf und holt ihre Sternenkarte. Auf meine Frage sagt sie: „Weißt du, in die Sterne zu träumen, das ist das eine, doch ich muß sie auch kennen, mich nach ihnen orientieren können. Kannst du dir vorstellen, wie schön das ist, wenn man auf einem Segelboot ist, nachts allein an Deck, und steuert? So etwas muß man erleben, es ist unbeschreiblich – das Meer und du und über dir die Sterne . . . Doch um diesen Traum zu erleben, muß ich navigieren können."

Ein süßer Gesang weckt mich, und ich weiß erst gar nicht, wo ich bin. Mir ist, als würde ich einen Frühlingstag in Deutschland erleben. Es ist der Goldwaldsänger, dessen Lied dem unseres Fitislaubsängers ähnlich ist. Die Nieselregenzeit ist endgültig vorbei. Die Pflanzen blühen, und alle Tiere werben eifrig um einen Partner. Frühlingszeit unter der Äquatorsonne! Austernfischer rufen laut und sehnsuchtsvoll. Darwin-Finken tschilpen aus dem Cryptocarpus-Gebüsch. Ich entdecke ein aus weichen Federn und Halmen geflochtenes Nest. Fünf hungrige Finkenschnäbel strecken sich mir entgegen. Auch das Nachtreiherpaar hat ein Nest gebaut, gut versteckt zwischen der gelbblühenden distelligen Parkinsonja.

Selbst bei den zwei Landleguanen herrscht Hochzeitsstimmung. Das Männchen buddelt viele tiefe Löcher, um das Weibchen zu beeindrucken. Die Werbung bei Landleguanen ist sehr verschieden von derjenigen der Meerechsen. Während der Meerechsenmann sich rüde und gewalttätig auf eines seiner Weibchen stürzt, folgt der Landleguan seiner Angebeteten wie ein folgsames

Hündchen. Wohin sie auch läuft, er behält sie sehnsüchtig im Auge und folgt ihr in gehörigem Abstand. Wenn sie sich an frischen, leckeren Kräutern labt, schleicht er sich vorsichtig an und reibt den Kopf sacht an ihrer Flanke.

Eines Morgens sehe ich neben einer Seelöwin ein kleines schwarzes Etwas liegen, ein gerade geborenes Seelöwen-Baby. Bewegungslos mit geschlossenen Augen liegt es im Sand. Mit der Nabelschnur ist es noch mit der Nachgeburt verbunden. Die Mutter liegt erschöpft daneben. Nur ab und zu hebt sie schwach den Kopf und schaut nach dem kleinen Würmchen. Sie ist von der Geburt sehr mitgenommen. Das ist ungewöhnlich, normalerweise erfolgt die Geburt sehr schnell, in wenigen Minuten, und strengt die Weibchen nicht sehr an.

Die Seelöwin richtet sich trotz ihrer Schwäche auf und verjagt die Meerechsen, die sich gierig der Plazenta nähern. Für sie bedeutet die Nachgeburt eine nahrhafte Ergänzung zu ihrer Algendiät. Langsam trocknet das Fell des Babys, es wird nußbraun. Auch die Nabelschnur trocknet ein und reißt, als sich das Junge zur Mutter hin bewegt. Mit seinem stumpfen Schnäuzchen sucht es aufgeregt in deren Fell, bis es endlich die Milchzitze gefunden hat. Später packt die Mutter das Seelöwen-Kind am Nackenfell und trägt es in den Schatten eines Lavablocks.

Die jungen Seelöwen sind schon nach einem Jahr selbständig, werden dann also von der Mutter nicht mehr gesäugt. Die neugeborenen Geschwister müssen nicht verhungern wie bei den Seebären. Die Seelöwen sind eine galapagoseigene Art, stammen aber ursprünglich von den Küsten Kaliforniens, also von der Nordhalbkugel, während die Seebären von der Südhalbkugel kommen. Selten trifft man beide Arten zusammen auf der gleichen Insel an, weil sie sich bei ihrem hohen Nahrungsbedarf gegenseitig Konkurrenz beim Fischfang machen.

Die Meerechsen sind inzwischen über die Nachgeburt hergefallen. Es sieht makaber aus. Zu mehreren zerren und reißen sie an dem blutigen Fleischklumpen und verschlingen große Stücke.

Zum Werfen der Jungen entfernt sich die Seelöwin aus der Gruppe der anderen Weibchen.

Auch die Fregattvögel sind aufmerksam geworden. Einem Vogel gelingt es, das Fleisch während des Fluges zu packen und sich trotz des Gewichtes mit ihm steil emporzuschwingen. Doch bevor er mit der Beute entfliehen kann, sind die anderen Luftpiraten über ihn hergefallen. Ein wildes Spektakel spielt sich in der Luft ab. Davon gänzlich unberührt, liegen Mutter und Kind im Schatten und schlafen, dicht aneinandergekuschelt.

Weihnachten und Neujahr! Auf Caamaño haben diese künstlich vom Menschen geschaffenen Höhepunkte keine Bedeutung. In der Kette der sich aneinanderreihenden Tage verblassen sie, ohne künstlichen Lärm und scheinheilige Ergriffenheit zu verbreiten. Trotzdem, unsere Stimmung ist anders als sonst, nachdenklicher, besinnlicher. Wir erzählen uns Erinnerungen und planen in die Zukunft. Der Zeitpunkt, an dem wir Caamaño verlassen und uns trennen müssen, rückt näher.

Ende Januar ist die Paarungszeit der Meerechsen vorüber, und ich komme endlich dazu, mich intensiver mit den roten Klippenkrabben zu beschäftigen. Da sie im selben Lebensraum wie die Meerechsen vorkommen, sind mir ihre interessanten Verhaltensweisen oft aufgefallen: Bei Ebbe laufen sie dem Wasser hinterher und weiden den freiliegenden Algenrasen ab, suchen zwischen den Tangen nach hängengebliebenen Kleinstlebewesen. Außerdem laben sie sich an toten, angeschwemmten Fischen, den Kadavern von Vögeln, Seelöwen und deren Nachgeburt. Einmal sehe ich, wie acht Krabben je einen Arm eines toten Kraken ergreifen und seinen Körper zwischen sich spannen wie ein Sprungtuch.

Kommt die Flut, laufen die Klippenkrabben eiligst zum höhergelegenen Ufer. Die Strecke zwischen Wassertief- und -höchststand beträgt mehr als fünfzig Meter. Man stelle sich vor, fünfzig Meter unübersichtliches Lavageröll, und trotzdem findet jede Krabbe zu einem ganz bestimmten Stein zurück. Ich stelle diese Tatsache erstmals überrascht fest, als ich auf eine Krabbe aufmerksam werde, der eine Schere fehlt. Durch dieses Merkmal kann ich sie von anderen Krabben unterscheiden. Eine spannende Angelegenheit, denn noch nie hatte ich etwas von ortstreuen Krabben gehört. Zwei wichtige Fragen sind zu beantworten. Die erste lautet: Wie schaffen es die Krabben, sich in dem zergliederten Lavageröll zu orientieren? Die zweite: Warum ist es für sie so wichtig, genau zu einem bestimmten Stein zurückzufinden? Zuerst muß ich klären, ob diese eine Krabbe mit der fehlenden Schere eine Ausnahme darstellt oder ob alle Krabben solche Orientierungskünstler sind. Ich fange einige Tiere und markiere sie mit weißen Punkten auf ihrem roten Panzer. Hundertprozentig kehren die gezeichneten Tiere wieder zu „ihrem" Stein zurück. Es scheint mir unmöglich, daß die Krabben sich den Weg „merken", zumal sich die Küste nach jeder Flut verändert. Sie müssen ein Hilfsmittel haben. Mir kommt die Idee, daß die Orientierungskünstler mit Hilfe eines Kompasses durchs Geröll spazieren. Dieser Kompaß, so nehme ich an, kann nur die Sonne sein. Auch von anderen Krebsarten, dem Sandflohkrebs zum Beispiel, weiß man, daß er sich am Stand der Sonne orientiert. Allerdings legt dieses Tierchen nur Strecken von ein bis zwei Meter zurück.

Als Beweis, daß sich die Krabben tatsächlich nach der Sonne orientieren, und um den Grad ihrer Rückfindefähigkeit zu testen, führe ich ein Verfrachtungsexperiment durch. Ich fange mehrere Krabben ein, markiere sie und setze sie 450 Meter vom Fangplatz entfernt wieder aus. Am zweiten Tag nach diesem Experiment ist ein Männchen bereits wieder am Ursprungsort. Nach neun Tagen sind sie alle wieder „zu Hause". Doch warum machen sie sich überhaupt die Mühe, zu einem bestimmten Ort zurückzukehren? Ringsum an der Küste von Caamaño befinden sich Krabben, demzufolge könnten sie überall leben. Warum diese Hartnäckigkeit, ihren Heimatstein wiederzufinden?

Die Erklärung ist wohl folgende: Der Aufenthalt an einer unbekannten Küste ist lebensgefährlich – denn Klippenkrabben sind Kannibalen! Um den kannibalischen Gelüsten zu frönen, haben sie eine regelrechte Jagdtechnik auf Individuen der eigenen Art entwickelt. Eine Klippenkrabbe mit räuberischer Absicht läuft geduckt auf ihr Opfer zu. Mit einem Sprung oder in blitzschnellem Lauf stürzt sie sich auf den Artgenossen. Entweder erbeutet der Angreifer die Beine, die die Krabben bei Gefahr abwerfen können, oder ein kleineres Individuum wird zwischen den Beinen „gekäfigt". Dann faßt der Sieger sofort mit geöffneten Scheren unter sich, um das Opfer zu packen und zu töten. Bei solchen lebensgefährlichen Artgenossen ist eine vertraute Umgebung mit bekannten Schlupfwinkeln sehr hilfreich. Als Strategie gegen den Kannibalismus schließen sich Individuen gleicher Größe zu Gruppen zusammen – in der Masse ist man vor einem Angreifer besser geschützt. Die Tiere scheinen sich an Geruchsstoffen oder anderen Merkmalen zu erkennen. Oft kann man beobachten, wie sich Krabben einander vorsichtig nähern, sich mit den Beinen berühren und betasten, als wollten sie sich ihrer gegenseitigen Friedfertigkeit versichern. Auf jeden Fall lebt es sich sicherer in bekannter Umgebung mit bekannten Sozialpartnern, deshalb nahmen wohl die Krabben diesen mehrere hundert Meter weiten Weg auf sich, um ihren Heimatplatz wiederzufinden.

Besonders Krabben, die sich paaren wollen, sind gefährdet. Wie kann man wissen, ob einen der Partner nicht „zum Fressen gern" hat? Vielleicht gibt es deshalb ein manchmal stundenlanges Werbezeremoniell. Erst nach langer Zeit des Abtastens, Befühlens, Beinchenstreichelns stellt ein paarungswilliges Weibchen den Körper nach rückwärts auf und legt vertrauensvoll die Scheren über dem Mundfeld an. Das Männchen hängt seine Scheren und das erste Laufbeinpaar über ihren Rücken und schwingt sich mit einer eleganten „Bauchwelle" unter sie. Das Weibchen trägt die befruchteten Eier bis zum Schlüpfen der Larven unter dem Pleopodium, den zum Schwanz umgebildeten hinteren Laufbeinen. Wenn die Larven schlüpfen, begibt sie sich in einen flachen Gezeitentümpel und entläßt den Nachwuchs ins Wasser.

Wir sitzen am Nordstrand, um wie immer dem Sonnenuntergang zuzusehen. Der Himmel ist ungeheuer weit, eine riesige pastellfarbene Glocke, in der die Erde wie ein Klöppel hängt. Die Sonne wirft ein goldenes Band über das Meer. Ein Segelboot gleitet in diesen Goldstrom hinein, steuert auf Santa Cruz zu. Ich weiß, daß auch Cindy das Boot gesehen hat, und spüre, was in ihr vorgeht. Es zieht sie weiter. Sie möchte mitsegeln, in die Weite des Pazifik eintauchen, andere Inseln besuchen, andere Menschen kennenlernen, neue Erfahrungen machen. Nur in großen Abständen kommen Segelboote nach Galapagos, und nicht auf jedem ist noch Platz für eine Person. Cindy muß auf jeden Fall morgen nach Santa Cruz und die Chance nutzen.

Das bedeutet Abschied. Abschied für eine ungewisse Zeit, vielleicht für immer. Cindy schweigt. Erst am nächsten Tag sagt sie: „Ich will nicht, aber ich muß weg. Und dabei möchte ich hierbleiben. Es ist so schön hier mit dir auf Caamaño. So etwas werde ich nie wieder erleben, ich weiß es. Aber weil es nicht für immer sein kann, ist es vielleicht besser, ich gehe gleich. Gestern habe ich das Segelboot gesehen, und nun muß ich weg!"

Sie läuft unruhig an der Küste auf und ab. Wir beratschlagen, ob wir angeschwemmtes Holz anzünden sollen, um ein Rauchsignal zu geben. Dann entdecken wir einen Fischkutter, stellen uns auf die Klippen und schwenken ein weißes Laken. Die Besatzung bemerkt unser Winken. Cindy springt ins Boot. Später erfahre ich, daß sie tatsächlich von dem Segler mitgenommen wurde.

Cindy war meine letzte Assistentin. Ich bleibe allein auf Caamaño zurück. Eigenartigerweise kümmert sich plötzlich niemand mehr darum, ob die Bestimmungen eingehalten werden. Wahrscheinlich hat David, beeinflußt durch Maria und Cindy, seine ablehnende Haltung mir gegenüber aufgegeben.

Es gibt nicht viel zu tun. Da die Paarungszeit vorüber ist, sitzen die Echsen wieder friedlich auf ihren Steinen und betrachten die anrollenden Wellen. Ich habe viel freie Zeit und freue mich, zum Abschluß noch einmal meine Insel ganz für mich zu haben. Eigentlich kann ich mir gar nicht vorstellen, daß ich schon bald von hier weggehen muß. In ihrer Geborgenheit, gewiegt von ihrem Rhythmus, vergesse ich die Zeit.

Plötzlich verlassen viele Meerechsen die Küste und treiben sich unstet im Inneren der Insel herum. Es sind die Weibchen. Sie suchen Eiablageplätze. Haben sie eine geeignete sandige Stelle gefunden, scharren sie mit den Vorderfüßen ein Loch schräg in den Boden, fast einen Meter tief. Ich sehe nur noch den Schwanz herausragen. Mit den Vorderfüßen buddeln sie emsig, die Hinterfüße werfen den Aushub aus der engen Röhre hinaus. Eine anstrengende Arbeit, die Stunden, sogar Tage dauert. Denn die Meerechse muß immer wieder innehalten, eine Pause einlegen und sich vom Seewind abkühlen lassen. Ihre Körpertemperatur darf sich trotz der schweren Grabarbeit im heißen Sand nicht über

37 Grad erhöhen, sonst würde sie an einem Hitzschlag sterben. Vom Grabplatz kann sich die Echse jedoch nicht entfernen, ein anderes Weibchen würde sich sofort das gegrabene Loch aneignen. Bei den vielen legebereiten Weibchen sind die günstigsten Stellen bald vergeben. Manchmal entbrennt ein harter Streit zwischen Weibchen, die denselben Nestplatz beanspruchen. Wie die Männchen drohen sie mit Kopfnicken, Breitseitezeigen, Aufblähen. Will keine von beiden weichen, prallen auch hier die Köpfe aufeinander. Doch weil die Eier bald abgelegt werden müssen, haben die Weibchen nicht die Zeit, sich auf einen fairen Turnierkampf einzulassen. Nach einigen Kopfstößen fallen sie wild übereinander her und beißen sich. Die Siegerin kann weitergraben.

Am Ende des etwa achtzig Zentimeter tiefen Ganges legt das Weibchen zwei weiße, ovale Eier. Dann scharrt sie die ausgehobene Erde wieder zurück und glättet die Oberfläche. Sie marschiert nun nicht, wie ich erwartet hatte, zur Küste, um sich dort von den Strapazen zu erholen und den Magen zu füllen, sondern legt sich neben dem Eiablageplatz nieder. Meine Vermutung, daß sie für den Marsch zum Meer zu schwach sei, bewahrheitet sich nicht. Als es dunkel wird, ist das Weibchen verschwunden. Doch am nächsten Tag ist sie wieder da und hält Wache. Wiederholt betastet sie die Stelle, wo die Eier vergraben liegen, mit der Zunge, um zu prüfen, ob noch alles in Ordnung ist. Nähert sich eine andere Echse, nimmt die Bewacherin sofort Drohhaltung ein und kämpft, wenn nötig. Etwa zehn Tage verteidigen die militanten Weibchen ihre Brut, dann haben alle abgelegt, und die Bewachung wird überflüssig.

Es ist wieder Ruhe in der Kolonie eingekehrt. Dichtgedrängt wie zuvor liegen die Meerechsen auf ihren Sonnensteinen. Sie dulden gegenseitige Nähe, jedoch nehmen sie nun keine Notiz mehr voneinander. Meine Arbeit ist beendet. Der Zyklus eines Echsenjahres ist auf vielen Notizblöcken festgehalten. In Deutschland werde ich dann später die Daten auswerten.

Ich verschiebe die Abfahrt. Don Ramos war schon einmal da,

um mich abzuholen. Ich sagte ihm, ich müsse noch irgendwelche wichtigen Messungen machen, doch ich brauche die Zeit, um bewußt von meiner Insel Abschied zu nehmen. Ich weiß, daß es ein Abschied für immer ist. Alles, was ich auf Caamaño erlebt habe, möchte ich in mir erhalten. Nichts soll verwischt werden. Frisch und lebendig will ich mir die Eindrücke bewahren. Deshalb laufe ich immer wieder um die Insel, präge mir ihre Formen, ihre Farben, ihr Licht ein. Doch schon während ich Abschied nehme, spüre ich, daß sie mir entgleitet. Ich sehe sie bereits aus der Entfernung, blicke zu ihr zurück, als säße ich schon in Deutschland in einem Zimmer mit vier Wänden, und nur durch das Fenster kommt ein wenig Licht herein.

Auf dem Vulkan Sierra Negra

Die Flanke des Berges ist mit hohen Gräsern und Büschen grün überwachsen. Wolkenbänke umschlingen ihn wie eine Bauchbinde. Dort, wo die Flanke in der Ebene ausläuft, beginnt schon das Meer. Es ist ruhig, still, zeitlos. Zikaden zirpen ihr endloses Lied. Die Sonne sendet lange, schräggerichtete Strahlen in die Einsamkeit. Ich befinde mich auf dem Sierra Negra, einem der fünf Vulkane der Insel Isabela. Ich möchte, da ich jetzt vom Druck der wissenschaftlichen Arbeit befreit bin, noch einige andere Inseln von Galapagos erleben. Maximal drei Monate bleiben mir bis zur Rückkehr nach Deutschland.

Ich hatte die Gelegenheit genutzt und war mit dem Postboot zu der kleinen Ortschaft Villamil an der Südküste von Isabela mitgefahren.

Villamil sieht aus wie eine Oasensiedlung. Kleine, ebenerdige Bretterhütten, über denen die Palmen schattenspendend ihre Wedel ausbreiten. Die Dorfstraße ist mit knöcheltiefem, hellem Sand gefüllt. Villamil, anders als Puerto Ayora auf Santa Cruz, ist

Ein Kind spielt auf der Dorfstraße von Villamil.

noch nicht auf Touristen eingestellt. Es gibt keine Hotels, keine
Pensionen, keine Läden. Die ungefähr fünfhundert Menschen von
Villamil und San Tomás im Hochland leben vom Fischfang und
vom Anbau von Bananen, Ananas und anderen Obst- und
Gemüsesorten. Die meisten Siedler haben ein Haus an der Küste
und eine weitere Unterkunft im ungesunden feuchten Hochland,
wo aber alles prächtig gedeiht. Dort jagen die Siedler verwilderte
Haustiere und können, wenn sie es wollen, jeden Tag Fleisch
essen. Schweine, Hühner und andere Haustiere züchten sie zum
Eigenbedarf. So können die Bewohner von Villamil unabhängig
von der Außenwelt existieren. Wenn Touristen hier überhaupt
anlanden, dann nur für wenige Stunden. Eine Siedlung am Ende
der Welt.

Bei dem Parkbeauftragten in Villamil, Señor Jaramillo, hatte ich mir die Erlaubnis geholt, den Sierra Negra zu besteigen, und auch den Schlüssel für die Hütte *Corazon verde* – grünes Herz. Es ist eine Unterkunft für Wissenschaftler der Darwin-Station in der Nähe der am Vulkanhang gelegenen Siedlung San Tomás. Mit einem Laster bin ich die Schotterpiste zu der winzigen Ansiedlung hinaufgefahren. Zwischen wuchernder Vegetation verborgen, sah ich vereinzelte Hütten, durch Wege miteinander verbunden. Einen dieser Waldpfade, den man mir gezeigt hatte, bin ich entlanggegangen und habe ein grünangestrichenes Bretterhütt-chen gefunden, das „Grüne Herz", der Ausgangspunkt, um den Vulkan zu erkunden.

Der Anstieg zum Krater führte durch sanft ansteigendes Hügel-land, bevölkert mit verwilderten Pferde- und Rinderherden. Es waren wunderschöne Tiere, die Rinder mit weitgeschwungenen Hörnern, kräftigen Körpern und schönen, satten Farben. Samt-braun mit schneeweißem Maul oder kupferrot, ganz schwarz einige, andere wieder silbern. Manche hatten auch einen Aalstrich längs über den Rücken, wie ihn auch das ausgestorbene europä-ische Urrind, das Auerrind, getragen haben soll. Ich konnte die Tiere nur mit Hilfe des Fernglases beobachten, denn sobald sie mich erblickten, stoben sie davon. Ein Beweis dafür, daß sie von den Siedlern gejagt werden. Während die Rinder geschlossen in einer Gruppe flohen, hatten die Pferde einen Anführer, der zwar das Signal zum Galoppieren gab, selbst jedoch sichernd stehen-blieb und erst später der Herde folgte, sie seitlich überholte und sich dann führend an die Spitze setzte.

Erst als ich oben angelangt war, begriff ich, daß ich mich wirklich auf einem Vulkan befand. Der Aufstieg hatte eher an eine vegetationsreiche Almlandschaft erinnert. Vom Kraterrand aus erblickte ich eine trogförmige Talsenke, auf deren Grund sich ein zweiter innerer Wall erhob. Dicke Qualmschwaden und Schwefel-ablagerungen markierten das aktive Zentrum des Vulkans. Natür-lich reizte es mich, dort hinunterzusteigen. Doch heute war es schon zu spät, also morgen! Vorerst mußte ich mich um ein

Nachtlager kümmern, denn wenn es zu dämmern beginnt, ist es nach wenigen Minuten schon stockdunkel. Ich fand eine Stelle, wo das Gras schütterer gewachsen war, und breitete Matte und Schlafsack aus. Als Regenschutz hatte ich nur eine Plastikplane dabei.

Im Schlafsack liegend, schaue ich nun die Flanke des Sierra Negra hinab. Wie anders ist doch dieser grüne Vulkan im Vergleich zu dem nackten ausgebrannten Aschevulkan von Fernandina. Schnell wird es dunkel. Ich kann nur noch schemenhafte Konturen erkennen. Auf dem Rücken liegend, strecke ich mich im Schlafsack aus und schaue nach oben. Kein Stern ist zu sehen, nicht wie auf Caamaño, wo sich fast jede Nacht über mir ein flimmerndes Sternenwunder ausbreitete. Dazu das laute Schniefen der Seelöwen und ihr Blöken und Bellen ... Meine Insel, schon jetzt sehne ich mich nach ihr, nach dem Tosen der Brandung und dem Geruch nach Meer und Unendlichkeit. Von Caamaño träumend, schlafe ich ein.

Platsch! Etwas klatscht in mein Gesicht. Schlaftrunken wische ich mit der Hand darüber. Da wieder! Dicke Regentropfen prasseln auf mich herab. Unwillig ziehe ich mir die Plastikplane über den Kopf. Unter meiner Matte scheint sich ein sprudelnder Bach seinen Weg zu bahnen. Es ist jedoch zu dunkel, mir einen neuen Platz zu suchen, und gewiß ist es überall gleich naß.

Im pitschnassen Schlafsack harre ich aus, bis es endlich hell wird, aber statt der ersehnten Sonne gibt es Nebel! Ich bibbere vor Kälte. Um mich aufzuwärmen, mache ich einen Dauerlauf auf dem Kraterrand. Den triefenden Schlafsack hänge ich über einen Busch, in der Hoffnung, daß er irgendwann trocken wird. Dann beginne ich mit dem Abstieg in den Krater. Ich bin überrascht, welch unglaubliche Vitalität die eigentlich tote, ausgebrannte Kraterwelt ausstrahlt. Da gibt es findlingsstarke Steinblöcke, die einmal durch die Luft gewirbelt wurden und jetzt, wie von Riesenhand geworfen, daliegen. Beeindruckend die Vielfalt der Lava, an deren Erstarrungsformen man ablesen kann, wie sie sich rotglühend die Abhänge hinabwälzte. Da gibt es Gesteine, die in der Hitze zu Staub zerbröckeln, und andere, in denen bunte Kristalle glitzern. Mir erscheint der Vulkan wie ein lebendiges Wesen, das sich mit urgewaltiger Schöpfungskraft selbst geschaffen hat. Und er lebt noch wirklich, der Vulkan. Er spuckt giftigen Atem aus, dampfende Fumarolen sprühen Rauchwolken in die Luft. Sie sind umgeben von dicken Schichten von Schwefelablagerungen. Tiere entdecke ich keine in diesem Loch zum Erdinneren. Doch einige Pflanzen, darunter ein zarter Frauenfarn, kämpfen um ihr Leben.

Ich gehe so, daß der Wind die giftigen Schwefeldämpfe von mir wegtreibt. Ganz nah trete ich an das aktive Zentrum des Vulkans heran. Welch bizarrer Eindruck! Es sind die Farben eines surrealistischen Gemäldes: schwarze Granitblöcke mit giftgelbem Schwefel bedeckt, darüber ein inzwischen tintenblauer Himmel. Aus fußballgroßen Löchern, die gespickt sind mit den schönsten Schwefelkristallen, strömt zischend das stinkende Gas.

Einstmals wurde der Schwefel hier abgebaut und nach dem Festland exportiert. Bis 1940 mußten hier Menschen unter lebensgefährlichen Bedingungen schuften, den Schwefel in Säcke füllen, die dann auf Maulesel geladen und zur Küste transportiert wurden. Es gab nicht den geringsten Atemschutz. Schon das tägliche Einatmen der Dämpfe, die das Schwefelgestein abgibt, verätzte die Lunge. Wenn aber der Wind drehte und die Giftwolke, die aus dem Kraterschlot hervorquoll, in Richtung der Bergarbeiter wehte, gab es keine Rettung mehr. In wenigen Minuten waren die Menschen tot.

Pulsierend wie Herzschläge werden weiße Wolken aus dem Schlot herausgepreßt. Sie sehen zwar aus wie harmloser Wasserdampf, doch halte ich lieber respektvollen Abstand.

Am nächsten Tag umwandere ich den Krater auf dem obersten Wall. Ich stelle fest, daß nur der Südhang grün und üppig ist. Die Nordseite ähnelt der Landschaft auf Fernandina. Bei der letzten Eruption im Jahr 1973 war hier ein glutflüssiger Lavastrom herabgeflossen, glücklicherweise auf dieser Seite, sonst wären San Tomás und vielleicht sogar Villamil vernichtet worden.

Von oben habe ich eine klare Sicht. Ich sehe im Westen Fernandina liegen und im Norden die anderen Vulkane von Isabela. Einer von ihnen, der Alcedo, ist berühmt dafür, daß in seinem Kraterinneren Elefantenschildkröten leben. Auch die anderen Vulkane – ganz im Süden der Cerro Azul, der Sierra Negra, auf dem ich stehe, dann der Alcedo und im Norden die Vulkane Darwin und Wolf – beherbergen Schildkröten. Fünf verschiedene Rassen sind es insgesamt. Diese Tatsache gibt zu der Vermutung Anlaß, daß Isabela ursprünglich keine zusammenhängende Insel war, sondern allmählich durch die Ausbrüche der fünf Vulkane zusammengewachsen ist. Erstaunlich, daß trotz der gefährlichen Vulkanausbrüche die Schildkröten überlebten.

Der Tag hat noch nicht begonnen, als ich mit dem Abstieg zu meiner „herzgrünen" Hütte beginne. Kein Laut durchdringt die Stille. Es ist kühl. Zwar hat es in dieser Nacht nicht geregnet, doch die Feuchtigkeit hat sich in Tropfen auf den Gräsern und auf meiner Plastikplane niedergelassen. Noch stehen die Sterne am Himmel, doch ein heller Streifen im Osten verkündet schon den kommenden Tag. Ich laufe durch hüfthohes Gras. Die nassen Gräser klatschen gegen meinen Körper. Völlig durchweicht rutsche und stolpere ich den Abhang hinunter.

Zu spät wird mir bewußt, daß ich mich verirrt habe. Ein Schauder überfällt mich, eine Ahnung von Gefahr – verirrt in dieser riesigen, weiten Landschaft! Alles sieht gleich aus. Die Pferde und Rinder haben zahllose Pfade in die Vegetation getreten. Unachtsam bin ich einem dieser Wege gefolgt. Ich mache kehrt und gehe zurück. Doch bald gabelt sich der Weg, und ich weiß nicht mehr, aus welcher Richtung ich gekommen bin. Es gibt keine auffälligen Landmarken, nach denen ich mich orientieren könnte. Überall nur das gleiche hohe Gras. Da, dieser Farn, bin ich an dem nicht zuvor schon vorbeigekommen? Und dort, der Busch, habe ich den nicht auch schon gesehen? Verwirrt bleibe ich stehen. Wohin nur soll ich jetzt gehen? Der Kompaß ist auch keine Hilfe. Da ich meinen jetzigen Standpunkt nicht kenne, ist es unmöglich, die genaue Marschrichtungszahl nach San Tomás anzupeilen. Und nur irgendwo die Südostküste zu erreichen ist lebensgefährlich. Außer der Ortschaft Villamil ist die Küste völlig unbesiedelt und wegen der zerrissenen, scharfkantigen Lavastruktur fast unbegehbar.

Nebel überfällt in dicken Schwaden den Vulkanhang, kriecht langsam die Flanke empor, hüllt sie ein. Ich sehe nichts mehr und habe das beängstigende Gefühl, überall könnten sich plötzlich unsichtbare Abgründe auftun. Es ist eine gespenstige Atmosphäre. Ich habe das Gefühl, wie blind in eine drohende Gefahr zu tappen. Auch die Geräusche werden fast völlig von den dicken Nebelschichten verschluckt.

Angst kriecht in mir hoch. Doch es ist eigenartig – die Angst, die eben noch drohte, mich wie irr in irgendeine verkehrte Richtung rasen zu lassen, wirkt nun wie ein Stärkungsmittel, wie ein Stimulans, das meine Vernunft aktiviert und all meine Kräfte in Bewegung setzt. Ich erlebe diese lebensrettende Hilfe durch die Angst nicht zum erstenmal. Es ist eine Erfahrung, vergleichbar mit dem hellen Licht eines Blitzes.

Im Bruchteil einer Sekunde erkenne ich, was zu tun ist, und plötzlich ist alles sehr leicht. Statt mich verwirrt vor, zurück, rechts oder links durch die Vegetation zu wühlen, gehe ich nun bedächtig und ruhig nach oben – wieder zum Kraterrand! Denn nur dort, am Ausgangspunkt, kann ich mich orientieren und dann den Abstieg noch einmal versuchen. Manchmal höre ich, wie Pferde und Rinder in wenigen Metern Entfernung vor mir flüchten. Sehen kann ich sie nicht. Nur selten reißen Sichtlöcher auf und geben kurzfristige Einblicke in die weite, grüne Hügellandschaft. Ich fühle mich nun ganz sicher. Mir kann nichts mehr passieren. In ein paar Stunden werde ich wieder dort stehen, wo ich am Morgen losgegangen bin. Vielleicht wird es dunkel, bevor ich das Dorf und meine Hütte erreiche, und mir steht eine unbequeme Nacht im nassen Schlafsack bevor, doch spätestens morgen bin ich in der Grünen-Herz-Hütte. Der Nebel kann mich, da ich mich nun sicher fühle, nicht mehr in Panik versetzen.

Dennoch, nicht umsonst ist er das Symbol für die totale Isolation des Menschen. Nur mit Mühe kann sich die Vernunft des Gefühls erwehren, überall Abgründe zu vermuten und unsichtbaren Kräften hilflos ausgeliefert zu sein.

Nach schier endlos scheinendem Aufsteigen durch scharfkantige Gräser und dampfend vor Feuchtigkeit, einer Mischung aus Schweiß und Nieselregen, sehe ich plötzlich tatsächlich einen Abgrund vor mir. Einen Moment bin ich völlig außer mir vor Schreck, dann erkenne ich, daß ich am Kraterrand stehe. Das Loch unter mir ist zum Teil auch mit Nebel angefüllt. In der Ferne sehe ich Fumarolen und Schwefelablagerungen, dort bin ich gestern abgestiegen. Na also, da bin ich gar nicht so verkehrt gegangen, bin nur schon viel östlicher, als ich vermutet hatte. Beim erneuten Abstiegsversuch behalte ich jetzt den Kompaß in der Hand und finde sogar meine ehemalige Aufstiegsroute wieder.

Endlich, kurz bevor es Nacht wird, erreiche ich tatsächlich die kleine Hütte. Mir fällt ein, daß ich den ganzen Tag noch nichts gegessen habe. Schnell lese ich ein paar am Boden liegende, reife Avocado-Früchte auf, aus denen ich einen Salat bereite. Ich beschließe, noch etwa zwei Wochen in der Hütte zu bleiben.

Die Siedler von San Tomás

Es gibt riesige Bäume in dem Wald am unteren Hang des Sierra Negra. Einer gefällt mir besonders. Er erinnert mich an den langgehegten Kindertraum, in einem Baum zu wohnen. Sonnenlicht fällt in kleinen Kringeln durch das von großen Blättern gebildete Laubdach. Das kurze melodische Liedchen des Goldwaldsängers ist der einzige Laut in diesem still verzauberten Wald. Auf der feuchten duftenden Erde liegen riesige dunkelbraune, raschelnde Blätter.

Bei meinem Umherstreifen entdecke ich zwischen Bananenstauden eine Hütte. Ein Mann, klein, stämmig, sonnenverbrannt, mit zerrissenen, über den Knien aufgekrempelten Hosen und einem verschwitzten, ausgeblichenen Hemd, tritt, eine große Machete geschultert, hinter einer Bananenpflanze hervor und spricht mich an. Er bittet mich näherzukommen, ihm die Ehre zu erweisen, mich in seinem Haus als Gast begrüßen zu dürfen. Ich folge gern seiner Einladung, die er in so ausgesucht höflichem Spanisch an mich richtet.

Die Hütte ist aus aneinandergenagelten Brettern gebaut. Das Dach besteht aus verbeultem Wellblech. Die Hütte ist so klein, daß ich mir kaum vorstellen kann, wie in ihr drei Erwachsene und acht Kinder Platz finden. Doch sie soll ja auch nur vor Regen schützen und als Nachtlager dienen. Tagsüber halten sich alle

Das Haus von José

unter dem Vorbau auf. Die Señora, eine wohlbeleibte, ältere Frau, liegt müßig schaukelnd in der Hängematte, umgeben von drei ihrer Enkel, die abwechselnd versuchen, in die Hängematte zu klettern, und regelmäßig wieder herauspurzeln. Die Großmutter läßt den Ansturm der kleinen Racker gutmütig über sich ergehen. Sie hilft ihnen aber auch nicht und denkt nicht daran, Platz zu machen.

Zwischen den Kindern wuseln drei kleine Schweinchen herum, jedes für sich eine Karikatur für ein Witzblatt. Ein etwa achtjähriges Mädchen kommt mit einer Milchflasche, in die eine Masse gefüllt ist, die aussieht wie roter Pudding oder rote Grütze, und reicht sie den wildquietschenden, sich gegenseitig wegschubsenden Schweinchen. Zwei kleine, reizende Mädchen, zwischen vier und sechs Jahren, mit blitzenden kohlschwarzen Augen, halblangen schwarzen Haaren, kullern und kugeln vor der Hütte im Staub herum. Dann bauen sie aus schmutzigen Decken unbestimmbarer Farbe ein Zelt, das immer wieder zusammenfällt. Vergnügt lachend winden sie sich unter dem Deckenwirrwarr hervor.

Die Mutter kocht Fleisch in verbeulten, schwarzen Töpfen über einem offenen Feuer. Als Ofen dient eine gefährlich ausgezackte, leere Benzintonne. An derben Eisenhaken hängen noch weitere Fleischstücke, von Fliegen umsurrt. Man habe Glück gehabt heute morgen und ein Rind geschossen, erzählt mir der Mann. Unter einer Ecke des Blechdaches steht noch eine verrostete Benzintonne. In ihr wird Regenwasser gesammelt. Zwar gibt es im Hochland Quellen, aber die Hütte ist zu weit davon entfernt, um den täglichen Wasserbedarf heranzuschleppen.

Ein unglaublich dünner Hund umschleicht die Hütte, angelockt von dem Fleischgeruch, und hofft bisher vergeblich, daß ein wenig für ihn abfällt. Neben der Hütte grasen zwei Esel, plötzlich wirft sich der eine auf den Boden und nimmt ein ausgiebiges Sandbad. Er wendet und dreht sich genußvoll, scharrt mit den Hinterhufen Sandwolken über seinen Körper. Nur für einen Augenblick lugt eine dicke große Sau durch die Bananenstauden. Vielleicht ist sie die ungetreue Mutter der drei Frischlinge.

Der Mann, José, stammt aus den Anden Ecuadors. Er ist mit siebzehn Jahren von zu Hause ausgerissen und ging in die große Stadt Guayaquil, denn er hatte gehört, daß es dort Arbeit gäbe. Doch er fand keine. Irgendwie schlug er sich durch. Eines Tages, als er halbverhungert, ziel- und hoffnungslos durch die Straßen irrte, sah er viele Menschen vor einer Tür stehen und warten. Man sagte ihm, daß junge starke Männer gesucht würden, die mit der Machete umzugehen wüßten. Ein gewisser Señor Gil in Isabela stelle diese Arbeiter ein. José reihte sich sofort in die Warteschlange ein, sein Name wurde in eine Liste geschrieben, und er war angenommen. José war glücklich. Endlich Arbeit! Er wußte nicht, wo das war – Isabela –, noch hatte er je von den Galapagos-Inseln gehört. Am anderen Tag schon befand er sich auf einem Schiff, das ihn weit weg brachte. Viele Tage war er unterwegs, auf dem kleinen Kutter, zusammengepfercht mit vielen anderen. Es gab kaum etwas zu essen. Aber richtig schlimm wurde es erst, als sie ankamen. Wie Sklaven mußten sie für Señor Gil schuften.

José fährt sich mit der Hand durch die noch immer schwarzen Haare: „Ja, schlimm war das damals, eine schwere Zeit, *muy duro*!" Mit Hacke und Machete mußten sie den Urwald roden, von Sonnenaufgang bis Sonnenuntergang. Als Bezahlung für die Knochenarbeit erhielten sie zu essen, wenig genug. Später bekamen sie Geldgutscheine, um im Dorfladen einzukaufen. Jedoch dieser Laden gehörte auch Señor Gil, und er bestimmte die Preise. Bald waren die Arbeiter über Monate hinaus verschuldet. Dieser Hölle entfliehen, aber wie? Niemand von den Arbeitern hatte Geld, um die Überfahrt zum Festland zu bezahlen. Heute sind alle Bauern frei, bearbeiten ihr eigenes Land, von dem sie gerade leben können.

„Ich besitze viel mehr Land, als ich bebauen kann", sagt José stolz. „Wozu mehr anpflanzen, als die Familie benötigt? Wir haben alles, was wir brauchen."

Von José erfahre ich auch, daß es früher eine Sträflingskolonie auf Isabela gab. „Das waren arme Menschen, denen ging es noch schlechter als uns", berichtete José. „Die mußten den Schwefel vom Vulkan holen. Viele sind dabei umgekommen. Auch vom Schwefelabbau hat Gil profitiert. Er war der Herr auf Isabela. Noch heute leben Nachfahren von ihm unten in Villamil. Reich sind die noch immer, doch mit uns können sie trotzdem nicht mehr machen, was sie wollen."

Noch auf einer anderen Insel von Galapagos, auf San Christóbal, gab es früher eine Sträflingskolonie. Was dort passiert war, hatte mir der Fischer Colón in Santa Cruz erzählt: „Da gab es diesen Mann, Manuel Cobos mit Namen. Für geringste Vergehen ließ er die Menschen zu Tode peitschen. Ja, schlimm war das. Die Sträflinge mußten Plantagen aus dem Urwald heraushacken. Mein Vater hat mir davon erzählt, aber er war kein Sträfling. Unsere Familie war immer arm, wir haben nie etwas Schlechtes getan. Cobos hatte wieder einen Sträfling zum Tode verurteilt. Aber dieser Mann war unschuldig und bei allen sehr beliebt. Da war das Maß voll. Ein Sträfling, dem Cobos vertraute und den er zu seiner Leibgarde erkoren hatte, schug dem Tyrannen die Machete in den Kopf. Doch Cobos war ein starker Mann – *un hombre muy fuerte"*, sagte der Fischer Colón, und in seiner Stimme schwang Bewunderung. „Trotz der tödlichen Verwundung zog Cobos seine Pistole", fährt der Fischer mit seinem Bericht fort, „doch bevor er schießen konnte, stürzte man ihn aus dem Fenster seines Hauses. Und unten fielen die Wartenden mit Macheten über ihn her. Die jahrelang angestaute Verzweiflung entlud sich in einer blutigen Raserei." Der Fischer schwieg, wie um die Bilder der Gewalt recht eindringlich wirken zu lassen.

„Und dann, was geschah, nachdem man Cobos umgebracht hatte?" fragte ich. Es klang wie ein Happy-End: Die rebellischen Sträflinge hätten sich nach der Bluttat mit einem Schiff an die Küste von Ecuador gerettet. Ihre Nachfahren lebten noch heute in der Ortschaft Esmeralda.

Ich bin noch immer in der Schutzhütte bei San Tomás. Der elfjährige Sohn von José besucht mich. Als ich am Abend schreibend am Tisch in meiner Hütte sitze, schaut er schüchtern

Der kleine José bei der Siesta.

durchs Fenster herein. Er verhält sich ganz ruhig, zufällig sehe ich ihn, als ich hochblicke. Ich frage, ob er hereinkommen will. Er nickt wortlos und bringt mir eine große Papayafrucht, die er selbst vom Baum gepflückt hat. Mit neugierigen Augen schaut er sich um. Besonders interessieren ihn die Fotoapparate.

„Machst du ein Foto von mir, wenn ich morgen die Kuh melke?" bittet er mich. Der Junge, der auch wie sein Vater José heißt, antwortet auf meine Frage, ob er am Vormittag denn nicht zur Schule gehen müsse: „Ach nein, jetzt sind doch Ferien!" Wann die Schule wieder beginne, will ich wissen. „In einem Jahr", antwortet der Junge. „Das kann doch nicht stimmen, so lange gibt's doch nirgendwo Ferien", wende ich ungläubig ein. „Doch, bei uns schon, aber vielleicht sind es auch nur acht Monate", beruhigt mich José.

Am nächsten Tag holt er mich ab. Wir laufen durch einen Wald mit eigenartigen Bäumen. Die Bäume haben keine Blätter, sind aber über und über mit Lianen, Moosen und Flechten behangen. José ist sehr erschrocken, als er die Kuh in Begleitung eines großen Stiers sieht. Der Stier hat Hörner, die wie Elfenbein schimmern. Lange getraut sich José nicht, das Gatter zu öffnen. Mit Steinchen und Holzstücken bewirft er den *toro* und ruft ihm viele böse Worte zu. Schließlich gelingt es ihm doch, die Kuh von der Nähe des gefährlichen Stiers wegzulocken. Doch nur wenig Milch befindet sich in dem schlaffen Euter der Kuh.

„Daran ist nur der dumme Stier schuld", jammert José. „Der hat die Kuh zu sehr aufgeregt, und nun wird meine Mutter schimpfen, daß ich so wenig Milch mitbringe."

Die Menschen von San Tomás sind mir gegenüber sehr freundlich und aufgeschlossen. Ich brauche mich nicht um Kontakt zu bemühen, sie kommen von selbst auf mich zu. Die Männer sprechen mich sofort an, wenn ich ihnen unterwegs bei meinen Spaziergängen begegne. Sie zeigen offen ihre Neugier, wollen wissen, warum ich mich in ihrer Ortschaft aufhalte. Die Frauen sind zurückhaltender. Wenn ich an ihren Hütten vorbeigehe, sitzen sie auf ihren Terrassen und antworten mit freundlichem Lächeln auf meinen Gruß.

Eine Frau, vielleicht so alt wie ich selbst, bittet mich in ihr Haus und bietet mir Kaffee an. Es ist ein großer, sauberer Raum, der Boden mit Holzdielen bedeckt. Er ist spärlich möbliert: ein Tisch, zwei Stühle und an der Wand Sitzbänke. Die Frau ist sehr schön, ich möchte sie immerfort anschauen. Sie hat klare Gesichtszüge, ruhige, dunkle Augen, schwarzglänzendes Haar, das straff nach hinten gekämmt und zusammengesteckt ist. Ihre Stimme hat einen tiefen, warmen Klang. Sie möchte wissen, woher ich komme und wie man dort lebt in meinem Land. Sehnsüchtig fragt sie mich aus. Sie möchte so gern auch einmal die großen Städte sehen. Sie sei auf Isabela geboren, und noch niemals in ihrem Leben habe sie die Insel verlassen: *„Nosotros somos de aquí. No sabemos como es la vida en el mundo –* Wir sind von hier. Wir wissen nicht, wie das Leben in der Welt ist", sagt sie bedauernd.

✡

Ein sanfter, leiser Regen fällt herab. Die Luft riecht frisch und rein, wie nach einer großen Wäsche. Von den Baumriesen hängen die Moospolster herab, dunkelgrün und schwer, vollgesogen mit Feuchtigkeit. Der Sommerwind streichelt angenehm warm die Haut. Üppiges Grün überall, saftig und regenfrisch. Ländliche Geräusche vermitteln Geborgenheit: Hähne krähen heiser, Glukken locken ihre Küken, Darwin-Finken tschilpen wie Spatzen, Zikaden und Heuschrecken zirpen unentwegt. In den Nachbargärten trocknet Wäsche auf der Leine. Ich fühle mich wohl hier. Gleichmäßig und ruhig vergehen die Tage. Ich gehe spazieren, plaudere mit den Siedlern oder sitze lesend im Garten oder auf der Terrasse meiner Hütte. Gerade als ich mich schon heimisch und fast zum Dorf dazugehörig fühle, verspüre ich wieder den Wunsch nach Veränderung. Das beste wird sein, ich gehe gleich morgen, denke ich.

Die Rückfahrt nach Villamil lege ich auf dem Anhänger eines Lastwagens zurück. Die Ladefläche ist mit Säcken vollgepackt, in denen sich Apfelsinen, Pampelmusen, Zitronen, Avocados, Bananen und Papayas befinden. Dicht aneinandergedrängt stehen dazwischen die Menschen, versuchen sich am Nachbarn festzuhalten und fallen lachend übereinander, wenn das Fahrzeug auf der unbefestigten Straße in tiefe Schlaglöcher holpert. Ein Mann hält drei lebende Hühner in der Hand, die er an den Füßen zusammengebunden hat. Das Gackern ist den Tieren vergangen. Still und leblos, nur mit dem geöffneten Schnabel nach Luft hechelnd, hängen sie mit dem Kopf nach unten. Unterwegs hält der Wagen oft an, und immer mehr Menschen und Waren werden heraufgereicht.

Ich sehe helles Licht über dem Meer leuchten. Nach den Tagen im grünfeuchten Hochland blendet mich der weiße Sand, und unwirklich erscheint mir das türkisblaue Meer mit seinen weißen Schaumkronen. Es ist sehr viel, zuviel Licht hier unten. Hart sind die Kontraste. Ich beschließe, mit dem nächsten Postschiff nach Santa Cruz zurückzukehren.

Eine erschreckende, unglaubliche Nachricht bricht in die Oasen-
abgeschiedenheit von Villamil ein: Es ist Krieg! Krieg mit Peru.
Niemand weiß genau, was passiert ist. Alle müssen sich in
Bereitschaft halten. Ich darf vorerst nicht nach Santa Cruz zurück.
Die jungen Männer von Villamil üben am Strand den Krieg, sie
marschieren in geschlossener Formation, werfen sich in den Sand,
robben an unsichtbare Gegner heran, schreien: „Tod den Perua-
nern!" Es sieht so aus, als würden Kinder Krieg spielen. Die
jungen Männer erklären mit leuchtenden Augen, sie seien bereit,
ihre Heimat zu verteidigen, mit Haut und Haar, notfalls mit ihrem
Leben. Peru, das ist der Feind! Er muß vernichtet werden! Sie
besitzen noch keine Waffen, aber viele haben ihre Macheten
mitgebracht, andere improvisieren mit Holzknüppeln. Sie können
ihre Freude nicht verbergen, daß endlich etwas passiert, daß sie
etwas erleben können. Vielleicht bringt sie schon bald ein Schiff
zum Festland. Sie werden die Welt sehen! Nachts stehen sie noch
lange auf den Straßen zusammen, debattieren mit großartigen
Gesten. Eine Bierflasche kreist in der Runde. Der Verkauf von
Alkohol ist zwar seit der Ausrufung des Ausnahmezustandes
streng verboten, dennoch, ein paar Flaschen konnten sich die
Männer besorgen. Die Nacht ist warm. Sanft streichelt der
Seewind meine Haut. Eine Sternschnuppe pflügt eine helle Spur
quer über den blauschwarzen Nachthimmel. Es ist Krieg, das
klingt so irreal und ist dennoch wahr. Statt erschrocken zu sein,
statt sich zu verweigern, reagieren die Menschen mit erwartungs-
voller Erregung.

Später erfahre ich, daß es sich um Grenzstreitigkeiten gehandelt
hatte, die zum Glück bald beigelegt wurden. Keiner der Bewohner
von Galapagos mußte in den Krieg ziehen. Jedoch andere junge
Männer, die gerade ihren Armeedienst ableisteten, wurden bei
den Auseinandersetzungen getötet. Es geht um ein Gebiet, das
1941 von Peru erobert worden war und das Ecuador offiziell im
Vertrag von Rio de Janeiro abtreten mußte. In Ecuador hat man
sich jedoch mit dem Verlust dieses Gebietes, welches das Territorium um fast ein Drittel verkleinerte, nie abgefunden. Noch

immer wird das verlorene Land als ecuadorianisches Hoheitsgebiet betrachtet. Jeder Schüler lernt im Geographieunterricht andere Grenzen, als die in den internationalen Karten angegebenen. Auf ecuadorianischen Karten ist das umstrittene Gebiet als gepunktete Linie gekennzeichnet. Seit Erdöl in dieser Region gefunden wurde, schmerzt der Verlust noch mehr, und immer wieder entbrennen blutige Grenzstreitigkeiten.

Um die Wartezeit zu nutzen, bis wieder Schiffe fahren dürfen, mache ich lange Spaziergänge an der Küste. Isabela besitzt etwas, was es auf Galapagos sehr selten gibt: einen kilometerlangen, feinkörnigen Sandstrand. Weiß und sauber erstreckt er sich in völliger Einsamkeit. Es leben kaum Tiere hier. Die großen Tierkolonien befinden sich nur an den Felsenküsten. Doch wenn der Vollmond scheint, steigen die Seeschildkröten aus dem Wasser. Langsam, eine tiefe Schleifspur hinterlassend, kriechen die

Der Sandstrand von Isabela ist noch einsam und unberührt.

schweren Tiere den Strand hinauf und vergraben im Sand ihre tennisballgroßen weißen Eier.

Einige Leute in Ecuador waren der Meinung, so ein herrlicher weißer, sauberer Sandstrand dürfe nicht ungenutzt bleiben. Welche Bereicherung für Galapagos, wenn an diesem Strand sich Touristen tummeln würden! Villamil, diese verschlafene Ortschaft am Ende der Welt würde aufblühen. Die Menschen bekämen Arbeit – als Eisverkäufer und Sonnenschirmverleiher. Jede Menge Hotels und Restaurants müßten gebaut werden. Das würde Arbeitsplätze schaffen, nicht nur für die Menschen von Villamil, junge Menschen von ganz Galapagos könnten dann Arbeit finden. Eine phantastische Zukunft stehe Galapagos bevor.

Das Projekt wurde vor allem von den Verantwortlichen der INGALA, dem nationalen Galapagos-Institut, gefördert. Dieses Institut wurde von der ecuadorianischen Regierung gegründet, zum Zwecke der Koordination zwischen den Interessen des Nationalparks und den Siedlern. Die INGALA soll also die Lebensbedingungen der Menschen auf den Inseln verbessern helfen, jedoch ohne, so wurde es formuliert, dem Naturschutz zu schaden. Doch werden dem Nationalpark nur geringe Geldmittel zur Verfügung gestellt. Es wäre zum Beispiel dringend notwendig, weitere Parkwächter anzustellen, die Mitarbeiter besser auszubilden und zu schulen, ganz zu schweigen von den Schiffen, die ständig unterwegs sein müßten, um die Inseln regelmäßig zu kontrollieren. Auch die Darwin-Station leidet unter chronischem Geldmangel. Oft müssen die Angestellten monatelang auf ihr Gehalt warten, Don Ramos erzählte mir, daß er fünf Monate lang kein Geld bekommen hat.

Die einzigen, denen Geld im Überfluß zur Verfügung steht, sind die INGALA-Leute. Die Konten werden aus verschiedenen Quellen gespeist, Geschäftsleute legen ihr Geld an, um durch Investitionen an der zukünftigen Entwicklung von Galapagos zu verdienen. Um die schwerreichen Touristen aus aller Welt, vor allem aus den USA und aus Westdeutschland, an den „Goldstrand" von Isabela zu locken, sollte neben den geplanten Hotels und Restaurants in Isabela ein Flughafen gebaut werden. Denn man wollte den Touristen den langen umständlichen Anfahrtsweg von Baltra – mit der Fähre über den Kanal – mit Fahrzeugen nach Puerto Ayora – mit einem Schiff nach Villamil – ersparen und den Touristenstrom schön bequem gleich nach Isabela lenken. Die Fundamente des Flughafens hatte man schon ausgehoben. Dann wurde der Weiterbau vorläufig gestoppt. Die einen sagen, weil man einsah, daß das geplante Projekt die Insel zerstören würde, die anderen behaupten, weil es Schwierigkeiten bei der Errichtung des Flughafens gegeben habe. Nein! Keine Demonstration von Flughafengegnern – sondern ein Wassereinbruch!

Ich lasse mir die Richtung zeigen und mache mich auf den Weg zur Baustelle des vorläufig noch verhinderten Flughafens. Es ist glühend heiß! Nirgendwo Schatten. Die Lava ist rostbraun, verwittert und scharfkantig. Dann sehe ich eine plattgewalzte Piste. Geschäftig fahren Lastkraftwagen, Bagger und Raupen umher, transportieren Material oder schieben Lavageröll beiseite. Es sieht aus, als würde dennoch weitergebaut, mit der vielleicht nicht unbegründeten Hoffnung, früher oder später doch noch die offizielle Erlaubnis zu erhalten. Neugierig befrage ich die ecuadorianischen Fahrer der Maschinen, erhalte jedoch keine Auskunft.

Nach Villamil gehe ich am Meer zurück. Dort, wo die Wellen den Sand naßlecken, läuft eine Gruppe Regenpfeifer entlang. Wie mit einem Schlüssel aufgezogene Spielzeugfiguren, trippeln sie emsig auf ihren winzigen Füßchen daher. Wenn eine Welle einmal höher als erwartet über den Sand spült, springen sie wie Bällchen mit putzigen Sprüngen empor, um nicht naßgespritzt zu werden. Ornithologen haben entdeckt, daß die Regenpfeifer eine besondere Fangmethode anwenden. Sie stellen einen Fuß leicht auf den Boden und bringen ihn in zitternde Schwingung, das sogenannte „Fußtrillern". Dadurch wird der Boden in leichte Vibration versetzt. Den Lebewesen im feuchten Sand, zum Beispiel den kleinen Würmern, behagt dieses Zittern und Beben überhaupt nicht. Irritiert kommen sie herausgekrochen und werden vom Regenpfeifer blitzschnell gepackt und verschlungen.

Hinter den Dünen entdecke ich eine Lagune. Rosarote Flamingos waten auf ihren langen Beinen durch das kristallklare Wasser. Die elfenartigen Gestalten wirken wie exotische Fremdlinge. Tatsächlich sind sie von Mittelamerika gekommen, um auf den Inseln zu brüten. Aus Schlamm und Schlick bauen sie turmartige Gebilde, in deren Innerem sich die Nestmulde befindet. Flamingos könnten ohne Salzlagunen nicht existieren. In diesen fangen sie kleine Krebstierchen. Der Schnabel, mit Lamellen versehen, funktioniert wie ein Sieb, mit dem sie die millimeterkleinen Krebschen aus dem Wasser und dem Schlick herausseihen. Diese Krebse enthalten einen roten Farbstoff, der sich in den Federn der Flamingos einlagert und ihnen die rötliche Farbe verleiht. Hoheitsvoll schreiten sie auf ihren Stelzen durch die Lagune,

Der Dorffriedhof von Villamil erzählt die Besiedlungsgeschichte von Isabela.

bleiben nach wenigen Schritten stehen und senken den schönen langen Hals zum Wasser. Es sind sehr scheue Tiere. Ich möchte noch näher an sie heran, um sie zu fotografieren, doch bereits bei einer Entfernung von zwanzig Metern fliegen sie auf und landen am entgegengesetzten Ufer.

Direkt am Strand, drei Kilometer von Villamil entfernt, liegt der Dorffriedhof. Ich öffne ein aus Ästen gefertigtes Tor und trete ein. Es gibt Gräber mit einfachen Holzkreuzen, manche schon schräg dem Erdboden entgegengesunken und andere mit aus Steinen gemauerten Aufbauten. Selten scheinen Menschen diesen stillen, mit Sand verwehten Friedhof zu besuchen. Es gibt keine Blumen und Pflanzen, die man hegen und pflegen müßte. In der Sonnenglut und dem heißen Sand wären sie in wenigen Stunden vertrocknet.

Ich versuche die Meinung der Frauen über den Krieg mit Peru zu erfahren. Es ist kaum möglich, sie zu einer Äußerung zu bewegen, selbst dann nicht, wenn ihre Männer nicht dabei sind. Entweder behaupten die Frauen, sie könnten dazu nichts sagen, das sei Männersache, oder sie versuchen mir eine Antwort zu geben, von der sie annehmen, daß sie mir gefällt. Nur eine Frau sagt spontan: „Wenn die Peruaner nach Isabela kommen, greifen auch wir Frauen zu den Waffen!"

Als Tourist auf Kreuzfahrt

Endlich dürfen wieder Schiffe fahren. Im Hafen ankert ein als Touristenboot umgebauter Fischkutter. Gabriel, der Kapitän des Bootes, hat nichts dagegen, daß ich mitfahre. Auch Ricardo, der Reiseleiter, und die fünf amerikanischen Touristen sind einverstanden. Sie fahren jedoch nicht sofort nach Santa Cruz, sondern haben noch eine siebentägige Kreuzfahrt von Insel zu Insel vor sich.

Eigentlich habe ich ja keine Lust, eine Touristenreise mitzumachen, doch die Amerikaner begrüßen mich so spontan und freundlich, als wären wir schon alte Bekannte, daß meine Bedenken schwinden. Da sind Mary und Kevin, ein junges Paar auf ihrer *honeymoon*-Reise. Kevin ist lang, dürr und eckig, immer nervös und aufgeregt, mit einer blonden Igelbürste. Er ist rührend um Mary besorgt. Sie ist das absolute Gegenteil von ihm: rotbackig, rund, phlegmatisch. Die anderen drei sind ein älteres Ehepaar – John und Susan – mit ihrem zwanzigjährigen Sohn Bob.

Es ist wenig Platz auf dem Kutter, wo wir tagsüber schutzlos der Sonne ausgeliefert sind. Unter Deck befinden sich die sargähnlichen Kojen. Einerseits sind die Amerikaner entzückt über die ihnen abenteuerlich erscheinende Unbequemlichkeit der Reise, andererseits klagen sie über den fehlenden Komfort. Den zwei Frauen fällt es schwer, sich mit der primitiven Waschmöglichkeit abzufinden – einem Eimer mit Meerwasser. Wenn Ricardo das Steuer übernimmt, kocht Gabriel für uns. Es schmeckt immer köstlich – vorausgesetzt, man mag Fisch!

Man kann Rundreisen auch auf der *Calicuchima* buchen, einem der großen Dampfer, die siebzig und mehr Passagiere an Bord nehmen und wo es Einzelkabinen, Duschen, Tanzabende und Diavorträge gibt. Doch unsere Reise ist eindeutig individueller. Natürlich können auch wir nur an den erlaubten Stellen an Land gehen und dürfen die mit kleinen Holzpfählen markierten Wege nicht verlassen, doch wir haben mehr Zeit. Ricardo und Gabriel haben Verständnis, wenn wir mal erst bei Dämmerung zurück an Bord kommen.

Die anderen finden uneingeschränkt alles *beautiful, marvellous, incredible,* doch in Wirklichkeit ist ihr Interesse an Galapagos bald erschöpft. Es strengt sie an, in der Hitze über die Lava zu laufen und immer wieder Tiere anzuschauen. Bei den Landausflügen drängen sie deshalb auf schnelle Rückkehr. Sind sie jedoch an Bord des kleinen Kutters, wissen sie auch nicht so recht, was sie tun sollen. Bob sagt deutlich, was er denkt: „*Always sealions and birds* – immer nur Seelöwen und Vögel! Gibt es hier denn gar nichts Spektakuläres?" Nach einigen Tagen wandert Ricardo meist nur noch mit John, Susan und mir die Küsten entlang. Die anderen bleiben zurück an Bord und lesen. Als ausgebildeter Touristenführer gibt Ricardo sich redlich Mühe, doch niemand interessiert sich so richtig für seine lehrreichen Erläuterungen. Er geht auch auf die Wünsche der Gruppe ein und versucht die Reise in deren Sinn abwechslungsreich zu gestalten. Er führt uns zu Sandstränden, wo wir baden können, und zeigt uns Stellen, die besonders gut zum Schnorcheln geeignet sind. Die Inseln und ihre Tierwelt werden nur noch als Kulisse betrachtet. Ich denke mir, daß die fünf überall hätten hinfahren können, wenn sie baden, schnorcheln und sich amüsieren wollten, warum aber ausgerechnet nach Galapagos? Das Zusammensein mit ihnen schränkt auch meine Erlebnisfähigkeit ein. Wahrscheinlich läßt ihr Desinteresse auch bei mir keine tieferen Gefühle und Empfindungen zu.

Dennoch bereue ich nicht, an der Rundreise teilgenommen zu haben. Auch wenn die Erlebnisse oberflächlich bleiben, lerne ich doch einen Großteil des Archipels kennen. Mir wird deutlich, wie verschieden die Inseln sind. Jede Insel ist eine Welt für sich, obwohl sie alle aus Lavagestein bestehen und auf allen ähnliche klimatische Bedingungen herrschen. Daher, so könnte man erwarten, müßten überall die gleichen Tiere und Pflanzen vorkommen. Einige Arten trifft man tatsächlich überall an, zum Beispiel die roten Klippenkrabben. Auch Seelöwen sieht man sehr häufig. Andere Tierarten gibt es jedoch nur auf jeweils ganz bestimmten Inseln. Die Pinguine und stummelflügligen Kormorane finden wir nur an der Küste von Fernandina und Isabela. Rotfußtölpel gibt es auf Genovesa. Albatrosse nur auf Española. Fregattvögel sehen wir zwar fast immer, wenn wir zum Himmel schauen, doch sie brüten vor allem auf Isabela. Auf jedem Eiland haben sich ganz spezielle Tier- und Pflanzengemeinschaften aneinander angepaßt. Am meisten beeindruckt mich auf dieser Rundfahrt Bartolomé. Die Tierwelt steht auf dieser Insel nicht im Mittelpunkt, dafür findet man vielfältige Lavaformen. Als sei Brei aus gigantischen Kesseln übergekocht, ist die zähflüssige Lava über die Insel geflossen und erstarrt; eine Mondlandschaft mit schwarzen Schlackebergen und rostroten Vulkankegeln.

Wir ankern in der Sullivan Bay, ein abgesunkener Vulkan. Ein Teil des ehemaligen Kraterrandes ist in Form eines dreieckigen Turmes noch zu sehen. Während die anderen sich am Strand und im Wasser tummeln, besteige ich einen der vielen kleinen Vulkankegel dieser Insel. Der Hang ist mit weißlichen, flechtenartigen Tiquiliapflanzen bewachsen, die ihren Wasserbedarf nur durch die Morgenfeuchtigkeit decken können. Von oben bietet sich mir eine eindrucksvolle Landschaft. Das glutflüssige Erdinnere hat sich nach außen gekehrt und eine schorfige, lebensfeindliche Fläche gebildet. Die rotbraunen Vulkane mit ihren kreisrunden Kratern sehen so frisch aus, als wollten sie immer noch Feuer speien. Ein goldgelber Strand umläuft die Sullivan Bay. Ich fühle mich wohl hier oben. Wieder ist es ein Erleben von Zeitlosigkeit. Endlose Halden brauner Schlacke, verwitterte, geborstene Lavaströme, von Sonne und Wind zernagt. Eine Landschaft, die Endgültigkeit und Unwiderruflichkeit verkörpert, die gleichwohl Anfang und Ende symbolisiert.

Mary ist diesmal zum Landausflug mitgekommen, weil Ricardo ihr einen „Superstrand" versprochen hat. Als er beobachtet, daß sie Steine sammelt und in die Tasche steckt, macht er sie darauf aufmerksam, daß das verboten ist. „Nichts, nicht mal eine Vogelfeder oder eine Muschel darfst du von der Insel mitnehmen", sagt er höflich. Mary, die sonst nicht aus ihrer sonnigen Ruhe zu bringen ist, empört sich: „Was! So ein Theater wegen ein paar Steinen?" Ricardo erklärt, daß es nicht nur um die paar Lavabrocken gehe, die sie eingesteckt hat, sondern um die vielen, wenn jeder Tourist dasselbe tun würde wie sie. Doch Mary ist verärgert und will nicht verstehen.

Am Abend, als die Amerikaner bereits unter Deck sind und ich mit Ricardo noch am Bug des Schiffes sitze, bricht es plötzlich wütend aus ihm hervor: „Meinetwegen können sie soviel Lava mitschleppen, wie sie wollen, mir ist das doch egal! Ich bin doch kein Polizist, der ihre Taschen kontrolliert. Das ganze Leben lang

*Die Vulkanlandschaft der Insel Bartolomé ist ungeheuer ein-
drucksvoll.*

Touristen über die Inseln führen, immer das gleiche erzählen, und
niemand hört dir zu! Ich kann dir gar nicht sagen, wie mich das
anstinkt. Doch wovon soll ich denn sonst leben? Wieder Fischer
werden wie mein Vater oder mich im verseuchten Hochland
totschuften? Ich sage dir, für uns Galapagonesen sind diese
Scheißinseln das Gegenteil von einem Paradies!"

Eine Nacht und noch einen Tag sind wir unterwegs, bis wir die
ganz im Süden gelegene Insel Española erreichen. Während die
anderen Inseln aus einem Vulkankegel bestehen, ist Española
flach und sonnenverbrannt. Kaum zweihundert Meter erhebt sie
sich über dem Meer. Bewachsen ist sie mit spärlicher Vegetation

aus blattlosen Palo-Santo-Bäumen, den Opuntien-Baumkakteen und den kerzenförmigen Kandelaberkakteen.

Sie ist die Brutinsel der Albatrosse. Nirgendwo auf der Erde außer auf Española haben diese großen Vögel sonst noch einen Brutplatz. Dafür sind es aber auch mehr als zehntausend Brutpaare, die sich ab März jährlich hier versammeln. Die Galapagos-Albatrosse mit einer Flügelspannweite über zwei Meter verbringen einen Großteil ihres Lebens in der Luft. Sie beherrschen die Kunst, stundenlang ohne einen einzigen Flügelschlag zu segeln. Von den Aufwinden lassen sie sich emportragen, ohne selbst Energie zu verbrauchen. Geschickt nutzen sie die Luftströmungen über der windbewegten Meeresoberfläche aus. Fliegen die Albatrosse mit dem Wind, so verlieren sie an Höhe, die sie wieder gewinnen, wenn sie gegen den Wind kreuzen. Gewaltige Entfernungen können sie bei ihren Flügen zurücklegen. Man vermutet, daß die Albatrosse sich Tage, sogar Wochen ununterbrochen in der Luft aufhalten. Ihre Nahrung holen sie sich vom Meer. Ihre Lieblingsspeise sind Tintenfische, die nachts gern an der Meeresoberfläche treiben. Dreizehn Albatrosarten befliegen die Meere. Alle bevorzugen sie einsame Inseln als Brutplätze.

Ich sehe die ersten Albatrosse. Sie sind größer, als ich sie mir vorgestellt hatte, und sehen aus wie truthahngroße Riesenmöwen. Kopf und Hals sind weiß, der übrige Körper ist graubraun gefiedert. Sehr erheiternd wirkt auf mich das Balzspiel dieser Tiere. Die Partner stehen sich nahe gegenüber und schlagen die Schnäbel wie bei einem bühnenreifen Scheingefecht gegeneinander. Laute, hölzerne Töne sind zu hören. Ruckartig hören sie auf, richten Kopf und Hals steil zum Himmel hinauf und brechen in trompetenartiges Jaulen aus, dann folgt wieder klapperndes Schnabelfechten. Auf ein geheimes Kommando stoppen beide und zeigen demonstrativ mit dem Schnabel auf den Boden, als wollten sie sich mitteilen: Hier und nirgendwo anders werden wir unser Nest bauen. Danach beginnen sie wieder von vorn. Stundenlang beschäftigen sich die Partner mit diesem Spiel. Erst wenn die Abfolge der einzelnen Figuren ohne Stocken läuft, sind sie brutfähig. Ende April legen die Galapagos-Albatrosse ein weißes Ei. Die Jungvögel werden von den Eltern mit einer ölhaltigen Flüssigkeit gefüttert, die im Magen gebildet wird. Erst im Januar sind die jungen Albatrosse so weit entwickelt, daß sie die Brutkolonie verlassen können. Von Januar bis März findet man dann keinen einzigen Albatros mehr auf Española.

Die jungen Albatrosse sind von beeindruckender Häßlichkeit. Sie sind so häßlich, daß sie mich zum Lachen reizen. Diese großen, dicken Kerle mit dem braunen Babyflaum taufe ich „Dodos". Sie sehen verquer aus, wie schlecht ausgestopfte Museumsstücke. Komme ich den Riesenbabys zu nahe, sperren sie drohend den Schnabel auf und zischen mir entgegen wie eine otterngefüllte Schlangengrube. Doch das ist alles nur blinder Alarm. Ernsthaft verteidigen können sie sich nicht. Einem Feind sind sie hilflos ausgeliefert. Zum Glück für die „Dodos" gibt es auf der Insel keine Feinde.

Überrascht bin ich, als ich die ersten Meerechsen von Española erblicke. Sie sehen aus wie mit Farbe bemalt: Der Rücken und die Füße sind giftgrün, die Flanken blutrot. Vielleicht weil ich mich so intensiv mit „meinen" Echsen beschäftigt habe und an ihr schwarzes Aussehen gewöhnt bin, kommen mir diese leuchtfarbenen Echsen total unecht vor.

Am Abend bestürmen mich die Touristen mit der Frage: „Warum sind die Meerechsen auf Española bunt?" Eine scheinbar einfache Frage. Schließlich bin ich Biologin, da soll ich ihnen nun schnell mal eine Antwort geben, und das möglichst knapp, in einem Satz.

Ich beginne etwas zögernd: „Also, ein Männchen, das sich durch auffällige Farben unter den vielen Rivalen heraushebt, hat größere Chancen bei der Partnerwahl und dadurch mehr Nachkommen, so setzt sich das Merkmal ‚bunt' allmählich durch." Uff, tatsächlich nur ein Satz und eigentlich recht simpel und einleuchtend, weil ich nicht erwähnt habe, wie unbeweisbar diese ganze schöne Theorie ist. Denn kein Mensch lebt so lange, um der Evolution bei ihrem Spiel zuzuschauen. Doch einen Hinweis gibt es, nämlich: „Nur zur Fortpflanzungszeit sind die Española-Meerechsen rot-grün gefärbt."

Jetzt soll bloß niemand fragen, so hoffe ich, warum die Echsen auf den anderen Inseln nicht ebenfalls mit einem plakatfarbenen Hochzeitskleid um die Weibchen werben.

Abschied von Galapagos

Zurück in Santa Cruz erfahre ich, daß die kriegerischen Auseinandersetzungen mit Peru inzwischen auf diplomatischem Weg geregelt worden sind, doch noch immer befinden sich an vielen Häuserwänden Parolen, die den „peruanischen Teufeln" den Tod wünschen: *Muerte a los diablos peruanos!*

Ich fühle mich zerrissen von dem Zwiespalt, daß ich mich zutiefst verbunden fühle mit einem Galapagos, wie ich es auf Caamaño, in Punta Nuñez und auf den Vulkanen Fernandina und Sierra Negra erlebt habe, und daß ich dieses Galapagos eigentlich nicht verlassen möchte. Andererseits ist unter dem Eindruck der touristischen Rundreise und der kriegerischen Atmosphäre der Wunsch entstanden, von diesem anderen Galapagos so schnell wie möglich wegzugehen. Zurück nach Deutschland? Ich kann mir nicht vorstellen, wie ich nach diesem Jahr wieder dort leben soll. Wie soll ich mich wohl fühlen in einer vom Menschen gestalteten Umwelt, zwischen Hochhäusern, im Verkehrslärm? Überhaupt dieses ganze genormte Leben, die durchhasteten Stunden und Tage . . ., doch vielleicht gewöhne ich mich ja wieder daran.

Aber eines weiß ich gewiß: In meinem Beruf als Biologin werde ich nicht weiterarbeiten. Zu deutlich ist mir meine fragwürdige Rolle geworden, die ich als Wissenschaftlerin gespielt habe. Auf Galapagos hat sie mir persönlich dazu verholfen, ein Jahr lang eine Idylle zu erleben, mich verzaubern zu lassen und mich der Illusion hinzugeben, ein Teil der Natur zu sein. Doch ich habe es auf Kosten der Meerechsen getan, gerade dieser Tiere, die die Friedfertigkeit und das zeitlos paradiesische Leben am vollkommensten verkörpern. Ausgerechnet diese Tiere mußte ich mit meinen Fang- und Meßaktionen verstören und belästigen. Da ich nun einmal diese viele Daten gesammelt habe, werde ich sie auch auswerten und zu einer Arbeit zusammenstellen. Diese Arbeit wird zugleich der Abschluß meiner Tätigkeit als Biologin sein, denn ich kann nicht länger etwas tun, dessen Sinn und Nutzen ich nicht sehe. Und erst recht könnte ich es nicht mehr verantworten, Tiere in Gefangenschaft zu halten und womöglich sogar mit ihnen zu experimentieren. Während meines Aufenthaltes auf Galapagos habe ich eine Lebensmöglichkeit erfahren, die mir besser gefällt.

Dennoch will und kann ich nicht einfach hierbleiben. Ich werde nach Deutschland zurückkehren und versuchen, eine Aufgabe zu finden, die mir sinnvoll erscheint. Ich will mich bemühen, so wach, offen und sensibel zu bleiben, wie Galapagos es mich gelehrt hat, und mich nicht mehr von Gewohnheiten einlullen, von Alltäglichkeiten verschlingen zu lassen. Nie werde ich den Ton der tosenden Brandung aus dem Ohr verlieren, und die Sonnenuntergänge werden mir fehlen. Ja, und die Wasserbecken mit den wimmelnden bunten Meereslebewesen, wie könnte ich die vergessen, und die Muräne und meinen Hai. Oder die neugierigen Seelöwenjungen und meine Meerechsen, diese urweltlichen Kreaturen, die mich lehrten, den Rhythmus des Lebens zu erfühlen. Und die Abende im Licht der Petroleumlampe, die schimmernden Sterne über mir und die Nächte im Zelt, wenn die Seelöwen ihre Konzerte gaben. Sehnsucht werde ich haben nach meinem Galapagos, doch die Erinnerung trage ich in mir.

Nachdem ich die Rückkehr beschlossen habe, möchte ich sofort losfliegen. Doch die Flüge sind wegen des vorherigen Flugstopps auf Tage hinaus ausgebucht. Im *Dormitorio* der Station kann ich nicht mehr wohnen, da meine Arbeit offiziell beendet ist. Die Ortschaft Puerto Ayora ist mir jedoch zu betriebsam. Erst recht habe ich keine Lust, in eines dieser Hotels zu gehen. Ich überlege einen Moment, ob ich mich für ein paar Tage nach Caamaño übersetzen lassen soll. Irgendeine Begründung, um die Erlaubnis vom Nationalpark zu bekommen, würde sich schon finden. Doch ich verwerfe den Wunsch sofort. Es würde den Abschied nur noch schwerer machen.

In diesem Augenblick, als ich so ratlos herumlaufe und nichts mit mir anzufangen weiß, begegnet mir Steve. Er ist Amerikaner, doch auf Galapagos geboren und aufgewachsen und betrachtet die Inseln als seine Heimat. Er bietet mir spontan an, die Zeit bis zum Abflug in seiner Farm im Hochland zu verbringen. Seine Familie lebt wegen des gesünderen Klimas an der Küste, so steht mir die Hütte auf seiner Farm zur freien Verfügung. Sein großzügiges Angebot erweist sich als die beste Hilfe. Ich lasse mich im TAME-Büro auf die Flugwarteliste setzen. Sobald für mich ein Flugtermin frei ist, will Steve mir Nachricht geben.

Die Farm von Steve ist riesengroß. Auf den Wiesen, auf denen die vielen Rinder und einige Pferde frei und ohne Aufsicht weiden, leben auch Elefantenschildkröten. Silberreiher schreiten durch das taufrische Gras und sammeln sich abends wie riesige exotische Blüten in den Baumkronen. Goldwaldsänger und Robintyrannen schwirren durch die Luft, und im Geräteschuppen lebt eine Schleiereule. Ich darf mir eines der Pferde ausleihen und so lange und so oft ich mag ausreiten. Mit Maracujas, Apfelsinen, Papayas, Ananas, Bananen und Avocados kann ich mich aus den Anpflanzungen versorgen. Ein Hund leistet mir Gesellschaft, und die Hühner, die ihr Futter selbst im Wald suchen, spenden mir reichlich Eier.

Wenn ich im Morgentau durch die Wiesen reite und nach den ersten warmen Strahlen die Kolosse der Riesenschildkröten durchs Gras walzen und sich später zusammen mit den Kühen im Tümpel suhlen sehe, durchdringt mich ein Glücksgefühl. Hier vermittelt Galapagos wieder die Ahnung von einem Leben ohne Schmerz und Trauer, von einer Welt, wo die Lebewesen in Eintracht vertrauensvoll miteinander leben.

Schon seit zehn Tagen bin ich auf der Farm. Wieder ist der Wunsch groß, einfach dazubleiben. Vielleicht werde ich in meinem Leben nie wieder so glücklich sein ...

Derek, der hier Gitarre spielt, stellt wie alle Siedler kaum An-
sprüche an Bequemlichkeit und Komfort.

Doch am nächsten Tag kommt Steve und bringt mir die
Nachricht, daß morgen ein Platz für mich im Flugzeug frei sei. Er
hat seinen Freund Derek, den Wissenschaftler, der die Seeschildkröten erforscht, mitgebracht. Wir fangen drei Pferde ein und
reiten ungesattelt über die Farm. Steve will schauen, ob alles in
Ordnung ist.

Später macht Derek sich ans Holzhacken. Wir brauchen Feuer-
holz zum Kochen. Steve legt sich derweil in die Hängematte und
spielt Flöte. Später leistet Derek ihm Gesellschaft und klimpert auf

seiner Gitarre. Der Hund hat sich zusammengerollt, die Schnauze unter den Schwanz gesteckt. Zahlreich finden sich die sonst verstreut im Wald lebenden Hühner ein, mit der Hoffnung auf ein paar Körner.

Wir sprechen nicht von meinem Abflug, reden kaum. Mal bittet Steve um Streichhölzer, weil er sich seine Pfeife anzünden will, oder Derek fragt mich, ob ich noch etwas zu trinken mag. Dann schweigen wir wieder. Ab und zu, wenn ihm ein Lied einfällt, schlägt Derek ein paar Akkorde auf der Gitarre an, und Steve variiert die Melodie auf seiner Flöte.

Morgen werde ich nicht mehr hier sein, denke ich. Galapagos ist dann für mich Vergangenheit, die Erinnerung an ein Erlebnis zwischen Traum und Wirklichkeit.

Kleines Galapagos-Tierlexikon

Brauner Pelikan

Die Pelikane sind nicht zu verwechseln mit anderen Vogelarten: Sie haben einen langen, kräftigen Schnabel mit einem häutigen Kehlsack. Jungtiere tragen ein braunes Federkleid. Die erwachsenen Vögel haben an Kopf und Hals eine rahmweiße Befiederung. Die Pelikane sind fast an allen Küsten des Archipels zu beobachten und brüten in kleineren Kolonien auf Mangroven und anderen niedrigen Bäumen und Sträuchern. Die Fische erbeuten sie durch Stoßtauchen, doch es gelingt ihnen nicht, tief unterzutauchen. Nur Fische, die sich an der Oberfläche befinden, nehmen sie mitsamt einer großen Wassermenge in ihren dehnbaren Kehlsack auf. Das Wasser läuft dann seitwärts aus dem Schnabel, und die möglicherweise gefangene Beute wird verschlungen.

Bei den Fischzügen werden die Pelikane oft von kleinen, schwarzen Noddi-Seeschwalben umschwirrt, die sich den Pelikanen sogar auf den Kopf setzen und auf Fischchen warten, die mit dem Wasser aus den Schnäbeln der Pelikane herausrutschen. Für junge Pelikane ist es sehr schwer, das Stoßtauchfischen zu erlernen. Manche verhungern, bevor sie geschickt genug für das schwierige Tauchmanöver geworden sind, wenn sie nicht im seichten Wasser ausreichend Nahrung finden.

Darwin-Fink

Diese Finken dienten Charles Darwin zu einem der überzeugendsten Beweise für die Evolutionstheorie. Da die insgesamt dreizehn Finkenarten auf Galapagos von einem gemeinsamen Vorfahren abstammen, sind sie ein Beispiel für die Entstehung neuer Arten.

Die dreizehn Finkenarten unterscheiden sich äußerlich nur wenig voneinander. Sie haben ein grauschwarzes Gefieder, variieren etwas in der Größe und der Schnabelform. Doch ihre Lebens-

und Ernährungsweisen sind ganz verschieden. Vom Körnerfresser mit klobigem Schnabel bis zum Insektenjäger mit Spitzschnabel haben sie sich an einzelne Lebensbereiche angepaßt. Da es nur wenig Konkurrenz durch andere Vogelarten gibt, konnten sich die Finken in bestimmten ökologischen Nischen spezialisieren. Das war sogar notwendig, wenn sie sich nicht das Futter gegenseitig streitig machen wollten.

Am interessantesten ist der Spechtfink. Er sucht sich Stöckchen und Kaktusstacheln, um Insektenlarven unter der Baumrinde herauszupicken. Dies ist eines der wenigen Beispiele für Werkzeuggebrauch im Tierreich. Der Spechtfink benützt nicht nur sein Werkzeug, sondern bearbeitet es sogar. Er streift störende Blätter von einem Zweig ab, verkürzt und spitzt ihn an, bis er zum Stochern geeignet ist. Ein brauchbares Stöckchen wird auf der Nahrungssuche von Baum zu Baum mitgenommen.

Für die Wissenschaftler sind die Darwin-Finken noch immer ein reizvolles Untersuchungsgebiet. Im Detail noch nicht voll befriedigend geklärt ist die Entstehung der dreizehn Arten aus einer Urform, und man möchte auch herausbekommen, ob sich die Vögel verschiedener Inseln miteinander vermischen, wie eng also die Kontakte der Populationen zwischen den einzelnen Inseln sind.

Flamingo

Die Flamingos auf Galapagos sind eine Unterart des Westindischen Flamingos und ursprünglich in Mexiko und in der Karibik beheimatet. Sie brüten an den Salzlagunen von Santa Cruz, Isabela, Floreana u. a. Sie sind die scheuesten Galapagos-Tiere. Ihr Gefieder ist durch Karotinoide, die sie mit der Krebsnahrung aufnehmen, rot gefärbt. Zur Balz finden sie sich in größeren Gruppen zusammen. Wenn sie demonstrativ die Flügel ausbreiten, wird ein rot-schwarzes Muster sichtbar, das sich stimulierend auf die Fortpflanzungsstimmung auswirkt.

Fregattvogel

Auf Galapagos brüten zwei Arten, der kleinere Bindenfregatt- und der Prachtfregattvogel. An ihrer typischen Flugsilhouette mit dem tiefgegabelten Schwanz sind sie leicht von anderen Seevögeln zu unterscheiden. Unbestritten beherrschen sie von allen Vögeln das Fliegen am besten. Das Verhältnis zwischen Flügelspannweite (2,40 Meter) und Körpergewicht (1,5 kg) ist das günstigste unter allen Vogelarten. Sie sind dadurch perfekte Flugkünstler. Da sie ihr Gefieder nicht wasserabweisend einölen können, erbeuten sie vor allem fliegende Fische oder jagen anderen Seevögeln deren Fang ab.

Die Männchen haben einen roten Kehlsack, den sie zur Balz aufblasen. Das Weibchen wählt sich ein Männchen aus, landet neben ihm auf dem Ast und ignoriert fortan alle anderen noch eifrig balzenden Männchen. Das Paar reibt zärtlich Kopf, Hals und Brust aneinander.

Das Nest wird vorrangig auf Mangroven aus Zweigen und Ästen erbaut. Die Nachbarn sind ständig darauf aus, das Nistmaterial zu stehlen, auch wenn schon Eier und Junge im Nest liegen. Wenn sie sechs Monate alt sind, lernen die jungen Fregattvögel das Fliegen, doch sie brauchen noch weitere sechs Monate, bis sie von den Eltern nicht mehr gefüttert werden müssen und genügend Geschicklichkeit zum selbständigen Beutefang erworben haben.

Galapagos-Albatros

Er brütet nur auf Española. Ende März beginnen die Paare mit ihrem faszinierenden Balzritual, und von April bis Juni legen die Weibchen ohne Nestbau je ein weißes Ei auf den Boden. Im Januar verlassen sowohl Alt- als auch Jungvögel die Insel. Monatelang, oft ohne Festland anzufliegen, halten sie sich über dem Meer auf. Zehn Jahre dauert es, bis die jungen Albatrosse die Brutreife erlangen.

Albatrosse trinken Seewasser. Ihre stark entwickelten Nasendrüsen sorgen dafür, daß das Salz wieder aus dem Körper entfernt wird. Zwei lange Röhren auf dem Oberschnabel leiten das Drüsensekret mit der gesättigten Salzlösung bis nach vorn an die Nasenspitze.

Galapagos-Bussard

Im Aussehen ähnelt er unserem Mäusebussard. Er kommt an der Küste wie auch im Inselinneren vor. Da er keine Feinde kennt, fürchtet er auch die Menschen nicht. Diese Furchtlosigkeit wurde vielen Bussarden zum Verhängnis, denn die Siedler fürchteten um ihre Hühnerküken. Wenn ein neugieriger Greifvogel auf der Einzäunung aufbaumte, erschlug man ihn mit dem Knüppel. Auf den bewohnten Inseln wurde der Galapagos-Bussard fast ausgerottet.

Galapagos-Pinguin

Sie sind die kleinsten Pinguine der Welt und diejenigen, die sich am weitesten von der Antarktis bis zum Äquator entfernt haben. Sie sind nah verwandt mit dem Humboldt-Pinguin, der an den Küsten von Chile vorkommt.

An Land sind die Tiere nicht scheu, doch im Wasser fliehen sie aus Furcht vor Haien vor jedem größeren Lebewesen. Sie leben an den Küsten von Fernandina und Isabela, weil an diesen westlichsten Inseln die kalte Meeresströmung direkt anbrandet und nicht nur viel Nahrung bringt, sondern auch die für die kälteliebenden Tiere angenehme Wassertemperatur hat.

Galapagos-Schildkröte

Die Galapagos- oder auch Elefantenschildkröten werden bis zu 250 Kilogramm schwer, und man vermutet, daß sie 200 und mehr Jahre alt werden können. Sie sind sehr widerstandsfähig gegen Hitze und Wassermangel. Dank ihres Geruchssinnes vermögen sie auch noch kleinste Wasserlachen aufzuspüren.

Alle Schildkröten auf Galapagos gehören einer Art an, aus der sich jedoch fünfzehn Unterarten (Rassen) entwickelt haben. Die einzelnen Rassen sind am einfachsten an der Form ihres Panzers zu klassifizieren. Man unterscheidet zwei Haupttypen: den einen mit einem runden Panzer, wie er im Hochland von Santa Cruz vorkommt, und den anderen Typ, dessen vorderer Teil des Rückenpanzers seitlich zusammengedrückt und sattelförmig aufwärtsgebogen ist. Schildkröten mit solchen sattelförmigen Panzern bewohnen Gebiete, die sehr trocken und grasarm sind, wie zum Beispiel die Insel Española. Die Schildkröten ernähren sich dort von hochwüchsigen Baumkakteen und den Blättern von Sträuchern. Der vorne aufgebogene Panzer gewährt dem Hals eine größere Bewegungsfreiheit, damit die Schildkröte auch noch die obersten Blättchen erreicht.

Die erwachsenen Schildkröten haben keine Feinde außer dem Menschen, der sie früher als lebenden Proviant auf den Segelschiffen mitgenommen oder Öl aus ihnen gewonnen hat. Die jungen Schildkröten und das Gelege sind durch die verwilderten Haustiere sehr bedroht.

Kielschwanzleguan oder Lavaechse

Es gibt sieben verschiedene Unterarten, die sich vor allem durch die Färbung voneinander unterscheiden. Die Wissenschaftler vermuten, daß sich die Ausgangsform auf Santa Cruz befindet. Je nachdem, wie sehr sich die Kielschwanzleguane der anderen Inseln von dieser zentralen Form unterscheiden, vermeint man, die Reihenfolge feststellen zu können, in der die einzelnen Inseln voneinander isoliert wurden. Somit helfen die Untersuchungen der Zoologen, die geologische Geschichte des Archipels zu ergründen.

Die Kielschwanzleguane vertreiben jeden Artgenossen aus ihrem Territorium. Sehr oft sind an den Reviergrenzen die ritualisierten Scheingefechte zu beobachten. Die Tiere stehen sich parallel gegenüber, Kopf gegen Schwanz ausgerichtet. Als Drohgebärde nicken sie heftig mit dem Kopf, und Kehle und Flanken färben sich gelborange. Dann zielen sie mit heftigen Schwanzschlägen nach dem Kopf des Rivalen. Meistens siegt der Revierinhaber, falls der Größenunterschied nicht zu gravierend ist.

Klippenkrabbe

Sie sind fast an jeder Felsküste der Galapagos-Inseln zu finden. Männchen und Weibchen haben einen scharlachroten Rückenpanzer und eine himmelblaue Unterseite. Die Scheren der ausgewachsenen Männchen sind etwas größer und dicker als die der Weibchen. Am sichersten kann man das Geschlecht eines Tieres an der Form des Pleopodiums (umgebildete Beine, die der Körperunterseite anliegen) feststellen, es ist bei den Männchen dreiecks-, bei den Weibchen halbmondförmig. Bei einem befruchteten Weibchen sind unter diesem Pleopodium die Eier verborgen. Die schlüpfenden Larven entläßt das Weibchen ins Wasser, sie werden von der Brandung oft weit ins Meer hinaus gespült. Als Bestandteil des Planktons (Bezeichnung für alle Kleinstlebewesen im Meer) sind sie eine wichtige Nahrungsquelle für Fische. Kurz bevor sie sich zu winzigen, stecknadelkopfkleinen, dunkelgrünen Kräbblein umwandeln, lassen sie sich an Land treiben und suchen sich zwischen der porösen Lava ein Versteck. Während vieler Häutungen wachsen sie heran. Allmählich bekommt das dunkle Tarnkleid rote Einsprengsel. Vollständig ausgefärbt sind die Krabben, wenn ihr Rückenpanzer etwa vier Zentimeter breit geworden ist. Die maximale Breite des Rückenpanzers beträgt um die zehn Zentimeter. Der rote Farbstoff ist ein eingelagertes Karotinoid, also ein bekannter Pflanzenfarbstoff, der auch die Mohrrüben rot färbt. Noch der leere Panzer, aus dem die Krabbe bei der Häutung herausschlüpft, die sogenannte Exuvie, ist rot gefärbt.

Krabben, ebenso wie die nahverwandten Krebse, sind eigentlich Wassertiere, die durch Kiemen atmen. Daß die Klippenkrabben dennoch an Land leben können, obwohl sie keine Lungen haben, ermöglicht ihnen ein einzigartiges Atmungsorgan – die Kiemenkammer. Ihr muß ständig sauerstoffreiches Wasser zugeführt werden. Die Krabbe gewährleistet das durch eine Art Umwälzpumpe: Das Wasser tritt an der Mundöffnung aus, läuft an der Bauchseite entlang, reichert sich dabei mit Sauerstoff aus der Luft an und tritt an den Beinansätzen wieder in die Kiemenkammer ein. Ab und zu müssen die Tiere Frischwasser „tanken", um die Menge ihres Atemwassers aufzufüllen.

Obwohl die Klippenkrabben in der Brandungszone leben und auch auf dem Grund flacher Gezeitentümpel herumlaufen, begeben sie sich doch niemals ins offene Meer. Wenn man eine Krabbe verfolgt, läßt sie sich auch in höchster Bedrängnis nicht ins Wasser treiben. Denn dort lauern gefährliche Feinde, vor allem der Hieroglyphenbarsch, dessen mächtige Kiefer mit Leichtigkeit den harten Panzer jeder Krabbe knacken. Daneben sind sie ein Leckerbissen für Muräne und Oktopus. Aber auch das Wasser an sich ist eine Gefahr – denn Krabben können nicht schwimmen.

Sonnenkompaß-Orientierung der Klippenkrabben
Die Kompaßorientierung nach der Sonne wurde erst 1948 fast gleichzeitig an Bienen und Vögeln entdeckt und später bei vielen weiteren Tierarten, insbesondere Insekten, aber auch bei Amphibien und Krebsen festgestellt. Alle benutzen den gleichen Mechanismus, ob die Entfernung wie beim Sandflohkrebs nur einen Meter, bei der Biene mehrere hundert Meter oder beim Zugvogel Tausende von Kilometern beträgt. Trotz so unterschiedlicher Weglängen orientieren sie sich alle an der Sonne, um die Richtung korrekt einzuhalten.

Aber es ist nicht ganz so einfach, denn die Sonne verändert ja ihren Stand am Himmel. Ein Tier, das beispielsweise nach Osten will, bewegt sich am Morgen direkt auf die Sonne zu, mittags ist es neunzig Grad links zur Sonne ausgerichtet, und abends läuft es von der Sonne weg. Auf diese Weise hält es genau die Ostrichtung ein. Wir Menschen können es zwar erlernen, uns beim Wandern bewußt nach der Sonne zu richten, doch um die Richtung korrekt einzuhalten, würden wir eine Uhr benötigen. Die Tiere jedoch besitzen eine „innere Uhr" (unter diesem Ausdruck versteht man die physiologischen Systeme des Organismus, die die Rhythmen der einzelnen vegetativen Abläufe steuern), und diese innere Uhr ist genau der örtlichen Azimut-Bewegung (Bewegung der Sonne von Ost nach West, wobei die Sonnenhöhe je nach der geographischen Breite variiert) der Sonne angepaßt. Die Klippenkrabben, die während der Ebbe im Brandungsbereich auf Nahrungssuche unterwegs sind, müssen bei der Rückkehr „nur" einkalkulieren, wie weit die Sonne sich inzwischen weiterbewegt hat, und dann den entsprechenden Winkel zu „ihrem" Stein einhalten.

Kormoran (flugunfähiger)

Kormorane sind fast gänsegroße, dunkelbraune Vögel, mit langem Hals und hakenförmig gebogenem Schnabel. Anstelle von Flügeln besitzen sie nur noch stummelartige Rudimente. Die Flugunfähigkeit haben die Kormorane in Anpassung an die feindlosen Inseln und an das Unterwasserjagen nach Fischen verloren. Sie brüten von Juli bis September. Die Kolonien befinden sich in Wassernähe an den Küsten von Isabela und Fernandina. Meist werden zwei weiße Eier gelegt, die von beiden Partnern abwechselnd bebrütet werden. Beim Ablösen des brütenden Partners zeigen sie ein interessantes Verhalten: Sie bringen ein „Geschenk", zum Beispiel ein Tangbündel, einen Seestern oder Algen, das sie dem auf dem Nest sitzenden Vogel überreichen. Ähnliche Begrüßungszeremonien sind auch bei einigen anderen Vogelarten zu beobachten, und fast immer sind es Arten, bei denen sich Männchen und Weibchen äußerlich kaum unterscheiden. Durch das „ritualisierte Grüßen" erkennen sich die Partner und versichern sich gegenseitig ihre Friedfertigkeit.

Landleguan

Die Leguane, die auch Drusenköpfe genannt werden, leben in der trockenen Kaktuszone einiger Inseln wie Plaza, Fernandina, Santa Fe u. a. Da sie von Menschen zahlreich getötet wurden und ihre Gelege durch verwilderte Schweine und Ratten zerstört werden, sind sie seltener geworden. Auf einigen Inseln, zum Beispiel Baltra und Santiago, wurden sie ausgerottet.

Die Leguane der einzelnen Inseln unterscheiden sich farblich voneinander. So sind diejenigen von Fernandina und Santa Fe besonders groß und orangegelb gefärbt.

Meerechse

Sie ist die einzige Echse der Welt, die in der Gezeitenzone lebt und sich auch unter Wasser von Algen ernährt. Besondere Anpassungen sind der seitlich zusammengedrückte Ruderschwanz, der zur Fortbewegung im Wasser dient, die stumpfe Schnauze, die es erlaubt, auch sehr kurzen Algenbewuchs abzuweiden, und die Salzdrüsen. Die beiden Drüsen befinden sich im Naseninneren. Sie reinigen das Blut von dem beim Trinken von Meerwasser aufgenommenen Salz. Das Drüsensekret, das eine hochkonzentrierte Salzlösung ist, wird als feiner Sprühregen durch die Nasenlöcher ausgestoßen.

Seebär oder Pelzrobbe

Im Gegensatz zum Seelöwen findet man Seebären niemals an Sandstränden. Sie bevorzugen steile Lavaküsten mit Felsen und schattenreichen Schluchten. An Land sind sie beweglicher als die Seelöwen und können recht geschickt in den Felsen herumklettern. Die Küsten von Isabela und Fernandina sind ihr bevorzugtes Aufenthaltsgebiet.

Seebären sind nur etwa halb so groß wie Seelöwen und rundlicher, der Kopf ist kürzer, das Fell sehr dicht und haselnußbraun. Sie sind nicht so verspielt und halten weniger Körperkontakt als die Seelöwen. Da die Jungen zwei Jahre lang gesäugt werden, sterben alle Neugeborenen, die schon ein Geschwister haben, weil die Mutter nur ein Junges ernähren kann.

Die Vorfahren der Seebären stammen aus antarktischen Küstengebieten.

Seelöwe

Seelöwen auf Galapagos sind nahe verwandt mit dem kalifornischen Seelöwen. Man trifft sie an fast allen Küsten des Archipels an. Die Jungen werden von August bis Dezember geboren (auf den einzelnen Inseln zeitlich verschoben). Die ausgewachsenen Männchen sind doppelt so groß wie die Weibchen und haben einen Stirnhöcker. Ein Bulle kann einen Harem mit bis zu dreißig

Weibchen besitzen. Er paßt auf, daß unerfahrene Jungtiere nicht zu weit ins Meer hinaustauchen.

Tölpel

Auf Galapagos brüten drei Tölpelarten: der Masken-, der Blaufuß- und der Rotfußtölpel. Ihre Beute erjagen sie durch Sturztauchen. Sie lassen sich dabei senkrecht ins Meer fallen, untertauchen den Fisch und schnappen ihn sich beim Wiederauftauchen. Damit sie sich nicht gegenseitig Konkurrenz machen und ein Gebiet überfischen, fliegen sie verschieden weit hinaus. Den Blaufußtölpel sieht man immer in der Nähe der Inseln, der Maskentölpel fängt seine Nahrung ein paar Kilometer von der Küste entfernt, während der Rotfußtölpel weit draußen im Ozean fischt.

Blaufuß- und Maskentölpel brüten beide auf dem Felsboden am Rande der Klippen. Sie legen zwei bis drei Eier. Die jungen Tölpel – weiße Daunenbälle – sehen niedlich aus. Wegen Futtermangel gelingt es Maskentölpeln meist nur, ein Junges aufzuziehen.

Die Rotfußtölpel brüten immer nur auf Bäumen und Buschwerk. Sie bauen einfache Nester aus Zweigen. Die Weibchen legen nur ein Ei. Die größte Brutkolonie der Rotfußtölpel befindet sich auf der Insel Tower. Es gibt zwei Farbspielarten, wovon die zimtfarbene Variante häufiger ist. Die andere hat weißes Gefieder mit schmalen, dunkelbraunschwarzen Flügelkanten. Beide Varianten haben korallenrote Beine und Füße.

Tölpel zeigen besonders eindrucksvolle Balzrituale. Die Blaufußtölpel beginnen mit einer Balz im Wasser. Die Tiere umkreisen einander schwimmend. Der Hals ist S-förmig gekrümmt, der Vorderkörper hoch aufgerichtet. Das Männchen führt voranschwimmend das Weibchen zum Ufer. Dort verneigt sich das Männchen, verdreht die gespreizten Flügel und macht watschelnde Tanzschritte. Beim Balztanz spielen die leuchtend himmelblauen Füße eine wichtige Rolle. Demonstrativ hebt das Männchen immer abwechselnd einen der blauen Füße empor und patscht sie klatschend auf den Boden, dann wirft es den Kopf himmelwärts und stößt laute, heisere Trompetenschreie aus.

Infos

Allgemeine Angaben zu Galapagos

Der Archipel liegt im Pazifik, etwa 1000 Kilometer von der südamerikanischen Küste enfernt. Seit 1832 gehört er zum ecuadorianischen Hoheitsgebiet. Er besteht aus 32 Inseln und noch zahlreichen Felseneilanden, die 7812 Quadratkilometer umfassen. Auf vier Inseln – Santa Cruz, Isabela, Floreana und San Cristóbal – leben schätzungsweise knapp 10000 Menschen, die vor allem aus Ecuador stammen.

Bereits 1936 stellte Ecuador die Inseln unter Schutz. Doch die verwilderten Haustiere setzten ihr Zerstörungswerk unter der einheimischen Tier- und Pflanzenwelt fort, und die Siedler machten immer größere Gebiete urbar. 1959 wurde der Nationalpark und die Charles-Darwin-Station gegründet.

Entstehung der Inseln

Nur eins ist mit Sicherheit zu sagen: Galapagos ist vulkanischen Ursprungs. Doch bereits bei der Frage nach dem Alter sind wir auf Vermutungen angewiesen. Die ältesten Lavabrocken, die die Wissenschaftler gefunden haben, sind nach radioaktiven Messungen etwa 5 Millionen Jahre alt. Um genauere Aussagen zu machen, müßten Proben aus dem Inselkern untersucht werden. Die dazu notwendigen Bohrungen wären jedoch zu teuer und aufwendig. Auf jeden Fall aber ist der Archipel, geologisch gesehen, sehr jung, gemessen am Alter der Erde, die seit 4,5 Milliarden Jahren existiert. Immer, wenn es wenig nachprüfbare Tatsachen gibt, blühen die sich einander widersprechenden Theorien. Drei davon seien hier vorgestellt:

1. Theorie: Der Beginn der Vulkantätigkeit im 2000 Meter tiefen Meer ist unbekannt, doch vor 3 Millionen Jahren waren die

Vulkane so hoch gewachsen, daß sie aus dem Wasser ragten. Tiere und Pflanzen, die über das Meer oder mit dem Wind vertrifteten, besiedelten die getrennt voneinander entstandenen Inseln.

2. Theorie. Galapagos entstand vor ca. 20 Millionen Jahren. Es war zunächst eine einzige riesige Vulkaninsel mit einem Durchmesser von über 300 Kilometer. Die Insel sank langsam ab. Die heutigen Inseln sind die höchsten Spitzen der einstigen Großinsel.

3. Theorie. Ursprünglich war Galapagos durch eine Landbrücke mit dem südamerikanischen Festland verbunden. Über diese Landbrücke, die später absank, erfolgte hauptsächlich die Besiedlung der Inseln mit Tieren und Pflanzen.

Die dritte Theorie ist widerlegbar, weil es nur Tiere und Pflanzen auf Galapagos gibt, die eine Triftreise übers Meer oder durch die Luft überleben konnten. Hätte eine Landbrücke bestanden, müßte es auch Frösche und Kröten und viele andere Tiere mehr geben. Die Artenarmut beweist, daß es nie eine Verbindung zum Festland gegeben hat, sondern daß die Inseln ozeanischen Ursprunges sind.

Dennoch scheint es manchen Wissenschaftlern rätselhaft, wie die riesigen Elefantenschildkröten nach Galapagos gelangt sind, denn sie können zwar schwimmen, aber man traut ihnen eine tausend Kilometer lange Strecke in Sturm und Wellen nicht zu. Der Zoologe van Denburgh schreibt: „Die Tatsache, daß jede Insel ihre eigene Schildkrötenrasse besitzt, beweist, daß es nicht einmal einen Austausch von Schildkröten zwischen den Inseln gibt, denn ein solcher Austausch würde die Ausbildung von Inselrassen verhindern oder dazu führen, daß mehrere Rassen auf einer Insel leben. Wenn es aber keinen Transport von Insel zu Insel gibt, dann bleibt wenig Grund zur Annahme, daß die Schildkröten irgendwann in der Vergangenheit über eine so vielfach größere Strecke trifteten." Der Wissenschaftler Eibl-Eibesfeldt hält dem entgegen: „Die Tatsache von Inselrassen beweist noch nicht, daß nie ein Austausch stattfindet, und schließlich muß man gar nicht zwingend annehmen, daß alle Inseln ihre Schildkröten gesondert vom Festland bekommen haben. Sondern es spricht viel dafür, daß der Archipel einst eine zusammenhängende Fläche bildete, nur hat diese ganz offensichtlich nie eine Verbindung mit dem südamerikanischen Kontinent gehabt. Geht man von dieser Annahme aus, dann genügt zur Besiedlung, daß einmal in Millionen Jahren ein einziges befruchtetes Schildkrötenweibchen angetrieben ist. Und wenn man sieht, welch gewaltige Baumriesen bei Überschwemmungen ins Meer gespült werden, kann man sich vorstellen, daß auf solchen Riesenflößen auch hin und wieder ein Tier die weite Reise gemacht hat."

Geologisch unterscheidet man zwei Gruppen von Inseln verschiedenen Ursprungs und Alters:
1. Lavaströme älteren Ursprunges, die sich ins Meer ergossen haben. Diese Inseln sind flach, ohne Vulkankrater, z. B. Española, Santa Fe, Baltra.
2. Inseln jüngeren Datums, die aus hohen Vulkanen gebildet werden, die zum Teil noch immer aktiv sind, z. B. Floreana, Isabela, Fernandina.

Klima
Obwohl der Archipel am Äquator liegt, herrscht kein feuchtwarmes Tropenklima. Durch den kaltes Wasser herbeiführenden Humboldt-Strom wird auch das Klima beeinflußt: es ist kühler und trockener. Am heißesten ist es von Januar bis April mit maximal 30 Grad Lufttemperatur. Von Juli bis September wird es nicht wärmer als 25 Grad. Es ist die Garuazeit (Nieselregen). Bei anhaltendem Regen und Seewind kann es unangenehm kalt sein. Besonders im Dezember muß man mit heftigen wolkenbruchartigen Regenfällen rechnen.

Einreisebestimmungen
Die Einreise nach Ecuador ist *visafrei,* ein gültiger Reisepaß reicht aus. Normalerweise wird die *Aufenthaltsgenehmigung* für Gala-

pagos auf 21 Tage beschränkt. Man kann versuchen, auf der Polizeistation von San Cristóbal eine Verlängerung zu bekommen, vorausgesetzt, man kann sehr gut Spanisch, hat sehr viel Geduld und ist dem Beamten sympathisch.

Impfungen sind nicht vorgeschrieben, wenn man direkt von Europa kommt. Reist man aber z. B. über Peru oder andere lateinamerikanische Länder ein, ist eine Gelbfieberimpfung vorgeschrieben.

Anreise
Von Deutschland nach Ecuador:
Der Flugpreis ist abhängig von der Fluggesellschaft, Angebot und Aufenthaltsdauer. Meist wird die spanische Fluggesellschaft „Iberia" empfohlen, doch lohnt es mitunter nachzufragen, ob auch andere Fluggesellschaften gerade Billigflüge anbieten.

Von Ecuador nach Galapagos:
Man kann von Quito über Guayaquil oder direkt von Guayaquil aus nach Baltra fliegen. Von dort setzt man zur Hauptinsel Santa Cruz über. Diese Flüge werden beispielsweise von den Fluggesellschaften Servicios Aeros Nacionales oder SAETA angeboten. Auch von Deutschland aus sind Buchungen hierfür möglich, doch liegen die Preise bei Reservierung vor Ort oft niedriger.

Rundreisen

Seit 1994 dürfen die Galapagos-Inseln nicht mehr von großen Kreuz-
fahrtschiffen (über 400 Passagiere) angelaufen werden. Für Schiffe,
die mehr als 90 Passagiere an Bord haben, gelten strengere Einschrän-
kungen als für kleinere Jachten. Bestimmte Inseln sind inzwischen
auch für diese nicht mehr zugänglich. Wer viel sehen will, sollte also
auf alle Fälle eine Rundreise mit einer Jacht buchen (Dauer ca. 5 Tage). Diese Schiffstour wird in der Regel als Paket (inkl. Flug Quito –
Guayaquil und Eintrittsgebühr in den Galapagos-Nationalpark) angeboten. Billiger ist es, wenn man sich im Land an einen ecuadorianischen Reiseveranstalter wendet. Dann trägt man allerdings auch das
Risiko, daß womöglich auf Wochen hinaus ausgebucht ist.

Organisierte Gruppenreise oder Individualreise?

Gruppenreisen nach Galapagos sind meist angehängt an eine
Reise nach Peru und/oder Ecuador. Sie sind realtiv teuer. Doch
bei einem zeitlich begrenzten Urlaub bleibt keine andere Möglichkeit.

Der Individualreisende muß damit rechnen, daß er in Santa
Cruz Tage, Wochen ausharren muß, bis es ihm gelingt, ein
Boot für eine Rundreise zu mieten. Wenn man spanisch sehr
gut spricht und Zeit hat, mit den Siedlern Bekanntschaft zu
schließen, eröffnen sich noch andere Möglichkeiten, zum Beispiel mit dem Postboot zu den anderen bewohnten Inseln zu
fahren.

Einige ecuadorianische Reisebüros bieten Kreuzfahrten mit
Touristendampfern an. Der Preis ist saisonabhängig.

Unterkunft

Am meisten auf Touristen eingestellt ist die Ortschaft Puerto Ayora auf Santa Cruz. Es gibt Pensionen für einfachere Ansprüche und verschiedene Hotels. Auf der Insel Floreana gibt es nur die Möglichkeit in der Pension Wittmer (10 Betten) zu übernachten. Auf Isabela und San Cristobal kann man versuchen, bei den Siedlern ein Nachtlager zu bekommen.

Verboten ist es zu zelten oder auch nur mit dem Schlafsack am Strand zu übernachten. Ohnehin muß man in der Nähe der Ortschaften bleiben, da es an den Küsten kein Trinkwasser gibt.

Restaurants und Einkaufsmöglichkeiten

Nur auf Santa Cruz, San Cristobal und Floreana sind einfache Restaurants vorhanden.

In Puerto Ayora auf Santa Cruz gibt es Geschäfte, in denen Lebensmittel, Sonnenschutzöl, Medizin und Kleidung verkauft werden. Vor allem T-Shirts mit Galapagos-Motiven werden zahlreich angeboten.

Bei einem Spaziergang ins Hochland von Santa Cruz (ist auch ohne Führer erlaubt) kann man sich mit Früchten eindecken. Die Früchte werden von Siedlern in Bellavista oder Santa Rosa verkauft, oder man pflückt und sammelt sie selber von verwilderten Kulturpflanzen im Bergregenwald. Besonders zahlreich sind Avocados, Citrusfrüchte und Bananen.

Kleidung

Zu empfehlen ist, leichte Baumwoll-Kleidung, bei empfindlicher Haut lange Hose und langärmelige Hemden zu tragen. Auch bei bewölktem Himmel ist die UV-Strahlung sehr stark. Ein Sonnenhut ist unbedingt erforderlich. Ein Pullover für die kühlen Abende und ein Anorak sollten im Gepäck sein. Wichtig ist strapazierfähiges Schuhwerk. Es eignen sich Leichtwanderschuhe (sie sind jedoch nach mehrtägigem Gehen auf der oft scharfkantigen Lava sehr mitgenommen) oder besonders kräftige Sportschuhe. Sandalen für den Aufenthalt in den Ortschaften.

Sonnenbrille, Sonnenschutzöl und Badekleidung nicht vergessen – und natürlich Taucherbrille und Schnorchel.

Krankheiten und Gefahren durch Tiere

Es gibt keine gefährlichen Krankheiten. Infizieren kann man sich allerdings mit Amöben, die unangenehme Durchfälle hervorrufen. Stets abgekochtes Wasser trinken und die gekauften Früchte abwaschen bzw. schälen.

Im Hochland wird man zwar von Mücken geplagt, Malariafälle sind jedoch noch keine aufgetreten.

Unvorsichtige Reisende sind durch die intensive Sonneneinstrahlung sehr gefährdet. Wegen des kühlen Seewindes bemerkt man den Sonnenbrand erst, wenn es zu spät ist.

Von Tieren drohen den Reisenden kaum Gefahren. Es gibt keine giftigen Schlangen. Ein fast dreißig Zentimeter groß werdender Hundertfüßler (Skolopender) wehrt sich durch schmerzhafte Bisse, wenn man ihn zu fangen versucht. Die Bisse bewirken Fieber und Kreislaufbeschwerden.

Unangenehm, weil sehr schmerzvoll, sind die Bisse der eingeschleppten Feuerameisen. Man sieht sie kaum. Wenn sie sich in der Haut verbissen haben, sind es kleine, rötliche Punkte. Man entfernt sie leicht mit dem Fingernagel, doch brennt die gerötete Hautstelle mitunter noch nach Stunden tatsächlich wie Feuer. Es gibt sie nur im feuchten Hochland. Wenn man sich zwischen Blättergewirr und vermodernden Bäumen hindurchzwängt, kann man nicht vermeiden, von ihnen gebissen zu werden.

Gefährlicher sind die verwilderten Rinder und die Seelöwen, wenn man sich ihnen unbedacht nähert.

Beim Schnorcheln und Baden ist Vorsicht geboten vor Quallen, Muränen, Seeigeln (Seeigelstacheln sind schwer zu entfernen, und es kommt immer wieder vor, daß sich jemand auf einen Seeigel setzt oder sich mit bloßen Füßen auf ihn stellt) und vor Rochen. (Achtung an Sandstränden! Im knietiefen Wasser liegen sie manchmal versteckt in den Sand eingewühlt.)

Die Haie, die in den Küstengewässern recht zahlreich vorkommen, sind für den Menschen völlig ungefährlich. Ein Taucher, der mit einem Preßluftgerät in tiefere Meeresgebiete vordringt, kann dort allerdings Hammerhaien und anderen aggressiveren Haiarten begegnen. Doch wer solche Tauchgänge durchführt, ist sowieso im Umgang mit Haien vertraut.

In Santa Cruz gibt es für Notfälle ein Hospital und einen Zahnarzt. Ist umfangreichere Hilfe notwendig, wird der Patient sofort mit dem Flugzeug von Baltra nach Ecuador geflogen.

Fotografieren
Da die Tiere nicht scheu sind, außer einige wenige Arten wie Flamingos und Silberreiher, kann man sich ihnen auf Schrittweite nähern. Ein Tele von 200 mm Brennweite reicht für normale Ansprüche völlig aus. Ein Makro-Objektiv ist angebracht, will man bildfüllende Aufnahmen von den Klippenkrabben machen, außerdem gibt es fotoattraktive Radnetzspinnen. Auch für Aufnahmen von Kakteenblüten und Studien der Lavastrukturen eignet sich ein Makro.

UV-Filter auf jeder Linse sind sehr wichtig, auch als Schutz vor Wasserspritzern.

Die Belichtungszeit ist wegen der starken Lichtkontraste zwischen schwarzer Lava und hellem Meer oft schwer zu bestimmen. Automatik-Benutzer müssen sich auf enttäuschende Resultate ihrer Fotoausbeute gefaßt machen. Ich empfehle, den Fotoapparat auf manuell zu stellen und bei wichtigen Motiven mehrere Fotos mit verschiedenen Belichtungszeiten zu machen. Die Fotos werden besser, wenn man entweder nur Lava mit den entsprechenden Tieren oder nur das Meer fotografiert. Die besten Aufnahmen gelingen in den wenigen Minuten der Abend- und Morgendämmerung.

Sehr günstig ist es, wenn die Fotoausrüstung in einem wasserdichten(!) Fotokoffer geschützt ist, denn bei vielen Landungsstellen muß man durchs Wasser waten. Je nach Wellengang gestaltet sich die Landung mehr oder weniger feucht. Bei längerem Aufenthalt von mehreren Wochen sind die Fotoapparate durch den Salzgehalt in der Seeluft und die Luftfeuchtigkeit gefährdet. Die Aufbewahrung in einem gut schließbaren Koffer mit Silikagel (Trockenmittel) ist dann zu empfehlen.

Die Pflicht-Touristenführer haben vollstes Verständnis für Fotografen; schließlich gibt es kaum jemanden, der in Galapagos nicht fotografiert. Wenn die Führer auch geduldig warten, wenn der Fotoamateur Kniefälle, Bauch- und Rückenlage für das Foto aller Fotos ausprobiert, so dürfen sie bei allem Verständnis niemandem erlauben, die vorgeschriebenen Pfade zu verlassen.

Galapagos – Schulbeispiel der Evolution

Bevor Charles Darwin 1835 die Galapagos-Inseln besuchte, waren auch Biologen der Meinung, die Lebewesen seien durch Schöpfung entstanden und immer unveränderlich gleich geblieben. Doch auf Galapagos fand Darwin Tierarten, wie die Darwin-Finken, die Galapagos-Schildkröten, die Leguane und Meerechsen, die sich im Laufe von Generationen an die Umweltbedingungen der Inseln angepaßt haben und sich durch Lebensweise und Äußeres von den Ausgangsformen unterscheiden. Diese Beobachtungen und noch viele andere Hinweise, zum Beispiel Fossilienfunde und Züchtungsversuche, bilden die Grundlage für die

Evolutionstheorie. Neue Tier- und Pflanzenarten entstehen dieser Theorie zufolge durch das Zusammenwirken von Mutation (eine zufällige, spontane Änderung im Genmaterial) und Auslese (Selektion). Darwin prägte den Begriff: *survival of the fittest* – das Überleben des Bestgeeigneten. Mit diesem Ausspruch wollte er sagen: Ein Individuum, das an eine gegebene Umwelt am besten angepaßt ist, wird die meisten Nachkommen produzieren und dadurch seine Erbanlagen am weitesten verbreiten.

Die Evolution ist ein ständig ablaufender Vorgang, denn die Umwelt ist fortwährend Wechseln unterworfen, an die sich die Lebewesen anpassen müssen. Dennoch dauert es sehr lange, bis eine neue Art entsteht. Der Mensch ist das bisher letzte Produkt der Evolution. Seit seiner Entstehung haben sich noch keine neuen Arten entwickelt (außer bei Einzellern, Insekten und anderen niederen Arten).

Viele Detailfragen, die die Evolutionstheorie aufwirft, sind noch ungeklärt. Man weiß aber, daß die Herausbildung einer neuen Art durch die Inselsituation begünstigt wird. Werden einzelne Tiere isoliert, wie es zum Beispiel auf Galapagos durch die Vertriftung geschehen ist, dann ist denkbar, daß sie ihren eigenen Entwicklungsweg einschlagen. Das ist besonders dann der Fall, wenn die isolierten Lebewesen in einer völlig anderen Umwelt leben müssen als bisher. Tritt in der isolierten Population eine Mutation auf, die sich als günstige Anpassung an die neue Umwelt erweist, werden Tiere mit dieser zufällig angeborenen Eigenschaft besser überleben und sich stärker fortpflanzen.

Der Prozeß der Entstehung neuer Arten wird auch durch die kleinere Individuenzahl gefördert, denn dadurch können Tiere mit besser geeigneten Eigenschaften sich schneller gegenüber den weniger geeigneten durchsetzen. Ein mutiertes Erbmerkmal bleibt in einer kleinen Population eher rein erhalten als in einer Population mit vielen Tieren, wo es durch Vermischungen seine Ausprägung verliert. Als Folge, daß die Anpassung einer Tierart an eine neue Umgebung gelungen ist, wird sie sich stark vermehren. Um der Konkurrenz der Artgenossen auszuweichen, werden einige Individuen versuchen, sich andere Lebensräume zu erschließen, die ja auf einer bisher unbesiedelten Insel noch nicht durch andere Arten besetzt sind. So entwickeln sich durch Anpassung an verschiedene sogenannte ökologische Nischen aus einer Art mehrere Arten, Beispiel: Darwin-Finken.

Naturschutz – Ist es möglich, das Paradies der zahmen Tiere zu retten?

Wegen der Anwesenheit des Menschen ist Galapagos als einzigartiges Naturparadies bedroht. Das ist nicht erst seit heute so. Bereits die Seeleute und Piraten, die als erste nach Galapagos kamen, begannen mit dem Zerstörungswerk, sie töteten die zahmen Tiere und setzten Haustiere aus.

Die Ausrottung der Galapagos-Tiere und -Pflanzen konnte durch Gründung des Nationalparks und der Darwin-Station verhindert werden. Die Mitarbeiter beider Institutionen bemühen sich, die Inseln von den verwilderten Haustieren freizubekommen. Sie züchten und setzen bedrohte Arten wieder aus, sie kontrollieren den Tourismus und verhindern die Erschließung neuer Siedlungsgebiete. Doch die Gefahr ist nicht gebannt, denn sie nähert sich von vielen Seiten. Wenn man Galapagos wirklich erhalten wollte, dürfte weder Siedlern noch Touristen und auch nicht den Wissenschaftlern der Zutritt gestattet sein. Sie alle transportieren, meist ungewollt und unbewußt, Lebewesen von einer Insel zur anderen, zum Beispiel in der Kleidung, an den Schuhsohlen und Booten, im Gepäck und in den Nahrungsmitteln. Das äußerst sensible Gleichgewicht jeder Insel und ihre Einmaligkeit sind durch verschleppte Kleintiere, die sich fast immer schnell vermehren, in Gefahr. So wurden von Siedlern unbeabsichtigt auf den bewohnten Inseln die südamerikanischen Feuerameisen eingeführt. Diese sehr aggressiven Ameisen bedrohen die einheimischen Insekten. Da der Archipel ständig von vielen Menschen besucht wird, ist es nur eine Frage der Zeit, bis alle Inseln von den millimeterkleinen Feuerameisen befallen sind.

Als Vorsichtsmaßnahme müssen Wissenschaftler, nachdem sie

die Arbeit auf einer Insel beendet haben, stets in die Station zurückkehren, bevor sie eine neue Insel aufsuchen, damit die Ausrüstung gründlich auf sich darin versteckt haltende Tiere untersucht und gesäubert werden kann. Aber diese Vorschrift schließt das Risiko nicht aus, verringert es nur, und ohnehin wird die Vorschrift nicht immer befolgt. Auch die Touristentrips von Insel zu Insel gefährden das ökologische Gleichgewicht des Archipels.

Das Beispiel Galapagos zeigt deutlich, daß Mensch und Natur unvereinbare Gegensätze sind. Solange der Mensch seine Ansprüche sehr niedrig hält wie die Einwohner von San Tomás, ist das Gleichgewicht ungefähr gewahrt. Doch die Menschen können auf diesem Stadium nicht stehenbleiben. Sie wollen ihre Lebensbedingungen verbessern, streben nach Entwicklung und Fortschritt. Aber sie können dies nur auf Kosten der Natur erreichen. Es gibt keine „schonende Ausnützung" der Natur, denn das würde bedeuten, auf Entwicklung zu verzichten. Jede Verbesserung zugunsten des Menschen kostet einen Verlust an Natur.

Die meisten Siedler, die nach Galapagos kamen, hatten die Eingebundenheit in die Natur schon verloren oder nie besessen. Sie stammen aus dem Reservoir der zusammengeballten, arbeitslosen Menschengruppen in den Großstädten Südamerikas. Deshalb können die Siedler in Galapagos nicht Teil des existierenden Ökosystems sein wie zum Beispiel die Amazonas-Indianer, sondern sie sind und bleiben fremde Eindringlinge. Die Menschen, die nicht an ein isoliertes Leben auf einer Insel gewöhnt sind, streben ganz selbstverständlich nach Verbesserung ihrer Lebensbedingungen. Die Mittel dazu bringt ihnen der Tourismus. Jeder Tourist läßt Geld auf Galapagos, weil er Nahrung und Andenken kauft und seine Unterkunft und die Rundreise bezahlen muß. Mit diesem Geld werden neue Hotels und Restaurants, Straßen und Häuser gebaut. Das größere Angebot lockt weitere Touristen an. So können immer mehr Menschen vom Tourismus leben. Jährlich wächst die Anzahl der Touristen, die Galapagos besuchen. Es gibt keine oberste Grenze, obwohl es manchmal behauptet wird.

Die Touristen suchen den Mythos „Galapagos", dieses Paradies der wilden Tiere, die zahm und furchtlos sind. Sie wollen eine Natur finden, wie sie sonst kaum noch so ursprünglich auf unserer urbar und nutzbar gemachten Erde vorhanden ist. Doch durch ihr Kommen zerstören sie gerade eines dieser letzten Refugien.

Und dennoch ist der Tourismus die einzige Chance für ein Überleben der Inselgruppe. Denn die Regierung von Ecuador hätte kein Interesse, den Nationalpark zu erhalten, wenn die Devisenquelle Tourist nicht gerade wegen der einzigartigen Tierwelt nach Galapagos kommen würde. Ein Nationalpark ohne Tourismus ist politisch nicht machbar, weil dieser dann für die Regierung keinen wirtschaftlichen Gewinn bringen würde. Es ist eine gefährliche Gratwanderung, wenn also die touristische und die wissenschaftliche Nutzung helfen sollen, eine Zerstörung aufzuhalten, die doch gerade erst durch sie hervorgerufen wird. Es ist aber die einzige Möglichkeit, die wir haben, die Vernichtung von Galapagos wenigstens hinauszuzögern.

Wie die Aktivitäten der INGALA und einiger einflußreicher Persönlichkeiten in der ecuadorianischen Regierung befürchten lassen, sollen die Kompetenzen des Nationalparks weiter eingeschränkt werden. Der Vertrag für die Darwin-Station muß in kurzfristigen Abständen neu bestätigt werden. Somit hat die ecuadorianische Regierung theoretisch die Möglichkeit, der Station zu kündigen. Man hätte dann freie Hand, die Inseln als Gewinnquelle massiv für den Tourismus zu erschließen, so wie die geplanten Projekte für Isabela befürchten lassen. Es ist sicher, daß solche Unternehmungen die Einzigartigkeit der Inseln vernichten würden. Doch das erwünschte Geschäft würde trotzdem blühen, denn auch auf ein zerstörtes Galapagos kämen Touristen. Der werbewirksame Nimbus, ein einmaliges Tierparadies zu sein, würde weiterhin wirksam sein, auch wenn es gar nicht mehr den Tatsachen entspräche. Wie ich bei meiner Rundfahrt erlebt habe, vermögen die meisten Touristen die Besonderheit von Galapagos nicht zu erkennen. Es genügen ihnen ein paar verspielte Seelöwen, monsterartige Echsen und brütende Meeresvögel, um ihr

Interesse zu befriedigen. Außerdem kann ein Erstbesucher gar nicht wissen und einschätzen, was vernichtet worden ist.

Es ist paradox. Wir Menschen haben die Isolation der verzauberten Inseln aufgehoben, und wir wünschen dennoch, hier ein letztes Fleckchen Erde zu finden, wo wir als Wesen einer überzivilisierten Welt das Erlebnis der Unschuld und Zeitlosigkeit finden können. Es sind eigennützige Interessen, wegen denen wir Galapagos retten wollen. Vielleicht könnte man den Archipel eher erhalten, wenn man ihn um seiner selbst willen schützen würde.

Wie wird man Assistent bei einem wissenschaftlichen Projekt?
Nur sehr selten gelingt es jemandem, der als Tourist nach Galapagos gereist ist, Assistent an der Darwin-Station zu werden. Die von mir geschilderten Situationen waren Ausnahmen. Die meisten Wissenschaftler bringen sich Helfer aus ihrem Heimatland mit.

Jedem ist es dennoch freigestellt, bei einem Besuch der Darwin-Station in Santa Cruz, der sowieso auf dem Besichtigungsprogramm stehen sollte, nachzufragen, ob gerade jemand gebraucht wird. Sich aber keine großen Hoffnungen machen!

Erfolgversprechender ist es, vorher Kontakte zu Universitäten oder Instituten aufzunehmen, die mitunter Wissenschaftler nach Galapagos schicken.

Was Touristen bei einem Galapagos-Besuch beachten müssen. Vorschrift der Galapagos-Nationalpark-Verwaltung
1. Keine Pflanzen, Tiere, Samen, Zweige und andere natürliche Objekte dürfen berührt, entfernt, abgerissen, gestört oder mitgenommen werden. Alle solche Aktionen sind illegal und bedeuten eine ernsthafte Störung des ökologischen Gleichgewichtes der Inselgruppe.

2. Achten Sie sehr darauf, kein Pflanzenmaterial zu den Inseln oder von einer Insel zu einer anderen zu transportieren. Prüfen Sie Ihre Kleidung, bevor Sie eine Insel betreten, ob sich daran

214

Samen oder Insekten befinden, und vernichten Sie diese. Bevor Sie das Boot verlassen, überprüfen Sie bitte die Schuhe und Schuhsohlen auf Erdklumpen oder getrocknete Erde. Daran befinden sich oft Samen oder Sporen von Pflanzen oder niederen Tierarten. Der unachtsame Transport dieses Materials bedeutet eine ganz spezielle Gefahr für Galapagos. Jede Insel hat ihre eigene, ganz spezielle Fauna und Flora, und unachtsam eingeschlepptes Material kann die Einmaligkeit sehr schnell zerstören. Diese Vorschrift gilt auch für größere Pflanzen, alle Tiere und auch für zahme Tiere oder Haustiere. *Bringen Sie nichts davon zu den Inseln.* Eine der destruktivsten Kräfte auf Galapagos sind Organismen, die der Mensch einschleppt.

3. Aus demselben Grund wie unter Punkt 2 bitten wir Sie, keine Nahrungsmittel auf die unbewohnten Inseln mitzunehmen. Es ist sehr leicht möglich, mit der Nahrung Insekten oder andere Organismen einzuschleppen, die sehr gefährlich für das fragile Ökosystem der Inseln sind. Aus der Orange, die Sie mitnehmen, wird vielleicht ein Baum.

4. Tiere dürfen nicht angefaßt oder berührt werden. Kein freilebendes Tier liebt es, von einem Menschen angefaßt zu werden. Gerade die Galapagos-Tiere würden sehr schnell ihre bemerkenswerte Zahmheit verlieren.

5. Die Tiere dürfen nicht gefüttert werden. Dies kann nicht nur für Sie selbst gefährlich werden, sondern kann über längere Zeit die Sozialstruktur der Tiere und ihre Fortpflanzung stören. Sie sind hierher gekommen, um die Tiere in der natürlichen Umgebung in ihrem natürlichen Verhalten zu beobachten. Bitte mischen Sie sich nicht ein.

6. Stören oder entfernen Sie keine Tiere von ihren Brut- oder Ruheplätzen. Seien Sie extrem vorsichtig in den Brutkolonien der Seevögel. Achten Sie ganz besonders darauf, keine Tölpel, Kormorane, Möwen oder Fregattvögel von ihren Nestern zu vertrei-

ben. Wenn diese Vögel erschreckt vom Nest auffliegen, werden leicht die Eier oder Jungen verletzt oder schutzlos den Sonnenstrahlen ausgesetzt. (Ein frisch geborenes Junges einer Tölpelart stirbt innerhalb von 20 oder 30 Minuten, wenn es schutzlos der Sonne ausgesetzt ist. Auch rauben Fregattvögel gerne unbewachte Jungvögel.)

7. Verlassen Sie nicht die markierten Wege bzw. Gebiete. In den häufig besuchten Gebieten sind Wege und Gebiete abgesteckt, die Sie bitte nicht verlassen. Die markierten Wege führen Besucher zu allen interessanten Punkten und schützen gleichzeitig Boden, Vegetation und Brutplätze.

8. Lassen Sie keine Abfälle auf den Inseln, auch keine Zigarettenkippen oder Zigarettenasche. Nehmen Sie alle Abfälle (Zigarettenschachteln, Filmpackungen, Kaugummi, Flaschen, Papier usw.) in einem Beutel oder in Ihrer Tasche wieder an Bord. Die Besatzung des Schiffes und die Führer an Bord sind der Nationalpark-Verwaltung gegenüber verantwortlich, daß diese Bestimmungen strikt eingehalten werden. Werfen Sie auch keine Gegenstände oder Abfälle über Bord. Einige Beispiele an möglichen Folgen:
– Seelöwen fischen eine über Bord geworfene Dose auf, spielen damit und verletzen sich ihr sehr empfindliches Maul.
– Seeschildkröten fressen im Wasser schwimmende Plastikbeutel und sterben daran, da Plastik ihren Magentrakt blockiert.
– Abfall, der in der Nähe von Inseln über Bord geworfen wird, treibt meistens irgendwo an den Strand mit allen möglichen Folgen für die endemische Tier- und Pflanzenwelt.

9. Kaufen Sie keine Souvenirs oder Gegenstände, die aus Tieren oder Pflanzen der Galapagos-Inseln hergestellt worden sind. Der beste Weg, Hersteller solcher Artikel zu entmutigen, ist, einfach nichts zu kaufen. Wenn Ihnen jemand solche Dinge anbietet, informieren Sie bitte den Nationalpark.

10. Zelten und Campen in Galapagos ist ohne Genehmigung verboten. Zelten ist nur in bestimmten Gebieten gestattet. Nähere Auskünfte gibt die Nationalpark-Verwaltung in Santa Cruz.

11. Wenn Sie campen, entzünden Sie keine Feuerstellen. Benützen Sie Gas- oder Benzinöfen.

12. Malen Sie keine Namen an die Felswände. Es ist verboten und sieht sehr unschön aus.

13. Alle Gruppen, welche den Nationalpark Galapagos besuchen, müssen von einem qualifizierten Führer begleitet sein, der die Genehmigung durch die Nationalpark-Verwaltung hat, Gruppen zu führen. Der Besucher ist verpflichtet, den Anweisungen des Führers seiner Gruppe in jeder Situation zu folgen, da der Führer der Nationalpark-Verwaltung gegenüber die Verantwortung trägt, daß alle Maßnahmen und Gesetze zum Schutz von Fauna und Flora auch strikt eingehalten werden.

14. Um Management und Administration zu erleichtern, ist der Nationalpark in verschiedene Zonen eingeteilt. Es gibt Zonen, in denen sich der Besucher frei bewegen kann, und andere, in denen sein Aktionsradius eingeschränkt ist, sowie Gebiete, deren Betreten verboten ist. Die Kapitäne und Führer wissen, wie und wo der Besucher sich bewegen darf, und sind verpflichtet, die Einhaltung der Bestimmungen zu überwachen. Daneben ist das Personal der Nationalpark-Verwaltung gerne bereit, jede etwa auftauchende Frage zu beantworten.

15. Zögern Sie nicht, Ihren Sinn für Naturschutz zu zeigen. Erklären Sie diese Vorschriften auch anderen, und helfen Sie, diese durchzusetzen. Wenn Sie ernsthafte Verstöße gegen diese Vorschriften sehen, so zögern Sie nicht, diese Ihrem Führer oder der Nationalpark-Verwaltung zu melden. Sie werden dadurch zu einem wichtigen Faktor im Schutz von Fauna und Flora.
Fühlen Sie sich als jederzeit eingeladen zum Besuch der Nationalpark-Geschäftsstelle und der Charles-Darwin-Forschungssta-

tion, wenn Sie irgendwelche Fragen haben. Ihre Einsicht und Ihr Verständnis sind sehr wichtig für den Schutz der Inseln.

Wir wünschen Ihrem Aufenthalt auf Galapagos einen vollen Erfolg. Er sollte aber nie auf Kosten der Fauna und Flora gehen, um deretwillen Sie hierher gekommen sind.

Bücher und Reiseführer

Bechtel, Helmut: Zoo Galapagos. Zürich 1973.
Bezzel, Einhard/Pölking, Fritz: Tierleben auf Galapagos. Greven 1979.
Cropp, Wolf-Ulrich: Die Drachen leben noch. Galapagos – ein bedrohtes Paradies. Würzburg 1984.
Darwin, Charles: Reise eines Naturforschers um die Welt. Stuttgart 1875/1962.
Dossenbach, Hans D.: Galapagos. Archipel der seltsamen Tiere (Bildband). Stuttgart 1974.
Eibl-Eibesfeldt, Irenäus: Galapagos. Die Arche Noah im Pazifik. München 1991.
Moore, T. de, Roy: Galapagos. Stuttgart und Zürich 1981.
Pölking, Franz: Nationalpark Galapagos. Greven 1989.
Schatz, I. und H.: Galapagos. Innsbruck 1987.
Weyer, Helfried: Galapagos – Ungewöhnliche Bilder von ungewöhnlichen Inseln. Karlsruhe 1985.
Wittmer, Margret: Postlagernd Floreana. Bergisch Gladbach 1995.

Adressen

Touristenbüro in Ecuador
Corporacion Ecuadoriana de Turismo (CETUR), Calle Reina Victoria 514, PO Box 2454, Quito, Fax: 005 93/2/56 81 98.

Adressen

Touristenbüro in Ecuador
Corporacion Ecuatoriana de
Turismo (CETUR), Eloy Alfaro
1214 y Carlos TobarCasilla,
PO Box 2454, Quito
Tel.: 00593/22507560/-59/-55,
Fax: 00593/22507565
despacho@turismo.gov.ec

Ecuadorianische Botschaften
Deutschland
Kaiser-Friedrich-Str. 90,
10585 Berlin
Tel.: 030/2386217/34787108
kanzlei@botschaft-ecuador.org
www.botschaft-ecuador.org

Schweiz
Kramgasse 54,
3011 Bern
Tel.: 0041/313511755
Fax: 0041/313512771
embecsuiza@bluewin.ch

Österreich
Goldschmiedgasse 10/24
1010 Wien
Tel.: 0043/(0)1/5353208
mecaustria@chello.at

Botschaften in Ecuador
Deutsche Botschaft
Embaja de Alemania, Av. Naciones
Unidas E10–44 y República de
El Salvador, Edificio »Citiplaza«,
piso 14, Casilla 17-17-536, Quito

Tel.: 00593/2/2970820
Fax: 00593/2/2970815/-16
info@quito.diplo.de
www.quito.diplo.de/Vertretung/
quito/de/Impressum.html

Schweizer Botschaft
Embajada Suiza, Av. Amazonas
3617 y Juan Pablo Sans
Edificio Xerox, 2do Piso, Quito
Tel.: 00593/2/434948/-49
Fax: 00593/2/2449314
vertretung@qui.rep.admin.ch
www.eda.admin.ch/quito_emb/s/
home.html

Österreichisches Honorarkonsulat
Gaspar de Villaroel No. E9-53,
entre Av. de los Shyris y 6 de
Diciembre, Quito
Tel.: 00593/2/2469700
Fax: 00593/2/2443276
przibra@interactive.net.ec

Darwin-Station
Puerto Ayora, Isla Santa Cruz,
Galapagos Islands
Tel.: 00593/52526-146/147
info@darwinfoundation.org
www.darwinfoundation.org

(Stand: Juli 2009)

Frauen entdecken die Welt

Sara Wheeler
**UNTERWEGS IN EINEM
SCHMALEN LAND**
Eine Frau bereist die extremen
Landschaften Chiles

Eine unerschrockene Frau auf
einer sechsmonatigen Tour entlang
der Anden bis nach Feuerland.

Karin Muller
ENTLANG DER INKA-STRASSE
Eine Frau bereist ein ehemaliges
Weltreich

Zu Fuß erkundet die aben-
teuerlustige Backpackerin Karen
Muller die alten Inka-Routen
von Ecuador bis Chile.

Pamela Watson
DER TRAUM VON AFRIKA
Eine Frau, ein Fahrrad – die Freiheit

Eine Fahrradreise unter
abenteuerlichsten Bedingungen:
15 000 Kilometer quer durch
Afrika von Dakar nach Daressalam.

Irgendwo in Afrika

Théodore Monod
WÜSTENWANDERUNGEN
Spurensuche in der Sahara

Ein Meereszoologe im Wüsten-
fieber: Théodore Monod berichtet
über seine Wanderungen durch
die Sahara in den 20er und
30er Jahren – ein Klassiker unter
den Expeditionsberichten.

Anthony Sattin
IM SCHATTEN DES PHARAO
Altes Ägypten in neuer Zeit

Ausgestattet mit unveröffentlich-
ten Aufzeichnungen aus den 20er
Jahren fahndet Anthony Sattin
nach den Spuren, die 5000 Jahre
Geschichte im heutigen Ägypten
hinterlassen haben.

Michael Obert
REGENZAUBER
Auf dem Niger ins Innere Afrikas

»Ob Chatwin, Theroux oder
Krakauer – mit diesem Buch hat
sich Michael Obert in die erste
Reihe der Großen seines Fachs
geschrieben.«
Frankfurter Rundschau

MALIK | NATIONAL GEOGRAPHIC

10/1008/01/3s

Go down under!

Michèle Decoust
TRÄUME AUF ROTER ERDE
Eine Begegnung mit Australien

Michèle Decoust sucht das wahre Australien fernab der Touristenströme und lauscht den Geschichten der Aborigines. Authentisch, lebendig und bewegend erzählt.

Roff Smith
EISKALTES BIER UND KROKODILE
Mit dem Fahrrad durch Australien

Unterwegs an den Rändern Australiens: Der Amerikaner Roff Smith kündigt seinen Job und bricht auf zu einer Entdeckungsreise um den Kontinent, auf dem er seit 15 Jahren lebt.

Barbara Veit
TASMANIEN
Australiens grünes Paradies

Eine geheimnisvolle Insel voller Überraschungen: Barbara Veit zeichnet ein facettenreiches Bild des noch relativ unbekannten Landes der Mammutbäume und lebenden Fossilien.

MALIK ☐ NATIONAL GEOGRAPHIC

Naturgewalten

Hauke Trinks
LEBEN IM EIS
Tagebuch einer Forschungsreise
in die Polarnacht

Das einjährige Forschungsabenteuer
eines Physikers in der Polarnacht,
nur in der Gesellschaft zweier Hunde
– und zahlreicher Eisbären. So
spannend kann Wissenschaft sein.

William Stone/Barbara am Ende
HÖHLENRAUSCH
Eine spektakuläre Expedition
unter der Erde

Riskante Kletterpartien, gefährliche
Tauchgänge ins Ungewisse, wo-
chenlanges Leben unter der Erde
– die packende Erforschung einer
der größten Höhlen der Welt.

Carla Perrotti
DIE WÜSTENFRAU
An den Grenzen des Lebens

Carla Perrotti durchwandert allein
die Kalahari und die größte Salz-
wüste der Erde in Bolivien und
findet unter den überwältigenden
Eindrücken der Natur zu sich
selbst.

MALIK ☐ NATIONAL GEOGRAPHIC

10/1005/01/3s

Das Glück liegt in der Ferne.

Claire Scobie
WIEDERSEHEN IN LHASA
Die Geschichte einer außergewöhnlichen
Freundschaft zweier Frauen

»Ein Reisebuch, das in äußere und
innere Welten entführt und den
ausgetretenen Pfaden der Klischees
traumwandlerisch ausweicht.«
DIE WELT

Andrew Stevenson
MEIN WEG ZUM MOUNT EVEREST
Auf dem Trekking-Pfad durchs
Khumbu Himal

Eine bewegende Pilgerreise zu
den Orten und Menschen am Fuße
des Mount Everest und ein einfühl-
sames Porträt einer der beliebtesten
Trekking-Regionen der Welt.

Andrew Jackson
DAS BUCH DES LEBENS
Eine Reise zu den Ältesten der Welt

Eine Reise zu den ältesten
Menschen der Welt: als Hommage
an das Leben und an das Alter
als Lebensphase der Reife und der
Ernte.

10/1036/01/3s